U0930776

2022
Report of Doing Business in Chinese Cities

2022 中国城市营商环境报告

李志军　主编

中国商业出版社

图书在版编目（CIP）数据

2022中国城市营商环境报告 / 李志军主编. -- 北京：中国商业出版社，2023.2
ISBN 978-7-5208-2432-3

Ⅰ. ①2… Ⅱ. ①李… Ⅲ. ①投资环境—研究报告—中国—2022 Ⅳ. ①F832.48

中国国家版本馆CIP数据核字（2023）第023307号

责任编辑：吴　倩

中国商业出版社出版发行
（www.zgsycb.com　100053　北京广安门内报国寺1号）
总编室：010-63180647　　编辑室：010-83128926
发行部：010-83120835/8286
新华书店经销
北京七彩京通数码快印有限公司印刷
*
710毫米×1000毫米　16开　22.5印张　360千字
2023年2月第1版　　2023年2月第1次印刷
定价：98.00元
* * * *
（如有印装质量问题可更换）

本书编辑委员会

主　编： 李志军

副主编： 张世国　牛志伟

编　委： 李　蕊　杜运周　周泽将

刘　琪　李　璐　姜　莱

前　言

Preface

为了响应党中央、国务院决策部署，推动优化营商环境工作，我们从2017年开始，成立课题研究组，从学术研究和政策研究角度，开展中国城市营商环境研究工作，发表了一些学术论文，撰写了一些政策研究报告，编辑出版了《中国城市营商环境评价》和《2020中国城市营商环境评价》。

经编委会研究，从2022年开始，这项研究成果改以《中国城市营商环境报告》名义出版。我们将继续努力，不断提高这项研究和本报告编辑出版的质量和水平，隔年（逢双）编辑出版这一报告。

《2022中国城市营商环境报告》从当前国内营商环境的实际情况出发，沿用《2020中国城市营商环境评价》指标体系，从公共服务、人力资源、市场环境、创新环境、金融服务、法治环境以及政务环境7个角度进行评价。在评价4个直辖市、5个计划单列市、27个省会城市、其他253个地级市营商环境的基础上，进一步对京津冀、长三角、粤港澳大湾区、东北地区、长江经济带和黄河流域6个重点区域的城市群内城市营商环境进行了具体分析，并就进一步优化我国城市营商环境提出政策建议。

前 言

内容摘要

Summary

本报告从当前国内营商环境的实际情况出发，沿用《2020中国城市营商环境评价》指标体系，从公共服务、人力资源、市场环境、创新环境、金融服务、法治环境以及政务环境7个角度进行评价。在评价4个直辖市、5个计划单列市、27个省会城市、其他253个地级市营商环境的基础上，进一步对京津冀、长三角、粤港澳大湾区、东北地区、长江经济带和黄河流域6个重点区域的城市群内城市营商环境进行了具体分析，指出现阶段优化城市营商环境面临的主要问题和挑战，并就进一步优化我国城市营商环境提出政策建议。

根据中国城市营商环境指数测算结果，我们发现：

（一）直辖市和计划单列市营商环境指数表现优异。其中，北京市、上海市、深圳市和重庆市连续两年排在全国前5位，天津市连续两年排在全国第10位。宁波市、青岛市、厦门市和大连市营商环境整体表现较好，但宁波市和大连市近两年排名略有下降，青岛市和厦门市近两年排名呈上升趋势。

（二）各省会城市营商环境指数排名靠前，但由于区位因素造成的差异明显。广州市、成都市、武汉市、杭州市和南京市稳居省会城市前5位，其中广州市的营商环境表现最为突出，连续两年排在全国第4位。2022年排在前10位的省会城市中，有2个西部地区城市、4个中部地区城市和 4 个东部地区城市，且有 7 个南方城市和 3 个北方城市；排在后 10 位的省会城市中，有 6 个西部地区城市、2 个东北地区城市、1 个中部地区城市和 1 个东部地区城市，且有 8 个北方城市和 2 个南方城市。

（三）从其他地级市的营商环境指数排名来看，我国不同地区地级市的营商环境表现差距较大。2022 年排在前 100 位的城市中，有 57 个东部地区城市、29 个中部地区城市、12 个西部地区城市以及 2 个东北地区城市，且有 66 个南方城市和 34 个北方城市。可见，区域之间地级市营商环境指数排名仍不均衡。

（四）从六大重点区域城市群排名来看，粤港澳大湾区城市群内的营商环境处于我国顶尖水平，群内全部城市均排在全国前 100 位，且各分项表现排名优异，起到标杆作用。长三角和长江经济带城市群内城市表现也较为突出，然而东北地区城市群及黄河流域城市群整体表现相对较差，营商环境仍需要进一步改善。

（五）从各分项指数得分来看，我国不同区域城市营商环境具有如下特点。一是东部地区城市公共服务水平大幅领先，中部、西部和东北地区有待进一步提升，且南北区域城市公共服务指数差距不大，近两年各区域公共服务水平保持在一个相对稳定的状态。二是我国南北方城市的人力资源储备不平衡，两极分化严重。北方城市人力资源储备劣势明显，南方城市在人力资源指数方面表现优异。三是中部和西部地区城市的市场环境逐步向好。然而，从近两年排名来看，东北地区城市由于经济发展速度减缓，市场环境表现和其他地区差距有增大趋势。四是我国中部地区城市创新环境提升幅度最大，中部地区城市创新环境指数排在前 100 名的城市占比从 2021 年的 36.3% 提升至 2022 年的 43.8%。五是东部地区城市金融服务指数优势显著，而南北方城市差距并不明显。从金融服务指数分布占比来看，我国东部地区、中部地区、东北地区和西部地区城市的金融服务水平呈梯度分布形态。六是随着我国各地区城市对法治化营商环境建设重视力度的加大，各地法治化建设步伐有所加快，相继出台的一系列优化法治营商环境的政策取得了良好成效。七是我国东北地区城市政务服务效率有所改善，而南北方城市的政务环境指数差距依然显著。

我国城市营商环境优化面临的主要问题和挑战，主要是：

（一）不同区域营商环境政策的落实仍存在较大差距。主要表现在办事便利性存在区域差异，涉企收费清理不彻底，部分地区财力不足致使存在政务失信情况。

（二）营商环境法治化水平仍需进一步提升。在立法方面，与高标准市场体系建设相适应的法律法规体系建设有待加快；在执法方面，相关法律缺乏刚性，个别地方存在任性执法、以罚代管现象。

（三）市场监管仍存在薄弱环节。面临的挑战是构建新型监管体系的配套机制不健全，守信联合激励和失信联合惩戒机制不健全，新业态、新行为存在监管空白以及监管体制机制和方式有待加强。

（四）政务数据和信息共享不充分。主要问题为一些地方存在多系统、多平台的情况，技术接口不兼容，政务数据共享不充分，制约地方优化政务服务。同时，市场主体期待的“一网通办”等更加高效的政务服务，倒逼加快数字政府建设。

为进一步优化中国城市营商环境，我们提出如下建议：

（一）完善公共服务建设，提升服务效率及水平。推进“互联网+”与教育、健康、医疗、养老、家政、文化、旅游、体育等领域深度融合发展，采用政府和市场多元化资本投入公共服务建设，推进具有垄断性质的公用事业等机构提升服务效率，推进城乡便民消费服务中心建设，提升公共服务水平。

（二）维护公平竞争秩序，稳定市场主体预期。进一步完善“双随机、一公开”监管方式，健全市场主体准入和退出机制，推进基于市场主体自身产业发展需求的内生性改革，进一步做好安商稳商、招商引商工作，健全事中事后监管体系，按照国家促进跨境贸易便利化相关要求，严格执行外商投资法及配套法规，稳定市场主体预期。

（三）优化企业融资环境，增加普惠金融服务。降低民营企业、中小企业的综合融资成本，推动国有大型商业银行创新对中小微企业的信贷服务模式，加强银行服务项目和收费公示，加强水电气、纳税、社保等信用信息归集共享，促进多层次资本市场规范健康发展，拓宽融资渠道，扩大企业融资规模。

（四）降低就业创业门槛，促进人才合理流动。建立健全统一开放、竞争有序的人力资源市场体系，推进企业技能人才自主评价，构建人才市场信用体系，加大中西部地区人才引进力度，对毕业生等群体创业创新给予政策倾斜，降低就业创业门槛。

（五）发挥法治引领作用，营造良好法治环境。进一步落实《优化营商环境条例》，加快推进公共法律服务体系建设，引导市场主体合法经营、增强全社会的法治意识，加强和创新监管方式，保护市场主体合法权益，利用互联网、大数据等技术赋能法治化建设。

（六）深化知识产权管理，助力企业创新发展。实施“互联网+”知识产权保护工作方案，集中公开相关专利基础数据、交易费用等信息，便利企业获取各类创新资源，健全大数据、人工智能、基因技术等知识产权保护制度，探索完善科研人员职务发明成果权益分享机制，提升市场主体创新力，推进企业进行数字化变革。

（七）持续推进“放管服”改革，不断优化政务环境。加快建设“数字经济、数字社会、数字政府”，优化政务流程，促进政务服务跨地区、跨部门、跨层级数据共享和业务协同，提升投资和建设便利度，取消对微观经济活动造成不必要干预的审批，加强市政公用服务价格监管，规范政府各项收费与罚款，建立健全常态化政企沟通机制，对企业诉求“接诉即办”。

目　录
Contents

第一章　营商环境背景及意义

第二章　文献综述及理论基础

第三章　中国城市营商环境评价指标体系

第四章　中国城市营商环境评价

第五章　直辖市、计划单列市营商环境评价

第六章　各省（自治区）城市营商环境评价

第七章　重点城市群营商环境评价

第八章　优化我国城市营商环境的政策建议

附　录

第一章　营商环境背景及意义

一、研究背景

营商环境是企业在从事创业、创新、融资、投资等一系列活动时所面临的外部环境的综合生态系统。优化营商环境不仅是促进经济高质量发展的内在需求，也是提高对外开放程度、满足进一步吸引外资的现实需求。作为投资者投资和企业经营所面临的重要外部条件，企业的整个生命周期都会受到政务环境、法治环境、市场环境、人文环境、贸易环境等因素的影响。对于新开创的企业来说，往往需要丰富的资源去探寻市场的新机会，如果缺乏足够的资源支持，可能未能等到机会的到来，就因资源耗竭而死亡。而良好的营商环境，可以更好地利用市场为企业提供充足的资源支持，促进当地的创业行为（杜运周等，2020）。

世界银行发布的《全球营商环境报告》中关于营商环境评价指标体系的构建主要以企业建立、运营和发展的制度环境和法治环境作为营商环境衡量的核心，反映了市场主体对权利、机会和规则平等的诉求。2022 年，世界银行进一步提出了“宜商环境”（Business Enabling Environment，BEE），在营商环境基础上强调了经营活动中制度与公共服务的重要性。

随着世界经济增速放缓，优化营商环境，减轻企业税负、降低企业制度性交易成本、提高企业竞争力已经成为各国推动经济增长的重要手段。对于企业投融资来说，Branstetter 等（2014）研究认为高质量的营商环境能够为企业带来更低的税率和更宽阔的融资渠道，从而有助于企业成长。张应武和刘凌博（2020）发现营商环境的优化能明显促进外商直接投资，提升市场经济活力，吸引更多企业进入（刘帷韬，2020）。此外，营商环境可以通过优化外循环资源配置进而提升流通效率（滕月，2022）。营商环境的优化虽然一定程度上会加剧地区的市场竞争压力，但是良好的营商环境能够促使企业间竞争更为公平，可以引导企业从事更多的生产性活动，相反不良的营商环境则会阻碍企业从事生产性活动，破坏市场公平与秩序，不利于经济的高质量发展（张卫东和夏蕾，2020）。世界银行的报告表明，良好的营商环境会使投资率增长 0.3%，GDP 增长率增长 0.36%（李国强和马晓白，2018）。同时，随着我国经济结构转型，强调创新对经济高质量发展的作用；而高质量营商环境下的经济体能更多地获得研发溢出效应，产生创新驱动的高质量发展（阮舟一龙和许志端，2020）。良好的营商环境能够降低创新企业在创新过程和创新成果商业化中的交易成本，以及在制度上提供创新成果商业化后的产权保护，这就增强了企业的创新动机，进而推动地区经济转型升级（尚炜伦，2020）。

改革开放四十多年来，我国经济社会发展的"资源红利"和"人口红利"正在逐步消失，"政策红利"也逐渐减弱，未来经济社会发展需要"创新红利""人才红利"和"制度红利"来驱动。当前，我国的营商环境还存在很多亟待解决的重大问题，如开办企业登记不便利，政府部门内部分工协作不畅通，政府与企业之间沟通渠道不畅通，企业税负较重、企业退出机制不完善等。其中，尤以企业生产要素供给端以及市场环境存在较大制约。一方面，银行服务、保险、医疗机构等部门的准入门槛较高，对其投资规模、设立主体、软硬件设施都有不同程度的限制；另一方面，行业中存在着许多隐性壁垒，在实际项目运作过程中，人员、土地、消防、备案等准入门槛较高，制约了外资的进入。要素环境问题主要体现在劳动力、土地、电力、税费、资金、数字等多个方面。随着我国人口结构的调整，人口老龄化时代到来，未来适龄劳动力人口供给数量将不断减少，劳动力成本会持续上升，这就增加了企业的经营成本。同时，土地等稀有资源，随着供应量的减少，价格将进一步上升。在融资方面，我国的金融服务有待完善，银行信贷偏向大中型国有企业，中小企业往往被银行等金融机构忽视，增加了额外的资金成本，使得融资约束问题成为制约中小企业生产经营活力的关键。这些问题都说明，尽管我国经过多年的不懈努力，逐步建立了社会主义市场经济体制，但资源流动仍然不畅，资源配置效率和效果不高，微观经济主体的活力仍然有待挖掘激发。作为世界上最大的发展中国家，中国要想缩小与发达国家之间的差距，首先要缩小与发达国家在营商环境上的差距，因此要不断优化营商环境，构建一个开放、包容、创新、发展的良好格局，吸引聚集发展要素，加快国内资金、技术、人才、信息等生产要素的集聚，促进资源的流动和有效配置。

二、研究意义

党的二十大报告指出，要完善产权保护、市场准入、公平竞争、社会信用等市场经济基础制度，优化营商环境。合理缩减外资准入负面清单，依法保护外商投资权益，营造市场化、法治化、国际化一流营商环境。改革开放以来，我国经济持续快速增长，工业化、城镇化取得显著成效，城市发展在经济社会中发挥着越来越重要的作用。城市的发展，扩大了消费需求，拉动了国内的投资，并成为加速现代服务业发展的助推器，也为创新创业提供了重要的软硬件设施与服务，但我国的城市化进程仍然处于加速发展的中期阶段，存在着各种各样的问题，如城市化明显滞后于工业化、城市化区域差异显著、产业结构趋同化严重、创新创业质量不高、制度性障碍有待跨越和环境保护问题等。优化城市营商环境，是城市实现高质量发展的关键。为优化我国营商环境，2015年，中央政府及地方政府持续推动“放管服”改革，这些举措实施以来，极大地优化了我国营商环境。根据2019年10月24日世界银行发布的《全球营商环境报告》，我国营商环境综合排名继2018年上升15位，位列第31名。这也是世界银行发布营商环境报告以来，中国首次进入前40名。这说明中国的营商环境建设较以往年度取得很大进步。在大力推动“放管服”改革，优化营商环境过程中，中国还连续两年跻身全球改善营商环境幅度最大的十大经济体，尤其在“办理施工许可证”“少数投资者保护”“开办企业”等方面取得了令世界瞩目的提升（杨枝煌等，2020）。

然而，营商环境的优化依赖于对我国各地区营商环境水平的准确评估。目前，学术界从多个角度评价分析我国的营商环境，但多数研究是基于省份等角度进行探索。我国地域广阔，不同区域之间的营商环境存在较大差异，即使是一个省份内，不同城市之间的营商环境也存在较大差异。例如，我国东部沿海地区是改革开放的前沿阵地，受惠于改革开放政策及地理位置优势，各类市场主体的投资较为活跃，营商环境较为便利，而中部、西部、东北地区起步较晚，一直处于追赶阶段。

营商环境是促进城市发展的重要外部因素之一，而准确了解、把握我国城市营商环境的真实状况，优化营商环境政策中的难点问题，是改善营商环境的关键，这凸显出准确评估城市营商环境的重要性。目前，国内已有很多关于市场主体所面临的投融资环境的评估报告，如北京师范大学政府管理学院和江西师范大学管理决策评价研究中心联合出版的《中国地方政府效率研究报告》、王小鲁等推出的《中国分省企业经营环境指数报告》、付晓东和胡铁成的《区域融资与投资环境评价》，张志学和张三保的《中国省份营商环境研究报告2021》等。这些评估报告从不同角度、运用不同指标体系对市场主体面临的营商环境进行了评价，但都是针对企业面临的营商环境的某一部分进行的，且研究国家层面或省份层面较多，没有完全针对城市营商环境的评估。城市作为企业生产经营的主要活动场所，其营商环境的好坏会对市场主体的活力产生直接影响。

本报告基于《2020 中国城市营商环境评价》（李志军，2021）评价指标体系，从公共服务、人力资源、市场环境、创新环境、金融服务、法治环境以及政务环境这 7 个方面对 2021 年全国各个地级市的营商环境进行评价，从而为我国城市营商环境的改善提供一定的借鉴。

第二章　文献综述及理论基础

一、文献综述

（一）营商环境的定义

“营商环境”这一概念在形成之前，其替代概念是“投资环境”。早在 20 世纪八九十年代，投资环境的概念就已被广泛使用，虽然当时营商活动已然存在，但时代特征与发展重心选择了投资环境这一概念。随着社会的经济发展，营商活动对市场经济的作用相较于投资活动更为明显和持久，因此营商环境概念应运而生（王光荣，2019）。

就早期发展来看，营商环境是指伴随企业整个经营活动过程（包括从开办、营运到结束的各环节）的各种周围境况和条件的总和（World Bank，2019），这种外部环境好坏可以实现国际比较。经过十几年发展，世界银行的《全球营商环境报告》覆盖广泛，认可度较高，也被国内不少学者直接参考使用（李一平等，2020）或是结合实际情况加以完善后使用（王磊等，2022；阮舟一龙和许志端，2020；杨畅等，2020；崔鑫生，2020；赖先进，2020）。但世界银行的《全球营商环境报告》聚焦于国家或经济体层面，很难辨析一国区域之间营商环境的异质性。

基于市场主体微观行为角度的世界银行营商环境指标固然有其科学性，但鉴于中国经济处于转型时期，直接引入可能不妥。世界银行营商环境更多的是强调交易成本的降低，忽视了国内制度的多元性，更与国内经济转型背景下市场与政府协调管控的关系不符。为此，国内外学者逐渐关注营商环境的综合性和系统性，其中国外主要以经济学人智库（EIU）的营商环境指标体系为代表。EIU 认为除了关注企业微观行为本身的限制外，还应该将一个经济体的宏观经济环境、政治环境、基础设施纳入考虑范畴（The Economist Intelligence Unit，2014）。国内一些学者指出，一个完善的营商环境既要包括限制“企业微观行为”的软环境，还应该反映出经济体本身的完善程度。这个环境是一个综合性产物，涉及政治法律环境、政府服务环境、公共服务环境、市场环境、金融环境、创新环境、人才环境和基础设施环境等，强调的是企业生存的外部干扰。国内更多的文献集中在这一层面，但偏向和重视程度存在一定差异，主要分为三个方面。第一，将地区市场化指数视为营商环境代理变量，以市场化程度界定营商环境概念范围，如张曾莲和孟苗苗（2022）、赵天骄和李成（2021）、周泽将等（2020）等。第二，李志军（2019）基于营商环境是一个生态系统，提出中国城市营商环境评价指标体系，认为从公共服务、人力资源、市场环境、创新环境、金融服务、政务环境 6 个维度可以更为全面地评价我国城市营商环境。在此基础上，“中国城市营商环境评价研究”课题组（2021）基于生态环境理论，进一步完善了中国城市营商环境评价指标体系，将法治环境纳入营商环境考虑范畴。在这一指标体系基础上，国内部分学者进行了拓展研究，如于扬和夏德峰（2022）、陈艳利和蒋琪（2021）、邓慧慧和刘宇佳（2021）、后小仙等（2020）、杜运周等（2020；2022）。第三，结合中国经济转型背景，强调政府有形之手的重要性，主要从政商环境角度分析营商环境，如地级市行政审批中心设立（闫永生等，2021）、行政审批改革（张敏，2021）和商事制度改革（张卫东和夏蕾，2020）。除上述三种观点外，还有部分学者持不同意见，如张三保等（2020）基于中国特殊政治背景，认为应该从市场环境、政务环境、法律政策环境、人文环境 4 个角度评价中国省份营商环境。

随着数字经济的发展，学者们开始将研究视角延伸至数字经济背景下的营商环境，提出了数字营商环境。潘思蔚和徐越倩（2022）认为数字营商环境是指伴随着数字技术的广泛应用以及数字市场业态的兴起，影响市场主体行为的政务环境、市场环境、法治环境、技术环境等外部环境与条件的总和，是涉及全面改革和制度创新的整体性生态系统。张道涵和马述忠（2022）认为数字营商环境是进行数字贸易所依附的数字经济环境，是数字贸易生态圈的重要组成部分，包括“数字 + 营商环境”与“数字营商 + 环境”双重内涵。数字营商环境由数字设施技术环境、数字市场运营环境、数字政策政务环境和数字司法治理环境 4 个各具特征的要素组成。

综上，目前学术界对于营商环境的概念界定尚未统一，定义不尽相同。本报告将营商环境定义为企业从事经营活动过程中所面临的一个外部环境综合生态系统。我们认为，一方面，城市营商环境评价指标体系的构建需要从制度和要素供给方面入手，将政府管理体制和机制、金融服务、人力资本可能会影响企业经营行为的要素纳入指标体系；另一方面，企业产品的生产与销售也会受到市场环境、法治环境等外部环境因素的影响。基于此，本报告在李志军（2018）的基础上增加法治环境维度，从公共服务、人力资源、市场环境、创新环境、金融服务、法治环境、政务环境 7 个维度构建了中国城市营商环境评价指标体系，从而更全面地评价中国城市营商环境。

（二）营商环境包含的内容

就目前文献来看，从政务质量、法治环境等角度研究如何优化营商环境的文献较多。

在市场经济中政府作用不容忽视，政府可以发挥规划、协调、服务和监督国民经济发展等作用。在政务质量方面，已有文献发现政府服务质量、效率会优化地区营商环境，对区域创业活力和经济高质量增长起到一定的促进作用（杜运周等，2020；2022）。如丁鼎等（2020）指出政府服务效率是政府服务质量水平的重要体现，政府的税收减免情况能够在一定程度上反映企业受扶持程度的大小。政府服务效率越高，企业在经营发展过程中越便利，地区营商环境也越好。闫永生等（2021）以地级市设立行政审批中心为准自然实验，发现设立行政审批中心对于优化营商环境具有明显的促进作用，进而推动企业创新。廖福崇（2020）以 6144 家民营企业为例，指出政务服务能力对市场主体的发展信心具有推动作用，提供高效便捷的政务服务能促进营商环境优化，如通过政务中心的建设提供制度化联系方式，可以替代线下的私人联系，促进营商环境的优化。黄恒学等（2021）认为良性政商关系的构建是营商环境优化的关键，完善政府服务企业方式，是建设服务型政府的重要路径，并根据深圳市提出了政府服务企业方式创新的新策略。廖福崇（2022）以行政负担理论为框架，基于中国私营企业调查数据发现政务能力是优化民营企业营商环境的关键。王法硕和张桓朋（2022）发现“互联网＋政务服务”便民利己，有助于促进地方市场化和法治化的完善，促进了营商环境优化，且进一步检验发现上述效应在中西部地区中更为明显。

建立完善的法治环境是优化营商环境的重要组成部分。在法治环境建设方面，已有研究发现建设法治政府有助于营造稳定、透明、公平的营商环境。如廖福崇（2020）发现审批制度改革主要是通过提高法治化水平来优化营商环境，进而有效减少注册公司的时间、成本和步骤，极大地提升了企业获得执照和许可的便利程度。张敏（2021）以行政审批制度改革为切入点，探讨了法治环境建设对企业经营发展的影响。研究指出，行政审批制度改革对于法治环境建设具有重要推动作用，推动了企业家精神的提高，并进一步区分了行政审批制度改革以及设立行政审批中心作用的异质性。钱玉文（2020）认为当前我国的基层政府法治化水平仍有提升空间，多项创新举措缺乏法律保护，并以江苏省的营商环境建设为经验，提出要优化营商环境的制度政策体系、创新企业信贷融资的方式和持续营造法治化营商环境。李本灿（2021）认为法治化营商环境建设与组织体合规具有相同的价值追求，即行为的合规性。合规计划兼具高效、节约公共资源、国际化等优势，可以成为营商环境建设的法治工具。冯辉和靳岩岩（2021）认为国际投资仲裁的核心是对东道国政府行为的司法评价，这与通过优化政府行为改善营商环境的要求相一致。建立“一带一路”国际投资仲裁机制对推进“一带一路”深化实施、完善以规则为基础的国际化法治化便利化营商环境均具有极其重要的价值。熊文瑾（2021）认为新媒体时代法治传播具有传播主体更为多元、传播内容更为全面客观、传播媒介日益复杂、传播受众地位日益凸显、传播领域日益广泛迅速等特点，通过树立科学的法治传播理念、注重法治传播精品创作、强化传播实效等路径，或许可以解决上述新媒体法治传播面临的困境，从而为构建良性互动的营商法治环境提供强大的法治传播平台。唐贺强（2021）从罚没收入切入，通过考察制度沿革和文本结构分析，发现罚没收入的制度规范存在立法层级不高、体系不全和监督不足等问题，这不利于营商法治环境的优化。王彦东等（2021）发现国家审计对区域营商环境优化具有显著推动作用，且主要是揭示和抵御功能发挥作用，而预防功能的作用不明显；影响机制检验表明，政府行政环境、法治环境和市场环境的提高是国家审计影响区域营商环境的重要路径。

此外，还有部分文献从公共服务、金融服务、创新环境、人力资源、市场环境等角度探讨了优化营商环境的路径。如王兴和魏佳仪（2021）采用2006—2014 年五次民营企业抽样调查数据，研究了营商环境在员工在职培训对企业创新影响的调节作用，为人力资源与营商环境之间紧密联系提供了经验证据支持。于扬和夏德峰（2022）还探讨了智慧城市建设对优化营商环境的影响，发现智慧城市建设对地区营商环境优化具有显著的正向影响，具体来说，知识溢出水平、地区集约型发展和产业结构调整是智慧城市建设优化营商环境的主要路径。进一步的异质性检验表明，智慧城市建设对营商环境优化的推动作用主要体现在东部地区以及东北地区，在中西部地区中上述效应不太明显；知识溢出水平路径仅在非直辖市和非省会中小型城市中发挥作用。

在这些营商环境要素基础之上，学者们基于生态系统理论提炼出了营商环境生态系统，并强调营商环境内部各个要素之间存在相互关联的耦合作用。从生态系统角度来看，杜运周等（2020）基于中国转型期多元制度逻辑背景，从组态视角考察了城市营商环境生态的作用，发现不同营商环境生态对企业创业作用迥异，并提出了四种促进城市高创业活跃度的营商环境生态。吴汉洪和张崇圣（2021）发现良好的营商环境有助于产业生态良性循环，其本身具有便利性、公平性、透明性、法治化和国际化等特征，可以降低市场交易成本、充分激发市场活力，并通过打造一个良好的市场生态循环系统，进而促进市场发展。“中国城市营商环境评价研究”课题组（2021）基于生态系统理论，从公共服务、人力资源、市场环境、创新环境、金融服务、法治环境、政务环境 7 个维度分析了营商环境构建的理论逻辑，并分析比较了中国背景下各地区营商环境生态优劣，研究发现，直辖市、计划单列市、省会城市等地区的营商环境相对较好，东部、中部地区的营商环境要优于西部地区和东北地区。在此基础上，李志军（2021）还进一步区别了6个重点城市群的城市营商环境，发现粤港澳大湾区城市群内的城市营商环境好于其他5个城市群；此外，有些城市群内的城市营商环境两极分化较严重，其中京津冀城市群内城市间差距最大。进一步地，李志军（2022）分析了南北地区营商环境的差异，发现南方地区城市的营商环境整体上优于北方地区和全国平均水平，并且南方地区城市间营商环境水平不均衡，差异较大；北方地区城市的营商环境水平相对较低，整体低于南方地区和全国平均水平，但北方地区城市间营商环境差异相对较小。姜扬（2022）指出新时代东北地区优化营商环境的关键在于深化体制改革，打造富有活力的市场生态系统。

（三）营商环境评价相关文献

1. 国外营商环境评价研究

营商环境是一个国家发展的生产力和竞争力，是一个国家经济软实力的主要表现，因此，准确地评估各国的营商环境现状也就显得尤为重要。在关于营商环境评价指标体系方面，现有学者从不同视角进行了探索。Demirguc-Kunt等（2004）利用来自52个国家的企业层面的数据，选择法律秩序、金融发展、腐败程度、税收和监管、破产程序这5项指标测度营商环境，研究一个国家的制度和营商环境如何影响企业的组织选择。研究表明，在金融部门发达、法律制度高效、监管负担和公司税负低、破产程序高效的国家，企业更倾向于选择公司形式，即企业注册率越高。Li和Ferreira（2011）将营商环境归结为三大领域：监管体系、政治体系和金融体系。其中，监管制度环境包括监管有效性和政府普遍性，政治制度环境包括法律制度的有效性和腐败性，金融制度环境是指金融制度发展的表现状态。Bah和Fang（2015）通过建立一般均衡模型，利用资金、监管、犯罪、腐败和基础设施5个维度，评估营商环境的数量效应，发现营商环境的优化与南非国家全要素生产率之间存在显著的关系。Contractor等（2019）探讨了跨国公司如何选择在哪些国家投资，研究管制变量对吸引或阻止外国直接投资（FDI）的影响这一基本问题。研究表明，合同执行力更强、国际贸易规则更有效的国家能够吸引更多的外国直接投资。此外，相互作用项表明，跨国公司愿意进行制度权衡，以一国较差的制度变量换取另一个更强的制度变量，比如跨国公司愿意投资于出入境管理效率较低的国家，以换取更强有力的合同执行。Nam 和 Bao（2019）利用 2007—2015 年越南 10 个省随机选择的中小企业（SME）每两年重复调查所得的纵向数据，结合衡量省级商业环境质量的省级竞争力指数（PCI）年度面板数据，运用动态随机 probit 估计，分析营商环境对中小企业创新持续性的影响；研究发现，在较弱的商业环境中，适度复杂创新（包括单维度和多维创新）持续存在，而在改善的商业环境中则消失。这些研究结果表明，改善营商环境会加强创新政策，从而促进缺乏创新经验的中小企业的创新。Belas 等（2019）通过对在捷克和斯洛伐克共和国经营的中小企业设计调查问卷，获得 641 家企业的有效样本，采用验证因子分析、结构方程模型等统计方法进行评估。结构模型显示宏观经济环境、货币政策、利率和法律环境是决定企业环境质量的重要因素，进一步指出了政治、社会和技术因素的重要性。研究结果指出，需要以更适当的方式调整立法环境，减少国家官僚作风。Gogokhia 和 Berulava（2020）探讨了营商环境改革在促进转型经济中企业创新和生产力绩效方面的作用，以 28 个转型经济体的营商环境与企业绩效调查中的企业层面数据为样本，在统一的结构模型下，考察了营商环境改革与企业研发、创新和生产率绩效之间的联系，并采用一种新的方法衡量营商环境改革。具体地，将企业在经营环境各个方面面临的约束的主观评估，作为构建营商环境改革（BER）指数的基础。BER 指数计算创新型企业和非创新型企业（按国家和地区规模划分）的综合平均得分之差，差距越小，营商环境就越有利于为企业提供更多的创新投资刺激。结构模型的估计结果证明了营商环境改革与 R&D 投资、创新和劳动生产率之间关系的假设。Khazaei 和 Azizi（2020）认为企业需要一个良好的环境，使创业、产权登记、信贷、纳税、跨境贸易、合同执行等经营条件易于实现，并基于世界银行《全球营商环境报告》的数据，选取 2013—2018 年全球利润最高的 176 家企业作为统计对象，采用面板数据法进行分析，探讨了世界顶级企业的财务绩效与营商环境指标之间的关系，结果表明营商环境对世界一流企业的财务绩效存在显著的促进作用。

除国外研究外，国内也有不少学者采用国外营商环境评价体系，如阮舟一龙和许志端（2020）结合县级政府职权，选取开办企业便利水平、办理建筑许可便利水平和获得电力便利水平 3 个一级指标和 12 个二级指标来度量县域营商环境。李一平等（2020）参考世界银行营商环境指标，标准化计算开办企业、办理施工许可证、获得电力、登记财产、纳税环境及办理破产 6 个二级指标，进而以加权得分计算出新的营商环境指标。崔鑫生（2020）以中国以及"一带一路"沿线国家中与中国合作的国家为例，利用世界银行营商环境指标考察了营商环境优化的经济影响。赖先进（2020）考虑到世界银行营商环境指标的广泛性、权威性和中立性，采用营商环境指数作为中国营商环境的测度指标，并将其 10 个分指标作为子解释变量，进行比较实证分析。王磊等（2022）参照世界银行营商环境指标，借助市场化指数的构造计算方式，对开办企业、登记物权、获取信贷和强制执行合同 4 个分项指标进行了重新计算，构造了 30 个重点城市的营商环境优化指数。

综合已有文献，国外营商环境评价方式大致分为以下四种。

第一，世界银行营商环境评价指标体系。世界银行于 2003 年发布首份《全球营商环境报告》，报告以中小企业为考察对象，基于企业生命周期视角，围绕企业经营状况考察企业生命周期的五个阶段，包括创业、选址、融资、容错处理和日常运营，对各国相关经济指标进行评价和比较，提供详细的地区性评估结果和综合排名，并提出监管和改革的指导性建议，为各国或各地区优化当地营商环境提供指引。此后，营商环境逐渐得到政府、研究机构以及学术界的关注。截至 2020 年，世界银行已连续十几年横向比较全球 100 多个经济体的营商环境（具体指标见表 2-1）。在中国主要以北京、上海、重庆、广州、深圳、杭州等参选城市或候选城市为主开展评估，主要通过委托世界银行营商环境课题组咨询团队或第三方机构开展。

世界银行营商环境（DB）评价体系旨在形成一种易于复制的方法，用以衡量政府相关政策，以及私营企业的政策体验，通过问卷形式，收集和评估各经济体营商环境的状况，由来自各经济体的专业人士协助提供各项指标数据。以 2020 年《全球营商环境报告》为例，来自 191 个经济体的 48000 多名专业人员参与协助提供各项指标的数据。

为了确保全球经济体数据间的可比性，世界银行营商环境评价体系采取标准化案例情景设定，即选取各经济体中最大的商业城市中的特定企业进行调查，并定义标准化案例情景。这种做法虽然在一定程度上影响了评价结果的普适性，但保证了不同经济体间的可比性。由于一个国家内部的商业法规及执行情况可能有所不同，特别是大型经济体内部差异较大，因此，选择标准化企业的做法保证了各经济体中同类企业间可相互比较。此外，自 2015 年起，世界银行营商环境评价体系将评价覆盖范围扩大到人口超过 1 亿的经济体第二大城市，即最终每个经济体只选取最大的一个或两个城市进行数据搜集，并根据选取城市的人口数加权平均，得到各经济体的得分，例如，世界银行营商环境评价体系在中国调查上海、北京两个城市的企业情况。由于指标体系评价范围广泛、复杂，因此在调研中采取标准化案例场景，针对私人有限责任公司进行调查，以体现多数国家中最普遍的商业形式，以及对增加创业机会的关注。

世界银行营商环境评价体系在数据搜集中采取问卷调研法，即给每个经济体的“专家”发放问卷，通过“假设”一个企业，考察在各种各样的经营中遇到的“真实”环境（具体的法律条文证明，或真实的交易证据）。《全球营商环境报告》指标主要基于法律法规，其中约 2/3 的数据基于对法律的解读。除了填写问卷外，受访者还需提交相关法律、法规和费用的证明资料。世界银行营商环境评价团队收集相关法律法规的文本，并检查问卷答复的准确性。原则上讲，参与调查的“专家”主要发挥咨询作用，帮助《全球营商环境报告》团队找到并理解法律法规。对于基于实际做法而非政策文本的指标，由于需要受访者对实际做法的判断，因此，研究团队对多个受访者进行广泛调查，以尽量减少数据的测量误差，当出现不一致的回答时，选取多个答复的中值作为该指标的测量结果。但该方法的有效实施需要满足一个前提，即企业家了解并遵守相关法规。在实践中，企业家可能不完全了解相关法规，因此可能浪费大量时间寻找答案，或故意规避某些法规。

表 2-1　世界银行营商环境（DB）评价指标体系

一级指标	二级指标	
开办企业	办理程序	办理时间
	费用	开办有限责任公司所需最低注册资本金
办理施工许可	房屋建筑开工前所有手续办理程序	房屋建筑开工前所有手续办理时间
	房屋建筑开工前所有手续办理费用	建筑质量控制指数
获得电力	办理接入电网手续所需程序	办理接入电网手续所需时间
	办理接入电网手续所需费用	供电稳定性和收费透明度指数
产权登记	产权转移登记所需程序	产权转移登记所需时间
	产权转移登记所需费用	用地管控系统质量
获得信贷	动产抵押法律指数	信用信息系统指数
保护少数投资者	信息披露指数	董事责任指数
	股东诉讼便利指数	股东权利保护指数
	所有权和控制权保护指数	公司透明度指数
纳税	公司纳税次数	公司纳税所需时间
	总税率	税后实务流程指数
跨境贸易	出口报关单审查时间	出口通关时间
	出口报关单审查费用	出口通关费用
	进口报关单审查时间	进口通关时间
	进口报关单审查费用	进口通关费用
合同执行	解决商业纠纷的时间	解决商业纠纷的成本
	司法程序的质量指数	
破产办理	回收率	破产法律框架的保护指数
劳动力市场监管	就业监管灵活性	工作质量控制方面的灵活性

资料来源：满姗、吴相利，2018。

但随着社会的进步与发展，之前的营商环境评价指标难以满足经济和社会需求，需要寻找一种新的方法来评估全球经济体的商业和投资环境。为此，在 2021 年，世界银行决定停止发布《全球营商环境报告》，并于 2022 年发布宜商环境（Business Enabling Environment，BEE）。相比之前营商环境评价，指标有所改变。世界银行宜商环境（BEE）评价①按照企业从开办到退出的全生

①此版本为世界银行宜商环境（BEE）评价指标征求意见稿，虽已于2022年3月15日完成意见征询，但尚未最终确定。

命周期构建评估体系，围绕创办、经营与退出三大阶段设有 10 项评估指标，并设有数字技术应用与环境可持续性 2 项跨领域的评价指标。开办企业阶段包括企业准入、经营地点 2 项一级指标；企业经营阶段包括市政公共服务接入、劳动力、金融服务、国际贸易、纳税、争端解决、市场竞争共 7 项一级指标；企业退出阶段包括破产办理 1 项一级指标（具体见表 2-2）。

世界银行宜商环境（BEE）评价指标体系包含两大支柱，即商业法规与公共服务，同时，评价中既关注法规制度方面的信息，也关注法规制度的实际实施情况。因此，针对每个一级指标，世界银行宜商环境（BEE）都评价三方面的信息：其一为监管框架，主要评估监管质量，从透明度、准确度、可预测性和相关性等角度衡量最佳做法，以及国际公认的最佳做法；其二为公共服务，评估政府的机构设置、基础设施和项目等政府直接或间接（通过私人公司）影响市场运作的因素；其三为整体效率，根据市场主体的体验（通过企业调研或专家调研），衡量监管与公共服务在实践中实现各指标的效率。前两个方面分别对应商业法规与公共服务两大支柱，第三方面则对应两大支柱在实践中的实施效果。

表 2-2　　世界银行宜商环境（BEE）评价指标体系

<table>
<tr><th>企业阶段</th><th>一级指标</th><th>二级指标</th></tr>
<tr><td rowspan="6">开办企业</td><td rowspan="3">企业准入</td><td>企业准入监管质量</td></tr>
<tr><td>开办企业数字化公共服务和信息透明度</td></tr>
<tr><td>开办企业流程效率</td></tr>
<tr><td rowspan="3">经营地点</td><td>不动产租赁、产权和城市规划法规的质量</td></tr>
<tr><td>公共服务的质量和信息的透明度</td></tr>
<tr><td>关键服务在获得营业选址方面的效率</td></tr>
<tr><td rowspan="9">企业经营</td><td rowspan="3">市政公共服务接入</td><td>公共事业监管质量——电、水、互联网</td></tr>
<tr><td>公共事业绩效和公共事业服务的透明度</td></tr>
<tr><td>公共事业和服务监管实施效率</td></tr>
<tr><td rowspan="3">劳动力</td><td>劳动法规质量</td></tr>
<tr><td>劳动力市场公共服务的充分性</td></tr>
<tr><td>雇用劳动力的难易程度</td></tr>
<tr><td rowspan="3">金融服务</td><td>担保交易（一致）、电子支付和绿色融资（监管支柱）监管的质量</td></tr>
<tr><td>信贷报告框架的质量</td></tr>
<tr><td>接受金融服务的便利性</td></tr>
</table>

续表

企业阶段	一级指标	二级指标
企业经营	国际贸易	国际货物贸易、电子商务和环境可持续贸易的监管质量
		促进国际货物贸易便利化的公共服务质量
		进口商品、出口商品和从事电子商务的效率
	纳税	税收法规的质量
		税务部门提供的服务
		税收负担和税收系统的效率
	争端解决	商业争议解决监管的质量
		商业诉讼中公共服务的充分性
		解决商业纠纷的难易程度
	市场竞争	促进市场竞争的监管质量
		促进竞争的公共服务的充分性
		实施促进市场竞争的关键服务的效率
企业退出	破产办理	破产法规的质量
		破产配套制度的质量
		破产程序的便捷性

资料来源：世界银行BEE项目2022，https://www.worldbank.org/en/programs/business-enabling-environment。

第二，EIU营商环境评价指标体系。经济学人智库（EIU），全称The Economist Intelligence Unit，是经济学人集团旗下的商业分析机构，为企业和机构提供205个国家和地区的全面分析及预测。经济学人智库（EIU）每5年根据10个标准对全球82个国家或地区编制1次营商环境排名。在评分过程中不仅会考虑某一国家或地区以往表现，而且还会评估未来5年内该地区的营商环境转变。EIU根据营商环境所包含的子环境来构建评价指标体系（The Economist Intelligence Unit，2014），用于预测未来5年的商业环境状况。这些子环境包括10个一级指标，分别是政治环境、宏观经济环境、市场机遇、自由市场及竞争政策、外资政策、外贸及汇率管制、税率、融资、劳动市场、基础建设。

2014年，EIU公布了2014—2018年全球最佳营商环境排名，新加坡、瑞士和中国香港排在前3名。EIU表示，亚洲地区营商环境差异甚大，其中，表现较好的国家或地区皆有多项共通点，像是有利营商的金融及外资政策等。本次排名中，前 3 名评分（总分 10 分）都高于上一届。新加坡由上届 2009 年至 2013 年的 8.56 分升至 8.65 分，瑞士由 8.41 分升至 8.52 分，香港由 8.34 分升至 8.39 分。

第三，GEM 创业环境评价指标体系。GEM（Global Entrepreneurship Monitor，全球创业观察）是由伦敦商学院和百森商学院共同发起的研究项目。该评价指标体系包括：创业者融资、政府政策、政府支持和政府创业项目、基础学校创业教育和高校创业教育和培训、研发成果转化、商业法律基础和基础服务设施、内部市场动态和内部市场开放、文化和社会规范。

具体来说，创业者融资主要指创业企业初期的资金来源，主要可以通过私人权益资本、创业资本融资和二板上市融资三种途径获取。政府政策包括激励创业的政策，对创业活动和创业企业成长、就业、环境和安全、企业组织形式、税收等方面的规定。政府支持和政府创业项目是指政府支持创业者的具体形式，主要包括为其提供资金、项目、服务支持等，并建立相关的组织和机构为其提供帮助，并借助这些组织开发大量的创业项目。基础学校创业教育和高校创业教育和培训是开展创业活动的必要条件，可以为创业者寻求商机提供基础。研发成果转化则是指研发成果市场化转化是否顺利，权衡了创业研发和研发后转化为生产力的效率和水平，能够有效评估创业者抓住商机的概率。商业法律基础和基础服务设施是指创业者所处外部宏观制度环境，是创业成功的物质基础。内部市场动态和内部市场开放则是指企业进入市场的难易程度，产品市场更新越快、竞争越大，经济增长速率越快。文化和社会规范则是指社会的整体创造创新和拼搏精神，我国政府和社会鼓励人们通过自己的努力来取得成功，鼓励勤劳创新致富，鼓励创业者勇敢地承担和面对创业中的各种风险。

第四，OECD 创业环境评价指标体系。OECD（经合组织）是由 38 个市场经济国家组成的政府间国际经济组织，旨在共同应对全球化带来的经济、社会和政府治理等方面的挑战，并把握全球化带来的机遇。

OECD 创业环境评价指标体系将创业决定因素划分为六类，分别是政策框架、资金获取、技术与研发、创新能力、市场状况和创业文化。2017 年发布《2017 年创业概览》（*Entrepreneurship at a Glance 2017*）报告。该报告包含七个章节：经合组织国家近期创业发展状况；各规模企业创造就业和绩效（增加值、营收和薪酬）；各规模企业的生产率；企业创建、破产、流失率等动态及就业创造；中小企业和国际贸易；女性创业以及风险投资。报告指出，在大部分有可用数据的经合组织国家，创业公司数量继续增加，很多国家已超过危机前的高位，表明创业率的长期下滑可能得到遏制。报告显示：服务业是创业的主要驱动力；不同国家制造业的工资差距在拉大；数字工具为小型企业家提供了新的途径，拓展了新的市场发展方向；自由职业者数量增加。

2. 国内营商环境评价研究

党的十八大以来，党中央、国务院高度重视优化营商环境工作。习近平总书记指出，营商环境是企业生存发展的土壤，法治是最好的营商环境，要加快转变政府职能，培育市场化法治化国际化营商环境。过去十年，每一年政府在深化“放管服”改革上都有新突破，在优化营商环境上有新进展（国务院发展研究中心课题组，2022）。2019 年我国在世界银行《全球营商环境报告》中位列第 31 位，较 2012 年提升 56 位。与此同时，我国营商环境评价工作也在大力推进，发挥了以评促改、以评促优的积极作用。

准确评估某地区的实际发展情况是优化营商环境的重要前提，然而，世界银行目前的营商环境评价指标体系不完全适合中国的国情，如不能准确反映各区域的营商环境现状。以中国为例，世界银行选择经济发展水平较高的北京和上海这两座大型城市作为评价对象，而未将其他地区的营商环境纳入调查范围。由于中国各地区的经济、文化、技术发展存在较大的差别，以北京和上海的营商环境评分结果代表整个中国的营商环境现状会导致评价结果缺乏一定的普适性（刘英奎等，2020）。因此，国内学术界开始理论探索和实践一套适用于中国情境下的营商环境评价指标体系。

从已有研究来看，国内主流营商环境评价分为以下几种。

第一，以王小鲁（2017）市场化指数衡量营商环境。市场化指数分为 7 个一级指标，分别为政府与市场的关系、非国有经济的发展、产品市场的发育程度、要素市场的发育程度、市场中介组织发育和法律制度环境。每个一级指标下由 2 ～ 3 个二级指标构成。具体地，政府与市场的关系主要包括市场分配资源的比重、减少政府对企业的干预、缩小政府规模；非国有经济的发展由非国有经济在工业企业产品销售收入中所占比例、非国有经济在全社会固定资产总投资中所占比例、非国有经济就业人数占城镇总就业人数的比例构成；产品市场的发育程度主要包括价格由市场决定的程度、减少商品市场上的地方保护；要素市场的发育程度由金融业的市场化、人力资本供应情况、技术成果市场化构成；市场中介组织发育和法律制度环境由市场中介组织的发育、维护市场的法治环境、知识产权保护构成（具体见表 2-3）。

表 2-3　　市场化指数指标体系

一级指标	二级指标
政府与市场的关系	市场分配资源的比重
	减少政府对企业的干预
	缩小政府规模
非国有经济的发展	非国有经济在工业企业产品销售收入中所占比例
	非国有经济在全社会固定资产总投资中所占比例
	非国有经济就业人数占城镇总就业人数的比例
产品市场的发育程度	价格由市场决定的程度
	减少商品市场上的地方保护
要素市场的发育程度	金融业的市场化（包括: 金融业的市场竞争、信贷资金分配的市场化）
	人力资本供应情况（包括: 技术人员供应、管理人员供应、熟练工人供应）
	技术成果市场化
市场中介组织发育和法律制度环境	市场中介组织的发育（包括: 律师、注册会计师人数分别与当地人口的比例）
	维护市场的法治环境
	知识产权保护

这种度量方式被不少学者认可，如张曾莲和孟苗苗（2022）、赵天骄和李成（2021）使用“政府与市场的关系”“非国有经济的发展”“市场中介组织的发育和法律制度环境”三个分项市场化指数刻画各地区政府管制、非国有经济发展、法治环境，以反映营商环境的不同侧面。周泽将等（2020）则采用了民营企业注册地所在省份的经营环境指数总体评分和市场化总指数评分。杨畅等（2020）采用樊纲测算的生产者合法权益保护指标衡量地区营商法治环境，该指标主要由市场秩序和执法效率两部分加权而成。廖福崇（2022）则从营商保

障与营商成本两个角度度量营商环境质量，考虑到市场中生产者的合法权益能否受到有效保护是市场正常运行的必要条件，因此选取樊纲等方法测算的各地区生产者合法权益保护指标衡量地区营商环境质量。

第二，中国主要城市的营商环境评价指标体系。2017 年粤港澳大湾区研究院课题组以国家统计局等部门公开的数据为基础，对包括直辖市、副省级城市、省会城市在内的 35 座大中型城市围绕软环境、生态环境、商务成本、城市基础设施、城市社会服务、市场环境 6 类指标展开分析并评价各城市的营商环境状况（钱佳慧等，2020），并针对 35 座大中型城市的营商环境指数进行排名，发布了首个城市营商环境报告，报告显示广州占据中国内部城市营商环境指数总排名第 1 位，粤港澳大湾区研究院的研究为地方政府优化营商环境提供了建设性指导意见。《中国城市营商环境年度报告》对营商环境评价指标体系的构建从硬环境和软环境两个维度出发，根据公开统计数据设计硬环境指数和软环境指数 2 个一级指标，细分 7 个二级指标和 33 个三级指标（具体见表 2-4）。

表 2-4　　中国城市营商环境评价指标体系

一级指标	二级指标	三级指标	
硬环境指数	自然环境	地理环境	气候环境
		空气质量	森林覆盖率
	基础设施环境	人均道路密度	公共汽车密度
		公路物流和交通物流的承载能力	生活垃圾和城市污水的处理率
		清洁能源的普及度	市场设施完善度
		城市排水管道密度	
软环境指数	技术创新环境	政府研发投入力度	企业研发能力
		技术成果储备	专利数量
	金融环境	直接融资	间接融资
		外资吸引力	金融机构资产规模
	人才环境	高端人才供给	政府文教投入力度
		本地人才供给	大学数量
		新兴产业研发团队	高等学校毕业生数量
	文化环境	私营企业活跃度	学术文化
		文化场馆建设	

续表

一级指标	二级指标	三级指标	
软环境指数	生活环境	消费市场规模	服务市场规模
		幼教便利度	就医便利度
		城市绿化覆盖率	

资料来源：《2019中国城市营商环境报告》。

就近几年研究来看，目前已有不少文献采取中国城市营商环境报告来代理营商环境变量。如于扬和夏德峰（2022）则直接采用粤港澳大湾区研究院《中国城市营商环境评价报告》，涉及软环境、市场环境、生态环境、商务成本环境、基础设施环境、社会服务环境的综合加权；姜爱华等（2021）参照城市营商环境报告，选取市场准入、采购过程管理、问题处理、监督管理、信用与法治环境共计 5 个一级指标、27 个二级指标和 39 个三级指标，基于供应商主体感知设计了政府采购生命周期层面的营商环境指标。申烁等（2021）和赵德森等（2021）则参考中国城市营商环境指数，依次论证了硬环境和软环境与企业全要素生产率之间的关系。

第三，中国县域营商环境评价指标体系表。2019 年“中国县域营商环境研究”课题组成立，客观评价和主观评价相结合，研究制定了“2019 中国县域营商环境调查评价指标体系”，指标体系分为三层结构，客观性指标 35 个，主观性指标 25 个。其中客观性指标主要是可量化、具体的数值（具体见表 2-5），25 个主观性指标的数据主要来源于问卷调查数据。

表 2-5　　　　　　中国县域营商环境评价指标体系

一级指标	二级指标	三级指标	
基础设施与要素供给	交通区位优势度	高速公路	高速铁路
		机场	铁路
		港口	
	基本要素供给	土地供给	用水
		用电	用气（热）
		网络	

续表

一级指标	二级指标	三级指标	
市场环境与公共服务	市场活力	每万人拥有市场主体数增长率	每万元GDP金融机构贷款余额总量增长率
		每万人商标注册申请量增长率	
	科技创新环境	每万人发明专利拥有量增长率	新增高新技术企业
		新增工程技术研究中心	
	基本公共服务水平	每万人卫生技术人员	每万人中小学专任教师
政务环境	互联网+政务服务水平	线上联通的线上线下政府服务平台	推进政府服务“一窗办理、一网通办”
	商事制度	证照分离、多证合一	开办企业效率承诺
		简化注销登记	
	规范审批中介服务事项	减免证明材料、减轻企业经济负担方面	规范中介机构
	双随机、一公开	一单、两库、一细则	覆盖率
社会环境	信用建设	政务诚信	商务诚信
		社会诚信	司法公信
	生态环境建设	生态文明建设示范县（市、区）	
	平安建设	平安建设先进县（市、区、旗）	
	公共文明建设	文明县城	
	卫生健康	卫生县城	
县域营商环境满意度调查评价	现有企业满意度调查评价		
	网络大数据分析评价		

资料来源：《小康》杂志，中国小康网。

除了以上几种主流营商环境评价体系外，还有一些学者在具体实际研究的过程中对营商环境进行了评价和测度。如张三保等（2020）为评估31个省份的营商环境现状，将市场、政务、法律和人文四个要素确定为一级指标，参考已有研究和国内实际发展状况，构建了符合中国特色的地区营商环境指数，通过区域比较发现，不同区域之间营商环境迥异。丁鼎等（2020）通过回顾改革开放以来中国营商环境的建设过程，并依据各城市发展异质性，构建6个一级指标、14个二级指标和20个三级指标的城市营商环境评价指标体系，其中一级指标包括政务环境、公共环境、金融环境、人力资源、创新环境和市场环境。研究发现，不同地区间营商环境状况存在明显差异，东部地区及中部地区城市营商环境相对较好，西部地区和东北地区的营商环境则相对较差。陈强等（2021）借鉴当前已有的影响因素，使用德尔菲法确定了25个营商环境影响因素，运用解释结构模型方法解析影响因子间的相互关系并构建了营商环境影响因素结构体系。结果表明，营商环境影响因素结构体系由25个因子构成，可分为10个层次和3个因子群，因子群自下而上影响营商环境的质量，群内因子间存在不同影响关系。王雨飞等（2020）还梳理了“五通”合作即政策沟通、设施联通、贸易畅通、资金融通、民心相通在政策、贸易、金融、基础设施、人文交流等方面优化营商环境并促进经济增长的作用机制。王法硕和张桓朋（2022）还综合考察了地方营商环境市场化水平、法治化水平和国际化水平的经济影响，营商环境市场化水平、法治化水平和国际化水平分别使用《中国城市政商关系排行榜》中“企业税费负担”“政府廉洁度”和“地区外资依存度”来进行度量。何地和林木西（2021）从市场化水平、法治建设水平、政务服务水平和对外开放水平4个维度构建了我国营商环境发展测度指标体系，并测算我国各个省份的营商环境发展水平。邱康权等（2022）构建了中国营商环境综合发展水平指标体系，其中包括营商开展环境和生活环境两个维度，并分别从整体、分维度、绝对差异、相对差异、空间相关性和等级转移概率等角度全面分析我国营商环境综合发展水平的地区差异以及动态演变趋势。潘思蔚和徐越倩（2022）基于数字营商环境的理论内涵，认为当前我国营商环境治理体系可以包括政府改革、市场业态、数字技术等评价维度，并构建了一个政府、市场、技术的三元分析框架，从政府改革的视角，分析了营商环境的便利性和公平性；从市场业态的视角，分析了新经济、新业态、新模式的兴起对于营商环境评价维度的影响；从数字技术的视角，分析其深度应用如何影响营商环境及其作用机理。

除此之外，我国政府部门也针对地方营商环境进行了评价。第一类是国家发展改革委委托第三方机构组织开展的中国营商环境评价，俗称“国评”（这一提法来自地方），在世界银行DB基础上，进一步扩展和丰富了指标体系，共包含18个指标，覆盖全国31个省（自治区、直辖市）。值得一提的是，自2019年国家发展改革委启动“国评”项目以来，不少地区在省内组织开展地级市营商环境评价，甚至与工作绩效“挂钩”，起到“牵一发而动全身”的效果，上述工作对促进本地区、本部门的优化营商环境工作产生了积极作用。第二类是社会团体、咨询公司、高校与科研机构开展的第三方评价，该类评价采用的评价体系、评估方法鱼龙混杂，有的借鉴世界银行DB体系，有的基于统计数据自建评价体系，评价对象也是千差万别，既有城市层面，也有针对产业园区的，此类评价或多或少都能从某个侧面反映一个地区的营商环境情况。总体上看，国内营商环境评价工作与党的十八大以来开展的深化“放管服”改革、优化营商环境工作紧密相关。

（四）营商环境的相关研究

早期关于营商环境研究并没有形成明确的营商环境概念，更多的是从企业生命周期的各个环节进行了探讨。文献研究也表明营商环境对企业进入（Klapper等，2004）、公司注册（Klapper和Love，2010）、生活质量（Gabriel和Rosenthal，2004）、就业增长（Aterido等，2011）、企业成立决策（Demirguc-Kunt等，2010）、互联网商务效益（Poon，2000）、融资约束（Chavis等，2010）、环境服务购买（Bjklund，2011）、商业模式创建（Klapper和Delgad，2011）和非正规经济（Estevo等，2022）会产生一定影响。国内营商环境的相关研究则主要兴起于2015年“放管服”改革之后，多数文献从微观企业角度和外部经济增长角度研究了营商环境优化的经济后果。

1. 微观企业层面

一些学者发现营商环境会对企业创新、全要素生产率、企业高质量发展产生促进作用。

在企业创新方面，如王磊等（2022）发现营商环境优化会显著促进企业创新效率的提高，企业制度性交易成本、行业层面的市场竞争以及城市层面要素资源配置在营商环境影响企业创新的过程中发挥了部分中介作用，且要素资源配置的中介效应最强。异质性分析表明，上述效应在非国有企业、资本密集型、高新技术行业和沿海地区中更为明显。霍春辉和张银丹（2022）发现营商环境与企业创新之间存在显著正相关关系，且主要是通过提高市场竞争水平和缓解融资约束问题促进企业创新，进一步细分营商环境指标发现，公共服务质量发挥的作用最强，然后依次是市场环境、创新环境和政府服务效率，而人力资源以及金融服务的作用最小；上述促进作用在非省会城市、东部与东北地区、非国有企业、高科技行业企业中更为明显。席龙胜和万园园（2021）研究发现，良好的营商环境会显著促进企业创新，且这一正向影响在非国有企业中更加突出，在东部、中部地区更加明显；影响路径分析表明，政策不确定性、融资约束和内部控制是营商环境促进企业创新的重要路径。闫永生等（2021）发现营商环境对民营企业创新水平有正向作用，且存在一定的异质性，具体地，上述促进作用在无政治关联、低行业竞争水平和高融资约束的企业中更为明显；最后，营商环境促进民营企业创新在于抑制了费用性制度交易成本和效率性制度交易成本。原东良等（2021）研究表明，营商环境发展程度显著促进私营企业创新投资水平，且主要是通过缓解企业融资约束和提高政府服务意识发挥作用，而党组织治理、统战工作、官媒信任度以及企业家体制内工作经历对上述效应具有显著影响。张美莎和徐浩（2021）发现优化营商环境会显著抑制关系型融资对中小企业技术创新的促进作用，但对于技术创新总效应具有一定促进作用，且上述影响在不同产权归属和不同行业中存在差异。

在全要素生产率方面，杜运周等（2022）研究发现，单个营商环境要素并非高全要素生产率的必要条件，但是优化市场环境和提升人力资源水平对城市高全要素生产率发挥着普适的作用，说明通过发挥市场机制和人力资本知识溢出效应，优化营商环境建立统一大市场，有助于促进城市高质量发展；三类营商环境生态可以产生城市高全要素生产率，包括技术效率型市场驱动、渐进创新型市场驱动、政府轻推的突破创新型市场驱动，呈现出我国城市高质量发展的多元路径和复杂机制。特别是在法治环境等比较健全的营商环境下，政府与市场的共生关系表现为政府以“轻推之手”有效地激发市场主体活力，产生创新驱动的高质量发展。王鹏和钟敏（2022）的研究表明，优化营商环境对全要素生产率产生正向影响，且贸易依存度越高的地区影响越大；营商环境对全要素生产率的影响具有门限效应，营商环境相对较差的地区优化营商环境对全要素生产率的促进更为显著。许坚和沙添越（2022）研究发现，营商环境的优化降低了各项成本，使资源流入研发部门，促进了技术创新，进而提高了全要素生产率，此外还发现发达国家营商环境对全要素生产率的促进作用大于发展中国家；在营商环境的不同环节中，“跨境贸易”“纳税”等5个指标都具有显著的促进作用。邓悦等（2021）认为营商环境对于企业全要素生产率具有显著的正向效应，营商环境得分每提高一个标准差，能拉动民营企业全要素生产率到平均水平的3.18%，并且发现营商环境改革具有两年的滞后效应，改革效果发挥的长期效应更好。杨畅等（2022）发现地区营商环境优化具有一定的金融传导机制，其显著提升了民营制造企业生产率，能够推动金融支持实体经济，进一步研究表明，上述作用主要是通过提高长期债务获取能力和降低融资成本进行传导，而非扩大企业融资规模。申烁等（2021）研究指出，城市营商硬环境和营商软环境的优化与企业全要素生产率之间存在显著正相关关系，且主要是通过提高市场化、法治化水平和经济开放度发挥作用；上述影响在不同产权归属、行业、区域和城市规模之间存在显著差异。李言和张智（2021）研究表明营商环境的改善能够驱动城市全要素生产率的提升，该作用在大部分地级城市的溢出效应更大，在全要素生产率组成部分上，营商环境的改善主要促进了综合效率的提升。张蕊和余进韬（2021）研究发现，营商环境可以通过三个方式促进经济增长，一是营商环境更完善的地方，法律对于产权保护的执行也会相应地更加严格，良好产权的保护有利于吸收到更多FDI，同时也有助于国内私人投资的增加，从而推动经济增长（董志强等，2012）；二是良好的营商环境有助于减少寻租行为和降低交易成本，释放出更大的市场活力，孕育更多自主创新，促进经济增长（夏后学等，2019）；三是营商环境的优化可以破除行政垄断，降低机会不均等，缩小收入差距（史新杰等，2018）。赵德森等（2021）的研究指出营商环境能够显著促进绿色经济增长，但该影响强度呈现先升后降的特征。

在企业高质量发展方面，邵传林（2021）研究发现，除政务指标外，法治化、市场化、金融和基础设施营商环境指标均对民营企业高质量发展有着显著的促进作用，且上述作用在规模较小和治理水平较低的民营企业中更为明显；在低创新型行业、非管制型行业、供给侧结构性改革行业、高融资约束行业、高外部融资依赖行业、高契约密集型行业和高市场竞争型行业中更为明显。陈太义等（2020）发现优化营商环境会显著促进企业高质量发展，其中企业信心发挥中介作用；上述作用在外商控股、无政治关联、非出口、非高新技术和存在年轻男企业家的企业中更为明显。周泽将等（2022）研究发现，一方面，与国有企业相比，优化营商环境对企业高质量发展的促进作用在民营企业中显著增强。相较于高新技术企业，促进作用在非高新技术企业中更为明显。另一方面，优化营商环境可以通过降低在职消费、抑制大股东掏空和提高审计质量来促进企业高质量发展。

除此之外，还有学者发现营商环境能对企业投资、高管职务消费、制造企业服务化转型、税收不确定性、跨国并购、产品质量、信贷成本、债务来源结构产生影响。周泽将等（2022）发现优化营商环境与民营企业高管职务消费之间存在显著负相关关系，营商环境越好，民营企业高管职务消费越低，且上述效应在股权激励程度较低和内部控制质量较高的企业中更为明显。牛鹏等（2022）发现营商环境与企业投资之间存在显著正相关关系，相比于国有企业，营商环境对企业投资的促进作用在非国有企业中显著更强；行业和地区异质性分析表明，上述效应在制造业、中低技术行业以及东部地区和民营化程度较高地区中更为明显；并且发现，融资约束是营商环境促进企业投资的主要影响路径。祝树金等（2021）发现优化营商环境有助于推进企业制造业服务化转型，且主要是通过人力资本积累和缓解融资约束发挥作用；上述作用在不同出口行为、所有制类型、所属行业及地区中存在显著差异。赵天骄和李成（2021）以中国沪深 A 股上市公司为例，研究发现优化营商环境对企业税收不确定性具有显著抑制作用，且企业处于不同生命周期时，上述抑制作用存在显著差异。王刚等（2021）研究发现，东道国营商环境的优化与企业跨国并购倾向之间存在显著正相关关系，进一步检验表明，优化营商环境更有助于推动企业选择发达国家和高技术行业并购。程虹和张力伟（2021）发现营商环境与企业产品质量之间存在显著正相关关系，营商环境能够通过增加企业质量投入、提高管理效率和加大研发创新投入来正向影响企业产品质量。周泽将等（2020）发现营商环境与企业信贷成本之间存在显著负相关关系，营商环境对非国有企业信贷成本的抑制作用比国有企业更明显。杨畅等（2020）研究发现，在信息不对称情况下，地区营商环境会改变企业债务来源结构，表现为保障性的银行贷款取代非正式的商业信用。上述作用在不同产业之间存在一定异质性。地区营商环境优化有助于缓解融资歧视的问题，使银行贷款转向中小企业和非国有企业，金融效率得到提高。

2. 外部宏观层面

一些学者主要从营商环境对经济增长、区域全要素生产率、创业质量、对外投资和出口方面展开研究。

在经济增长方面，赵德森等（2021）研究发现，营商环境显著促进了绿色经济增长，该影响呈现先升后降的特征；细分营商环境指标表明，社会服务、基础设施、行政治理和绿色发展的作用依次减弱，而商务成本则存在负面作用；营商环境主要是通过提高企业家创新精神促进绿色经济增长。王雨飞等（2020）以 2014—2017 年 55 个国家数据为样本，从“五通”合作的角度探讨了营商环境促进亚欧国家经济增长的作用机理，研究发现“五通”合作会显著促进亚欧国家经济增长，不同合作内容的作用存在异质性。崔鑫生（2020）以“一带一路”国家为例，发现营商环境与人均 GDP 存在显著正相关关系，营商环境越好，人均 GDP 越高；细分指标分析发现，开办企业、办理破产、获得电力供应和跨境贸易等政府经济规制程序的改善可以显著促进经济增长，其他细分指标如建筑审批时间、获得贷款、投资者保护、缴纳税款和执行合同等作用不明显，财产注册甚至会产生反作用。

在区域全要素生产率方面，李言和张智（2021）发现营商环境与城市全要素生产率之间存在显著正相关关系，且上述作用存在对应的溢出效应，该效应在地级城市中更为明显；优化营商环境主要是对综合效率产生了促进作用，同时，企业家精神是营商环境影响综合效率的主要作用机制。张曾莲和孟苗苗（2022）研究发现，营商环境与经济高质量发展之间存在显著正相关关系，且主要是通过促进科技创新发挥作用，对外开放会削弱上述营商环境对科技创新尤其是对科技含量较好的专利的促进作用。吴韶华和胡振华（2022）通过实证分析发现改善营商环境能够促进经济增长，降低商务成本，改善市场环境、社会服务水平、生态环境、基础设施水平能够显著地促进经济增长。在地区上来看，中南地区和华东地区改善营商环境对促进地区经济增长的作用比较明显。卢鉄玲（2022）以辽宁省 14 个城市为分析对象，构建了 2012—2019 年营商环境与区域经济增长的耦合协调度模型并进行了实证检验，发现辽宁省整体的营商环境与经济增长耦合协调度呈上升趋势，且城市与城市间的耦合协调存在大幅度差异。

在创业质量方面，杨兰品和韩学影（2021）从 4 个维度分析了营商环境对创业质量的作用，研究发现营商环境与创业质量之间存在显著正相关关系，其中人才环境的作用最大，且存在一定的溢出效应，而金融环境的直接效应和间接效应最小。谢智敏等（2020）研究了市场规模、人力资本、金融资本、互联网、政府规模、硬件设施 6 个环境维度对城市创业质量的驱动机制，发现这 6 个环境要素均不是产生城市高创业质量的必要条件，并通过组态分析发现存在 3 条驱动城市高创业质量的路径：智力—资金—政府驱动型、资金—网络驱动型和网络—政府驱动型，以及 3 条驱动城市非高创业质量的路径：市场—网络抑制型、资金—网络抑制型和市场—智力抑制型。Peng 等（2022）的研究表明法律环境和市场环境对创业和初创企业的竞争力都有显著的积极影响。张卫东和夏蕾（2020）研究发现，营商环境改善对居民创业倾向具有显著推动作用，且对不同人群的作用存在异质性；此外，财政支出占 GDP 比重、市场化指数对居民创业倾向也有一定影响，分别对居民创业率产生抑制和促进作用。袁文融和杨震宁（2021）研究发现优化营商环境、优化营商硬环境和优化营商软环境均能显著提高居民创业意向，并发现优化营商环境能够通过促进家庭数字化应用程度来提升居民创业概率。白洁和李万明（2022）的研究表明创新型城市建设能够通过改善营商环境来提升城市创业水平，即创新型城市建设能够通过降低企业税收负担、提高市场化水平、金融发展水平与技术创新水平来提升城市创业。杜运周等（2020）研究发现，单个营商环境要素对创业活跃度的作用并不明显，仅提升政府效率对创业活跃度的作用明显；4 种营商环境生态对创业活跃度具有显著促进作用，这 4 种营商环境生态分别是政府主导逻辑下人力资源驱动型、政府主导逻辑下资源与创新驱动型、政府助力下依托公共服务的金融与创新驱动型、政府与市场双元逻辑下依托公共服务的金融与创新驱动型。不同的营商环境生态代表着不同城市高创业活跃度的多重实现方式。彭伟等（2022）研究发现单个营商环境要素不构成高创业数量或高创业质量的必要条件，但提升人文环境对于高创业数量 / 高创业质量的产生发挥普适作用，产生高创业数量有 1 条驱动路径，即人文—市场驱动型，产生高创业质量有 2 条驱动路径，即人文—政务驱动型和人文—法律政策支持下市场驱动型，并发现存在 1 种营商环境组态可以同时产生高创业数量和高创业质量，即以高市场环境、高政务环境、高人文环境为核心条件，辅以非高法律政策环境为边缘条件。

在对外投资、出口方面，吴俊等（2020）研究发现营商环境优化对促进中国对外直接投资流入营商环境好的目标国家具有显著推动作用。在“一带一路”倡议及双边投资协定的“叠加效应”下，营商环境差的目标国家可以吸引更多的中国对外直接投资流入，影响机制分析表明，中国更愿意在营商环境好的目标国中进行市场寻求动机、效率动机和基础设施动机的 OFDI，而自然资源寻求动机的 OFDI 则无明显差异。魏泊宁（2020）探讨分析了“一带一路”沿线国家口岸营商环境的优化对产品出口的作用，发现两者存在显著正相关关系，且口岸营商环境优化对工业制成品的出口促进作用更大；异质性分析表明，高收入国家的营商环境优化具有更强的促进作用，通关费用、时间和单证数的减少对新增出口产品的促进作用更大，而效率和透明度改善对原有出口产品的促进作用更大；距离越近国家的口岸营商环境优化的作用越大。刘军和王长春（2020）研究发现，发展中国家营商环境优化对外资企业市场寻求FDI动机具有显著抑制作用，而对效率寻求型FDI动机具有显著促进作用，且主要是通过降低企业生产率发挥作用；上述负向作用主要体现在独资企业、工业和低收入国家的外资企业中。

除此以外，还有学者发现营商环境能对国际人才流入、信用风险识别、地区企业家精神、区域产业结构升级、资源配置效率、收入差距产生影响。康金红和戴翔（2021）研究发现，营商环境优化有助于吸引国际人才流入。细分营商环境指标表明，经济要素环境和社会法律环境对国际人才流入的作用显著更强，生产要素市场环境和基础设施环境对国际人才流入的作用显著更弱。陈艳利和蒋琪（2021）发现营商环境对信用风险识别起正向调节作用。上述作用在不同企业之间存在一定差异，且营商环境主要通过正式制度产生的硬环境效应发挥作用。张敏（2021）研究了营商制度改革与地区企业家精神之间的关系及其空间效应，发现行政审批改革在促进企业家精神方面的作用存在一定的时滞性，与设立行政审批中心相比，行政审批中心的服务范围对企业家精神激励作用更为显著；行政审批改革对经济落后地区企业家精神的激励作用更为显著；中心城市的行政审批改革对周围城市企业家精神产生负向的回波效应，而非中心城市的行政审批改革则产生正向的扩散效应。韩书成等（2022）研究发现，良好的营商环境能够为企业家节省大量制度性交易成本，改善企业家生存境况，使企业家将精力投入生产领域，从生存型创业转向机会型创业，进而促进技术创新。魏下海等（2015）的研究表明，在更好的营商制度环境下，企业家的经济活动时间将更长，并且在有限的经济活动时间中，用于生产性日常经营管理的时间占比将更高；在更不好的营商制度环境下，则相反。林涛和魏下海（2020）研究发现，良好的营商环境显著促进外来移民在迁入地开展创业活动，激发企业家精神。李娟和马丽莎（2020）认为良好的营商环境有助于营造一个高效的、公平的、有激励性的市场环境，降低企业的开办、经营成本，使得企业能够更加容易地进入、退出市场，从而激发企业家的创业精神。吴义爽和柏林（2021）研究发现，区域营商环境的改善有助于推动本地产业结构升级，且地方政府效率、互联网技术的提高对上述正向影响具有显著促进作用，不同区域之间的营商环境的作用机制存在差异。何地和林木西（2021）研究指出，数字经济与营商环境的交互效应对我国南方地区产业结构升级具有显著驱动效应，市场化水平、法治建设水平、政务服务水平和对外开放水平的提升对促进数字经济发展具有积极影响。郑国楠和刘诚（2021）以商事制度改革为切入点，发现营商环境与城市资源配置效率之间存在显著正相关关系，进一步研究表明，契约精神与商事制度改革之间存在互补关系，契约精神对上述正向影响具有显著促进作用。赖先进（2021）研究发现，营商环境的改善能够显著降低收入差距，营商环境对收入差距的抑制作用不存在区域性的差异。对营商环境指标细分后发现，开办企业、保护少数投资者、办理施工许可、获得电力可以显著缩小收入差距，其中开办企业的作用最大；开办企业对于分区域和分收入群体的影响均具有显著效果，尤其是优化开办企业具有“提低、扩中、控高”效应，对于构建“橄榄型”社会收入结构具有显著的塑形效果。

二、理论基础

（一）基于交易成本阐释构建营商环境的理论基础

交易成本是指达成交易的成本，也是指交易过程中花费的所有时间和金钱成本，包括信息传播、广告、与市场有关的运输以及谈判、协商、签约、合约执行监督等活动的费用。除了传统的生产成本外，新制度经济学首次将这一概念引入经济分析，其来源可以追溯至诺斯和科斯关于制度经济学的经典论述，在企业所处外部经营环境中，各种制度交叉混合，造成一定成本的产生即为交易成本（程波辉和陈玲，2020），按照产生原因还可分成准入类型成本和活动类型成本（王丛虎等，2020）。制度性交易成本对于企业的经营生产活动和选择均会产生影响（苏小方和张方方，2020），如交易成本过高，企业就会重新选择产品生产或销售，或重新选择销售对象，这还会降低企业投资效率和抑制企业创新等，影响企业经营绩效和高质量发展（朱光顺等，2020）。在当前，捋清交易成本产生机制和探索其下降路径对于理解政府与市场互动逻辑、推动市场发展尤为重要。

已有文献表明，良好的营商环境与交易成本密切相关，就世界银行《全球营商环境报告》的营商环境指标来看，市场微观主体经营生产手续的简化以及供水供电等基础设施的改善本质上都能为企业节省费用和开支，降低交易成本（康金红和戴翔，2021）。进一步地，按照中国营商环境指标进行划分，已有文献发现政府服务质量、相关经济政策、法治环境、公共服务、市场环境的完善都能对交易成本产生一定抑制作用。合理完善的行政审批制度体系和“放管服”改革对于降低制度性交易成本具有明显作用，具体表现为行政审批中心的“一站式”审批流程为各部门协同工作和政策沟通提供了操作平台，有助于缩短审批时间，提高政府部门的审批效率，从而减少企业在手续过程中的时间，同时行政审批中心的设立还有助于节约人力资源和管理费用，以上都会对交易成本产生一定抑制作用（王磊等，2022）。除了政府服务质量外，货币和财政政策宽松时，贷款、准入审批审核较为宽松，各方面的门槛也相应有所降低，企业可以避免一部分达成交易门槛的资金，交易成本降低；完善的法律制度会提高交易效率，缩短交易时间；较好的基础设施建设会降低运输时间、运输成本（金环等，2021）；市场发展水平会提高市场资源配置效率，降低信息不对称程度，降低市场交易成本；市场发展程度越高，内部企业个体数量越多，交易双方能较好地选择合适的合作伙伴，提高资源配置效率，降低交易成本；同时，市场信息越透明，传播信息、广告等带来的收益越明显（完成某种任务所使用的广告费用更少），直接降低了交易成本（夏后学等，2019）。廖福崇（2021）基于制度性交易成本的组态分析框架，采用组态比较的方法，发现营商环境优化存在全面均衡型、改革驱动型和要素驱动型三种组态，呈现多重并发和因果不对称的组态分布。制度性交易成本的降低是“放管服”改革优化营商环境的关键机制。因此，基于交易成本理论，可以更为全面地界定营商环境的内涵，这也为本报告构建中国城市营商环境评价体系提供了一定理论依据。

（二）基于生态系统阐释构建营商环境的理论基础

在交易成本视角基础上，学术界进一步从生态系统视角来探讨营商环境。生态系统起源于生物学领域（Tansley，1935）。Moore 于 1993 年将生态系统引入了企业管理领域，并提出了商业生态系统，并将其定义为“基于组织互动的经济联合体”；在商业生态系统的基础上，学者们又相继提出了创业生态系统、创新生态系统等（Cohen，2006；Adner 和 Kapoor，2010）。生态系统强调了环境要素对企业创新创业的影响，因此，从生态系统的角度来看，营商环境可以看作企业在从事创业、创新、融资、投资等活动过程中面临的外部环境的综合生态系统（李志军，2018；杜运周等，2020），政治环境、经济环境、法治环境、创新环境等各种外部环境要素都可能会影响企业营商环境。生态系统视角更强调宏观外部环境因素的影响以及各种因素之间的耦合关系对企业生产经营的影响（杨传开和蒋程虹，2019；杜运周等，2020；杜运周等，2022）。作为一种生态系统，营商环境包括政府、企业、银行、事业单位、大学等；企业作为生态系统的主体之一，无疑会受到生态系统中其他主体的影响。因此，基于生态系统理论，可以更为全面、准确地界定城市营商环境的内涵，这也为本报告构建中国城市营商环境评价体系提供了理论依据。

第三章　中国城市营商环境评价指标体系

一、中国城市营商环境评价指标体系建设原则

在构建评价指标体系时，本报告遵循以下评价原则。

1. 综合性原则。全面反映各省市的营商环境，主要侧重于从宏观角度考察影响企业经营的因素，包括市场环境、融资信贷、劳动力市场等因素。

2. 可操作、可量化原则。营商环境是影响企业经营的所有外部环境影响因素的集合，涵盖了政府政策、市场环境、人才供给等多个方面。通过衡量影响营商环境不同方面的因素，保证评价指标具有代表性，同时保证选择的指标具备可操作性。

3. 科学性原则。为了较为客观准确地反映社会、经济等对企业经营环境的影响，本报告采用的数据均来自各个城市公开的统计数据。

二、中国城市营商环境评价指标体系设计

根据《2020 中国城市营商环境评价》中城市营商环境评价指标体系，本报告围绕公共服务、人力资源、市场环境、创新环境、金融服务、法治环境、政务环境这 7 个维度对我国城市营商环境进行评价分析。中国城市营商环境评价指标体系包含公共服务、人力资源、市场环境、创新环境、金融服务、法治环境、政务环境这 7 个一级指标，下设 18 个二级指标，23 个三级指标，具体的指标名称、权重及数据来源如表 3-1 所示。

表 3-1　　　　我国城市营商环境评价指

一级指标	二级指标	三级指标	数据来源
公共服务（0.15）	天然气供应（0.25）	供气能力（万立方米）	中国城乡建设数据库
	水力供应（0.25）	公共供水能力（万立方米）	
	电力供应（0.25）	工业供电能力（万千瓦时）	中国城市数据库
	医疗情况（0.25）	医疗卫生服务（张/万人）	
人力资源（0.15）	人力资源储备（0.7）	普通高等院校在校人数（人）（0.4）	中国城市统计年鉴
		年末单位从业人员数（万人）（0.3）	中国城市数据库
		人口净流入（万人）（0.3）	各城市统计公报
	劳动力成本（0.3）	平均工资水平（元）	中国城市数据库
市场环境（0.15）	经济指标（0.4）	地区人均生产总值（元）（0.6）	中国城市数据库
		固定资产投资总额（万元）（0.4）	各地统计年鉴、各城市统计公报
	进出口（0.3）	当年实际使用外资金额（万元）（0.6）	中国城市数据库、各地统计年鉴、各城市统计公报
		当年新签项目（合同）数（个）（0.4）	
	企业机构（0.3）	规模以上工业企业数（个）	中国城市数据库
创新环境（0.15）	创新投入（0.5）	科学支出（万元）	中国城市数据库
	创新产出（0.5）	发明专利授权量（个）	中国城市数据库
金融服务（0.15）	从业规模（0.5）	金融从业人员（万人）	中国城市数据库、各地统计年鉴
	融资服务（0.5）	总体融资效率（万元）（0.5）	中国城市数据库
		民间融资效率（万元）（0.5）	中国城市数据库
法治环境（0.1）	社会治安（0.3）	万人刑事案件数量（件/万人）	中国裁判文书网
	司法服务（0.4）	律师事务所数量（个）	天眼查+网络查找
	司法信息公开度（0.3）	司法信息公开度指数	各城市司法局/中级人民法院官网
政务环境（0.15）	政府支出（0.5）	地方财政一般预算内支出（万元）	中国城市数据库
	政商关系（0.5）	政商关系指数	中国城市政商关系排行榜

三、中国城市营商环境评价数据来源及说明

本报告的数据主要来源于 EPS 全球统计数据 / 分析平台中的“中国城市数据库”“中国城乡建设数据库”以及在网页中手工搜索整理，使用的数据为 2019—2020 年各城市统计数据。收集的数据来源及存在缺失值说明如下。

1. 供气能力（万立方米）：销气总量（万立方米），数据来自 EPS 全球统计数据 / 分析平台中的“中国城乡建设数据库”。其中，广州市和广安市 2019 年数据缺失；天津市、四平市、杭州市、潮州市和那曲市 2020 年数据缺失。

2. 公共供水能力（万立方米）：生产用水（万立方米），数据来自 EPS 全球统计数据 / 分析平台中的“中国城乡建设数据库”。其中，吉林市、襄阳市、三沙市、普洱市、临沧市、昌都市、林芝市、山南市、那曲市和海东市 2019 年和 2020 年数据缺失。

3. 供电能力（万千瓦时）：工业用电（万千瓦时），数据来自 EPS 全球统计数据 / 分析平台中的“中国城市数据库”。其中，铁岭市、菏泽市、潮州市、广安市和石嘴山市 5 个城市 2019 年数据缺失；各城市 2020 年的数据全部缺失，根据 2018 年和 2019 年数据进行填补。

4. 医疗卫生服务（张 / 万人）：医院、卫生院床位数（张）/ 年末总人口（万人），数据来自 EPS 全球统计数据 / 分析平台中的“中国城市数据库”。其中，绥化市 2019 年和 2020 年的数据缺失。

5. 普通高等学校在校人数（人）：数据来自《中国城市统计年鉴 2020》以及《中国城市统计年鉴 2021》。

6. 年末单位从业人员数（万人）：数据来自 EPS 全球统计数据 / 分析平台中的“中国城市数据库”。其中，萍乡市、自贡市、攀枝花市、泸州市、德阳市、绵阳市、遂宁市、内江市、南充市、宜宾市、广安市、资阳市、眉山市和巴中市 2020 年数据缺失。

7. 人口净流入（万人）：数据来自各城市的年度《国民经济与社会发展统计公报》中的常住人口，如果没有相关信息则借助百度等搜索引擎查找。

8. 平均工资水平（元）：数据来自 EPS 全球统计数据 / 分析平台中的“中国城市数据库”。其中，连云港市 2019 年数据缺失，自贡市、攀枝花市、广安市和达州市 2020 年数据缺失。

9. 地区人均生产总值（元）：数据来自 EPS 全球统计数据 / 分析平台中的“中国城市数据库”，其中，朔州市、临汾市、北海市、绵阳市和银川市 2020 年数据缺失。

10. 固定资产投资总额（万元）：通过查阅各地统计年鉴或国民经济与社会发展统计公报，根据其披露的固定资产投资增长率进行推算得到固定资产投资总额。

11. 当年实际使用外资金额（万元）：数据来自 EPS 全球统计数据 / 分析平台中的“中国城市数据库”。其中，长春市、四平市、通化市、白山市、松原市、哈尔滨市、双鸭山市、黑河市、七台河市、黑河市、伊春市、达州市、白银市、吴忠市等 2019 年数据以及 2020 年整年各城市数据缺失。

12. 当年新签项目（合同）数（个）：数据来自 EPS 全球统计数据 / 分析平台中的“中国城市数据库”。其中，晋城市、吕梁市、赤峰市、辽阳市、长春市、四平市、通化市、白山市、松原市、黑河市、汕尾市、攀枝花市、绵阳市、达州市、昭通市、商洛市、吴忠市和克拉玛依市 2019 年数据以及 2020 年整年各城市数据缺失。

13. 规模以上工业企业数（个）：数据来自 EPS 全球统计数据 / 分析平台中的“中国城市数据库”。其中，盘锦市和宿州市 2019 年数据缺失。

14. 科学支出（万元）：数据来自 EPS 全球统计数据 / 分析平台中的“中国城市数据库”。

15. 发明专利授权量（个）：数据来自中国城市数据库。其中，乌兰察布市、长春市、通化市、白山市、绥化市和那曲市 2019 年数据缺失；呼和浩特市、绥化市、内江市、西宁市和银川市 2020 年数据缺失。

16. 金融从业人员（万人）：数据来自 EPS 全球统计数据 / 分析平台中的中

国城市数据库。其中，2020 整年各城市数据缺失，通过查阅各地统计年鉴等资料进行填补。

17. 总体融资效率：年末金融机构各项贷款余额（万元），数据来自 EPS 全球统计数据 / 分析平台中的中国城市数据库。

18. 民间融资效率：年末金融机构各项存款余额（万元），数据来自 EPS 全球统计数据 / 分析平台中的中国城市数据库。

19. 万人刑事案件数量（件 / 万人）：数据来自中国裁判文书网的手动整理。其中，秦皇岛市和儋州市 2019 年和 2020 年数据缺失；乌兰察布市 2020 年数据缺失。在处理万人刑事案件数量指标时，本课题组借鉴王小鲁等（2017）的市场中介组织的发育和法律制度环境排序，发现 4 个直辖市在 31 个省份中几乎每年都排在前 10 位，同时，参考司法领域专家的意见，认为直辖市无论是从立法制度还是从办案效率上来看都具有较好的法治环境，因此我们将 4 个直辖市的万人刑事案件数量的平均值作为评价标准，再用各个城市的万人刑事案件数量减去此平均值后取绝对值，最后将此绝对值作为逆向指标进行标准化处理。

20. 律师事务所数量（个）：数据来自手工整理。首先在各城市的律师协会官网查找，并借助于百度等搜索引擎查找，最后再结合天眼查网站中律师事务所注册数量进行计算。

21. 司法信息公开度指数：在官网中采用以下方式查询到本年度（2019 年、2020 年）的工作报告或总结，根据对应的得分标准赋分。①设置了专栏，得 10 分。②通过站内的搜索引擎可以搜索到，得 8 分。③官网没有内部搜索引擎或者搜索引擎搜索不到，需要手动翻查或者通过其他部门的链接才能搜索到，得 6 分。④只有县法院的工作报告而没有全市的工作报告，得 4 分。⑤没有工作报告，得 2 分。⑥如果在搜索引擎上搜索，在网页前两页会得到相应的新闻报道或文章，加 1 分。

22. 地方财政一般预算内支出（万元）：数据来自 EPS 全球统计数据 / 分析平台中的“中国城市数据库”。

23. 政商关系指数：数据来自中国城市政商关系排行榜中的“政商关系指

数”。其中，儋州市 2019 年和 2020 年数据缺失。

根据具体指标变量的经济学含义，判断指标数据是否合理，比如遵义市 2019—2020 年职工平均工资下降超 80%，这个变量变动幅度明显违背经济学常识，将视为异常值，处理为缺失值。

对于数据的缺失值和异常值，本报告采取以下几个步骤进行处理：第一步，手工整理相关省市统计年鉴和统计公报，进行搜集或核对；第二步，如若无法核实，将异常值处理为缺失值，利用均值插补法、平滑法、回归插补法、贝叶斯模拟等方法进行处理。具体地，如果 2019 年数据缺失，则利用 2018 年和 2020 年值取平均值填补 2019 年数据；如果 2020 年数据缺失，利用 2018 年和 2019 年值以变量的增长率为依据进行平滑处理得到 2020 年数据；如果 2019 年和 2020 年数据都缺失，以存在缺失值的变量为因变量，人均 GDP 等为自变量，运用回归插补法、贝叶斯模拟等方法对缺失数据进行补漏。

四、中国城市营商环境评价方法

单一指标采用直接获取的各省区市数据来表示，在无量纲化处理时采用效用值法，效用值规定的值域是［0，100］，即该指标下最优值的效用值为 100，最差值的效用值为 0，假定 i 表示指标，j 表示区域，x_{ij} 表示 i 指标 j 区域的指标获取值，$x_{i\max}$ 表示该指标的最大值，$x_{i\min}$ 表示该指标的最小值；y_{ij} 表示 i 指标 j 区域的指标效用值。

对于正向指标，计算公式如下：

$$y_{ij}=\frac{x_{ij}-x_{i\min}}{x_{i\max}-x_{i\min}}\times 100$$

对于逆向指标，计算公式如下：

$$y_{ij}=\frac{x_{i\max}-x_{ij}}{x_{i\max}-x_{i\min}}\times 100$$

权重选取。本报告采用主观与客观相结合的方法确定权重，客观方法为变异系数法，具体思路为：假设有 n 个指标，这 n 个指标的变异系数为：

$$V(i) = s_i / \bar{x}$$

s_i 代表第 i 个指标的标准差，$\bar{x}$ 代表样本均值，则各指标的权重为：

$$w_i = V(i) / \sum_{i=1}^{n} V(i)$$

加权综合。加权计算是分层逐级进行的，在基础指标无量纲化后，分层逐级加权得到最后的营商环境指数。

第四章　中国城市营商环境评价

根据本报告提出的评价方法及数据进行测算，对全国城市营商环境进行排名。本报告分别列示了2021—2022年4个直辖市、5个计划单列市、27个省会城市、其他253个地级市的营商环境指数排名，然后分析了中国城市营商环境的特点；同时，分析探讨了中国城市营商环境评价的7个分项指标现状。

一、中国城市营商环境指数排名

随着党中央、国务院深化“放管服”改革工作的持续推进，特别是近年来由于受新冠病毒感染等因素影响，各地政府为最大限度激发市场主体活力和发展内生动力，陆续出台了一系列政策措施优化营商环境，我国城市营商环境有了明显改善；同时，城市之间营商环境水平差距依然显著。

（一）直辖市营商环境指数排名

我们首先分析2021—2022年4个直辖市的营商环境评价结果，具体排名结果如表4-1所示。

表4-1　　直辖市营商环境指数排名

直辖市（4个）	标准化值		排名		全国排名	
	2021年	2022年	2021年	2022年	2021年	2022年
北京市	77.9491	76.8235	1	1	1	1
上海市	73.2760	71.7553	2	2	2	2
重庆市	47.1903	45.2741	3	3	5	5
天津市	37.5171	35.9541	4	4	10	10

从直辖市的营商环境得分来看，2022 年北京（76.8235）和上海（71.7553）的营商环境明显高于重庆（45.2741）和天津（35.9541）；且 4 个直辖市的营商环境排名较为稳定。从分项指标得分来看，京沪两地近年来聚焦市场主体反映的突出问题，对标国际先进，推出的一系列改革措施卓有成效，各分项指标表现优异。与北京、上海相比，重庆和天津在创新环境和金融服务两个分项指数上的差距较大，差距较大的原因主要和地理位置与市场规模等因素相关。一方面，上海作为长江三角洲地区的中心城市，也是我国金融中心；北京在京津冀城市群里占据着大部分的资源；天津在位置上紧邻北京，各方面受制于北京的“虹吸效应”，众多资本和创新要素被北京吸引；而重庆地处西南，地理位置上与东部经济发达的地区较远，经济总量、密度和综合竞争力都处于劣势。另一方面，京沪两地企业、高校和研究所集中，市场规模、创新要素和人力资源供给都有较大优势。而重庆和周边城市的市场规模相对较小，人才交流、创新和资本流动受限，因而在金融服务和创新环境两个分项指数上的差距较大。

（二）计划单列市营商环境指数排名

2021—2022 年 5 个计划单列市的营商环境指数具体排名如表 4-2 所示。

表 4-2　　计划单列市营商环境指数排名

计划单列市（5个）	标准化值		排名		全国排名	
	2021年	2022年	2021年	2022年	2021年	2022年
深圳市	58.9946	53.0639	1	1	3	3
青岛市	30.1658	29.6476	3	2	15	13
宁波市	30.5834	27.7569	2	3	14	15
厦门市	22.2190	22.0990	4	4	25	23
大连市	18.9279	17.1972	5	5	43	48

从计划单列市的营商环境指数排名可以看到，2022 年深圳市（53.0639）的营商环境指数稳居首位，明显高于青岛市（29.6476）、宁波市（27.7569）、厦门市（22.0990）以及大连市（17.1972）。从近两年营商环境排名变动来看，大连市近两年均排在计划单列市的第 5 名，但在全国范围内的排名有下降趋势，从 2021 年的第 43 名降至 2022 年的第 48 名。其余城市营商环境排名波动

幅度较小。

（三）省会城市营商环境指数排名

2021—2022 年的 27 个省会城市的营商环境指数具体排名如表 4-3 所示。

表 4-3　　省会城市营商环境指数排名

省会城市（27个）	标准化值		排名		全国排名	
	2021年	2022年	2021年	2022年	2021年	2022年
广州市	49.9906	48.3252	1	1	4	4
成都市	41.1676	41.2175	2	2	6	6
武汉市	40.9061	40.5896	3	3	7	7
杭州市	37.7986	38.0415	4	4	9	8
南京市	35.6046	34.9854	5	5	11	11
西安市	31.1932	30.7648	7	6	13	12
郑州市	31.9642	29.4197	6	7	12	14
合肥市	25.3840	27.3211	10	8	21	16
济南市	27.2998	27.0642	9	9	18	17
长沙市	28.0501	26.8949	8	10	17	18
福州市	22.8062	23.0407	11	11	22	22
昆明市	18.9664	21.6209	20	12	42	25
石家庄市	22.2490	21.5845	13	13	24	26
南昌市	21.7978	21.4371	14	14	26	27
沈阳市	22.3224	21.4009	12	15	23	28
贵阳市	19.9403	21.0836	15	16	34	29
南宁市	19.7446	20.2575	16	17	35	32
太原市	19.6218	19.8760	17	18	36	33
长春市	19.0831	19.4684	19	19	41	36
哈尔滨市	19.3437	18.5738	18	20	39	40
乌鲁木齐市	13.9067	16.7099	24	21	81	53
海口市	13.3269	15.2542	25	22	89	62
兰州市	14.3743	14.9964	21	23	72	64
银川市	14.2429	14.6279	22	24	76	68
拉萨市	13.1764	14.5934	26	25	92	70
西宁市	12.3977	13.9066	27	26	115	83
呼和浩特市	13.9289	13.7349	23	27	79	85

从省会城市营商环境指数排名来看，近两年广州、成都、武汉、杭州、南京分别排在第 1 ～ 5 名。从表 4-3 可以看出，排在前 10 名的省会城市中，除了成都市和西安市位于我国西部，其余 8 个都是中部地区和东部地区的城市；而排在后 10 名的城市中，有 6 个西部地区城市和 2 个东北地区城市。这表明我国西部和东北地区营商环境较为落后，和东部地区还有很大差距。从营商环境排名变动来看，昆明市在省会城市中的变动幅度较为明显，从 2021 年的第 20 名上升至 2022 年的第 12 名，其余城市在省会城市中的排名相对稳定。从全国范围内看，7 个省会城市营商环境排名有小幅下降，15 个城市营商环境排名有所上升，其中西宁市、乌鲁木齐市、海口市、拉萨市和昆明市的上升幅度相对较大。

（四）其他地级市营商环境指数排名

2021—2022 年的其他地级市的营商环境指数具体排名如表 4-4 所示。

表 4-4　　其他地级市营商环境指数排名

地级市（253个）	标准化值		排名		全国排名	
	2021年	2022年	2021年	2022年	2021年	2022年
苏州市	38.3457	35.9882	1	1	8	9
东莞市	28.1149	25.7352	2	2	16	19
佛山市	27.0973	24.9201	3	3	19	20
无锡市	25.5487	23.9413	4	4	20	21
珠海市	21.2137	22.0631	7	5	29	24
烟台市	20.1406	21.0472	11	6	33	30
温州市	21.2250	20.6283	6	7	28	31
潍坊市	19.3666	19.8667	13	8	38	34
绍兴市	20.9359	19.6364	8	9	30	35
金华市	20.6326	19.4099	9	10	31	37
常州市	20.3774	19.3751	10	11	32	38
嘉兴市	21.4609	19.1270	5	12	27	39
淄博市	17.1479	18.4586	19	13	48	41
台州市	19.1370	18.3058	14	14	40	42
徐州市	18.3264	18.0040	16	15	45	43

续表

地级市（253个）	标准化值		排名		全国排名	
	2021年	2022年	2021年	2022年	2021年	2022年
南通市	18.4378	17.9666	15	16	44	44
东营市	17.3547	17.9411	18	17	47	45
镇江市	16.6209	17.3428	22	18	51	46
泉州市	19.5210	17.2695	12	19	37	47
临沂市	14.4638	17.1731	40	20	69	49
鄂尔多斯市	17.3781	16.9374	17	21	46	50
唐山市	16.6611	16.8403	21	22	50	51
济宁市	16.8302	16.7405	20	23	49	52
芜湖市	16.5680	16.6876	23	24	52	54
洛阳市	16.4134	16.3561	24	25	53	55
保定市	14.5712	16.1623	37	26	66	56
威海市	15.5151	15.9621	27	27	56	57
衢州市	15.0131	15.8730	32	28	61	58
聊城市	14.9606	15.7867	33	29	62	59
舟山市	15.2251	15.7440	30	30	59	60
滨州市	14.5260	15.4747	38	31	67	61
宜昌市	14.1172	15.0243	47	32	78	63
中山市	16.2707	14.8672	25	33	54	65
赣州市	15.4895	14.8489	28	34	57	66
廊坊市	15.1274	14.6880	31	35	60	67
湖州市	15.3432	14.5957	29	36	58	69
惠州市	15.7050	14.5175	26	37	55	71
沧州市	14.7705	14.5066	35	38	64	72
泰州市	14.3957	14.4935	42	39	71	73
扬州市	14.9368	14.4271	34	40	63	74
连云港市	14.4626	14.4143	41	41	70	75
肇庆市	13.6087	14.3891	52	42	85	76
盐城市	14.2892	14.3084	45	43	75	77
桂林市	14.6317	14.2690	36	44	65	78
清远市	13.2054	14.1440	57	45	91	79
德州市	13.7784	14.1373	49	46	82	80
九江市	14.3193	14.1302	44	47	74	81
汕头市	14.4889	14.1191	39	48	68	82
淮安市	14.3592	13.8380	43	49	73	84

续表

地级市（253个）	标准化值		排名		全国排名	
	2021年	2022年	2021年	2022年	2021年	2022年
日照市	12.4486	13.6879	79	50	114	86
湘潭市	13.6167	13.5143	51	51	84	87
三亚市	13.3850	13.4836	54	52	87	88
包头市	12.6019	13.4558	73	53	108	89
郴州市	13.9107	13.4462	48	54	80	90
株洲市	13.5080	13.4024	53	55	86	91
马鞍山市	13.0633	13.3251	60	56	95	92
蚌埠市	13.0240	13.2566	62	57	97	93
江门市	13.6701	13.1727	50	58	83	94
韶关市	12.4581	13.1402	77	59	112	95
菏泽市	12.8907	13.0590	66	60	101	96
衡阳市	12.8077	13.0086	69	61	104	97
枣庄市	12.5604	12.9954	74	62	109	98
邢台市	11.8438	12.9370	89	63	125	99
攀枝花市	13.2283	12.8998	56	64	90	100
开封市	12.0045	12.8299	83	65	119	101
邯郸市	12.4925	12.8213	75	66	110	102
榆林市	12.6503	12.7644	70	67	105	103
大庆市	13.1418	12.7193	58	68	93	104
宿迁市	13.0526	12.6272	61	69	96	105
岳阳市	12.6490	12.5808	71	70	106	106
信阳市	11.2122	12.5652	112	71	148	107
泰安市	11.6813	12.5246	93	72	129	108
宣城市	11.8995	12.5059	86	73	122	109
绵阳市	12.4546	12.5033	78	74	113	110
揭阳市	12.8245	12.4987	68	75	103	111
阜阳市	13.3557	12.4981	55	76	88	112
六安市	12.9853	12.4792	63	77	98	113
遵义市	14.1896	12.4772	46	78	77	114
泸州市	12.4687	12.4180	76	79	111	115
邵阳市	12.8533	12.3869	67	80	102	116
齐齐哈尔市	10.6858	12.3351	142	81	178	117
承德市	10.5859	12.3084	146	82	182	118
云浮市	10.5944	12.2728	145	83	181	119

续表

地级市（253个）	标准化值		排名		全国排名	
	2021年	2022年	2021年	2022年	2021年	2022年
克拉玛依市	11.6445	12.2290	95	84	131	120
荆州市	10.1086	12.2125	160	85	196	121
漳州市	12.9683	12.1300	64	86	99	122
襄阳市	13.0974	12.1293	59	87	94	123
玉溪市	10.9433	12.1138	125	88	161	124
河源市	10.8075	12.0760	139	89	175	125
周口市	11.2457	12.0462	108	90	144	126
抚州市	11.6006	12.0254	97	91	133	127
安庆市	12.6293	11.9947	72	92	107	128
孝感市	11.2741	11.9943	106	93	142	129
赤峰市	12.0371	11.9097	82	94	118	130
乐山市	11.1027	11.8606	117	95	153	131
宿州市	11.8677	11.8339	87	96	123	132
商丘市	12.1986	11.8260	81	97	117	133
滁州市	11.4854	11.8246	102	98	138	134
晋中市	11.3888	11.7909	104	99	140	135
黄山市	10.3070	11.7823	155	100	191	136
铜陵市	10.8108	11.7809	138	101	174	137
柳州市	12.2129	11.7617	80	102	116	138
南阳市	11.8284	11.7022	90	103	126	139
吉林市	11.6897	11.7000	91	104	127	140
荆门市	11.4955	11.6936	99	105	135	141
安阳市	10.7624	11.6591	140	106	176	142
丽水市	11.9635	11.6517	85	107	121	143
达州市	11.4007	11.6500	103	108	139	144
南充市	11.6886	11.6187	92	109	128	145
曲靖市	10.4203	11.6034	153	110	189	146
宝鸡市	11.2350	11.5863	110	111	146	147
张家口市	11.1985	11.5842	113	112	149	148
潮州市	10.9024	11.5669	132	113	168	149
湛江市	11.0608	11.5632	121	114	157	150
新余市	11.6120	11.5524	96	115	132	151
内江市	10.4592	11.5408	152	116	188	152
三门峡市	10.1498	11.5021	159	117	195	153

续表

地级市（253个）	标准化值		排名		全国排名	
	2021年	2022年	2021年	2022年	2021年	2022年
吉安市	12.9168	11.4786	65	118	100	154
平顶山市	11.6516	11.4224	94	119	130	155
雅安市	11.0842	11.3978	118	120	154	156
乌兰察布市	10.5354	11.3949	149	121	185	157
大同市	11.2272	11.3435	111	122	147	158
咸宁市	10.9295	11.2703	128	123	164	159
梧州市	11.4906	11.2483	100	124	136	160
黄石市	11.2504	11.1788	107	125	143	161
驻马店市	11.2374	11.1653	109	126	145	162
咸阳市	11.8564	11.1425	88	127	124	163
中卫市	9.4468	11.1292	181	128	217	164
莆田市	11.9736	11.0871	84	129	120	165
鄂州市	10.6058	11.0273	144	130	180	166
贵港市	11.1481	11.0262	115	131	151	167
娄底市	8.4301	10.9931	219	132	255	168
酒泉市	9.2699	10.9044	188	133	224	169
龙岩市	11.5920	10.8599	98	134	134	170
通辽市	11.0794	10.8570	120	135	156	171
益阳市	10.8115	10.8567	137	136	173	172
乌海市	10.4695	10.8401	151	137	187	173
常德市	10.9409	10.8337	126	138	162	174
茂名市	10.4148	10.8147	154	139	190	175
金昌市	8.7131	10.8123	211	140	247	176
许昌市	10.1894	10.8065	158	141	194	177
玉林市	11.3023	10.8014	105	142	141	178
萍乡市	10.9879	10.7961	122	143	158	179
德阳市	10.8947	10.7812	133	144	169	180
景德镇市	10.5814	10.7755	147	145	183	181
延安市	10.6218	10.7386	143	146	179	182
宁德市	10.9293	10.7281	129	147	165	183
宜春市	10.9173	10.6344	130	148	166	184
广安市	10.4880	10.5977	150	149	186	185
鹰潭市	11.1854	10.5639	114	150	150	186
新乡市	10.0417	10.5515	165	151	201	187

续表

地级市（253个）	标准化值		排名		全国排名	
	2021年	2022年	2021年	2022年	2021年	2022年
资阳市	8.9240	10.5399	202	152	238	188
梅州市	10.9573	10.5283	124	153	160	189
营口市	10.0018	10.5133	167	154	203	190
庆阳市	8.9207	10.4817	203	155	239	191
眉山市	8.8080	10.4167	208	156	244	192
钦州市	10.8270	10.4134	134	157	170	193
宜宾市	10.9366	10.3978	127	158	163	194
三明市	11.0804	10.3954	119	159	155	195
佳木斯市	7.3653	10.3355	239	160	275	196
白银市	9.3903	10.3063	183	161	219	197
十堰市	9.8995	10.2531	169	162	205	198
秦皇岛市	9.6286	10.2531	175	163	211	199
六盘水市	9.7191	10.2450	172	164	208	200
丹东市	9.9097	10.1749	168	165	204	201
临汾市	10.8254	10.1626	135	166	171	202
阳江市	9.3479	10.0970	185	167	221	203
焦作市	10.8152	10.0674	136	168	172	204
固原市	9.6257	10.0518	176	169	212	205
葫芦岛市	10.5765	10.0252	148	170	184	206
亳州市	10.9058	10.0189	131	171	167	207
毕节市	11.1088	9.9977	116	172	152	208
上饶市	9.7704	9.9890	170	173	206	209
贺州市	9.6146	9.9868	177	174	213	210
松原市	9.3088	9.9732	186	175	222	211
定西市	9.6420	9.9642	174	176	210	212
安康市	10.2197	9.9564	157	177	193	213
黄冈市	10.0709	9.9425	162	178	198	214
南平市	10.7163	9.9094	141	179	177	215
自贡市	9.2794	9.8822	187	180	223	216
四平市	7.4610	9.8435	237	181	273	217
淮北市	10.9730	9.8305	123	182	159	218
衡水市	9.4218	9.7607	182	183	218	219
丽江市	9.3637	9.7450	184	184	220	220
怀化市	10.0542	9.7383	164	185	200	221

续表

地级市（253个）	标准化值		排名		全国排名	
	2021年	2022年	2021年	2022年	2021年	2022年
百色市	9.1039	9.7310	192	186	228	222
海东市	9.1781	9.7133	189	187	225	223
来宾市	10.0585	9.6786	163	188	199	224
白山市	8.4634	9.6490	218	189	254	225
漯河市	10.0036	9.6227	166	190	202	226
鹤壁市	9.7447	9.5809	171	191	207	227
双鸭山市	5.7067	9.5194	251	192	287	228
铜仁市	9.1495	9.5187	191	193	227	229
永州市	10.2698	9.5109	156	194	192	230
淮南市	11.4860	9.3963	101	195	137	231
白城市	8.0628	9.3816	225	196	261	232
吕梁市	10.0966	9.3799	161	197	197	233
广元市	9.5268	9.3116	179	198	215	234
辽阳市	8.5616	9.2301	215	199	251	235
晋城市	9.1498	9.2141	190	200	226	236
鞍山市	9.0322	9.1978	196	201	232	237
汕尾市	9.0991	9.1977	193	202	229	238
河池市	8.0876	9.1707	224	203	260	239
忻州市	8.9855	9.1540	198	204	234	240
遂宁市	8.8675	9.1332	206	205	242	241
池州市	9.0040	9.1191	197	206	233	242
嘉峪关市	8.6934	9.0703	212	207	248	243
石嘴山市	8.6281	9.0365	213	208	249	244
七台河市	9.7091	8.9195	173	209	209	245
呼伦贝尔市	8.3203	8.8880	221	210	257	246
牡丹江市	7.9910	8.8641	227	211	263	247
盘锦市	8.9253	8.8516	201	212	237	248
黑河市	7.4278	8.7391	238	213	274	249
北海市	8.9390	8.7391	200	214	236	250
濮阳市	8.5525	8.7256	216	215	252	251
伊春市	8.1975	8.7122	222	216	258	252
渭南市	9.4899	8.6943	180	217	216	253
绥化市	9.0975	8.6777	194	218	230	254
长治市	8.8595	8.6626	207	219	243	255

续表

地级市（253个）	标准化值		排名		全国排名	
	2021年	2022年	2021年	2022年	2021年	2022年
安顺市	8.9683	8.6518	199	220	235	256
商洛市	8.0878	8.6333	223	221	259	257
巴中市	8.7375	8.6098	210	222	246	258
铜川市	8.8749	8.5962	205	223	241	259
汉中市	9.0914	8.5470	195	224	231	260
保山市	7.0035	8.5190	243	225	279	261
运城市	8.5791	8.4976	214	226	250	262
防城港市	8.5388	8.4120	217	227	253	263
崇左市	9.5615	8.4070	178	228	214	264
本溪市	8.0122	8.4054	226	229	262	265
锦州市	8.9204	8.2143	204	230	240	266
吴忠市	7.5653	8.1565	234	231	270	267
天水市	7.5669	8.1016	233	232	269	268
昭通市	8.7875	8.0018	209	233	245	269
儋州市	7.1079	7.8876	241	234	277	270
张家界市	7.8809	7.8797	228	235	264	271
张掖市	6.8870	7.8164	245	236	281	272
巴彦淖尔市	7.5496	7.7852	235	237	271	273
随州市	7.6167	7.6916	230	238	266	274
平凉市	6.2052	7.6082	248	239	284	275
朔州市	8.3775	7.3497	220	240	256	276
朝阳市	7.5887	7.3190	231	241	267	277
通化市	6.9562	7.2027	244	242	280	278
阳泉市	7.6965	7.1664	229	243	265	279
武威市	7.0722	7.1225	242	244	278	280
鸡西市	5.9607	7.0964	249	245	285	281
陇南市	5.9588	6.9418	250	246	286	282
普洱市	6.3397	6.8568	247	247	283	283
临沧市	4.0845	6.8457	253	248	289	284
铁岭市	7.3346	6.7434	240	249	276	285
抚顺市	7.5800	6.7091	232	250	268	286
阜新市	7.4953	6.5227	236	251	272	287
辽源市	6.7110	6.4533	246	252	282	288
鹤岗市	5.1759	5.9689	252	253	288	289

从地级市营商环境指数排名来看，2022 年营商环境指数排在前 20 名的均为东部地区城市，且以南方城市居多，多数城市位于长三角、粤港澳大湾区等经济发展水平较好的地区。而排在后 20 名的城市中，位于西部地区以及东北地区的城市占比近八成，且以北方城市为主。可以看出，我国区域营商环境发展不平衡，不同区域之间差距较大。

二、中国城市营商环境的特点

当前各个城市都在推进“放管服”改革，降低制度性交易成本，激发市场活力，各地营商环境水平有了明显改善。然而，由于不同地区发展基础不同、区域优势差异明显，导致城市间营商环境差距依然较大。总的来看，我国城市营商环境存在如下特点。

（一）不同地区城市营商环境差异较大

我国不同地区（东部、中部、西部和东北地区）城市的营商环境水平差距较大。如图 4-1-1 所示，各地区地级市的营商环境排名进入前 100 名的城市数量占本地区城市数量的比例存在显著差异。

由图 4-1-1 可以看出，东部地区城市营商环境占绝对优势。2022 年，东部地区城市有 63 个城市进入全国地级城市营商环境前 100 名，占比为 72.4%，超过 7 成；中部和西部地区分别有 17 个和 16 个城市进入前 100 名，分别占各地区城市总数的 21.3% 和 18.2%；而东北地区仅沈阳、长春、大连和哈尔滨 4 个城市排进全国前 100 名，占比为 11.8%。分布结果和我国各个地区的经济发展水平是分不开的。通常来说，一个地区营商环境指数排名和当地的经济发展水平有一定程度的正相关关系。进一步对比 2021 年和 2022 年排名，可以发现东部和西部地区城市有上升趋势，而中部和东北地区有所下降，表明近两年我国东部和西部地区城市营商环境的改善力度较大。

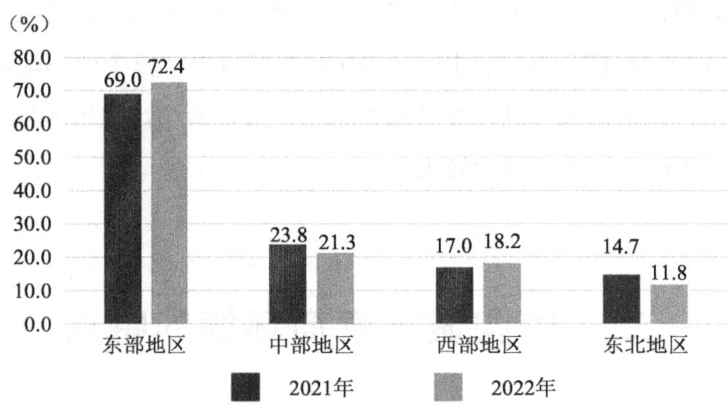

图 4-1-1 2021—2022 年营商环境指数排名前 100 城市区域分布

从南方和北方地区的城市中，营商环境排名进入前 100 名的城市数量也有明显差异（见图 4-1-2）。2022 年我国南方和北方分别有 62 个和 38 个城市进入全国前 100 名，占比分别为 39.2% 和 29.0%，可见南方地区城市的营商环境明显优于北方地区城市。进一步对比 2021 年和 2022 年排名，可以看出北方地区城市进入前 100 名的数量略有上升，而南方地区城市有下降趋势，反映出北方地区城市的营商环境有了明显改善，但和南方地区城市相比依然差距显著。

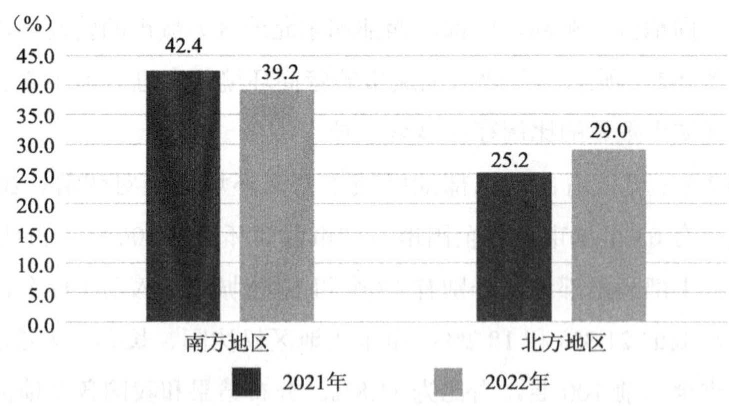

图 4-1-2 2021—2022 年营商环境指数排名前 100 城市南北分布

（二）区域内城市之间营商环境差距明显

我国同一区域内不同城市之间营商环境水平存在很大差距。如表4-5所示，虽然整体来看，东部地区营商环境显著高于中部、西部以及东北地区城市，但是，西部、中部以及东北地区也有部分城市营商环境水平显著高于东部的一些城市。可以看出，2022年东部地区城市营商环境指数得分最高为76.8235，是最低得分（7.8876）的9.7398倍；中部地区城市最高得分为40.5896，是最低得分（7.1664）的5.6639倍；西部地区城市最高得分为45.2741，是最低得分（6.8457）的6.6135倍；东北地区城市最高得分为21.4009，是最低得分（5.9689）的3.5854倍；南方地区城市最高得分为71.7553，是最低得分（6.8457）的10.4818倍；北方地区城市最高得分为76.8235，是最低得分（5.9689）的12.8706倍。

表4-5　　2021—2022年各地区城市营商环境指数

地区	年份	最高	最低	最高/最低	均值	排名上升城市数量	排名下降城市数量
东部地区	2021	77.9491	7.1079	10.9666	18.9075	37	42
	2022	76.8235	7.8876	9.7397	18.7166		
中部地区	2021	40.9061	7.6167	5.3706	12.4863	28	50
	2022	40.5896	7.1664	5.6639	12.4798		
西部地区	2021	47.1903	4.0845	11.5536	11.5077	46	38
	2022	45.2741	6.8457	6.6135	11.8772		
东北地区	2021	22.3224	5.1759	4.3127	9.7861	16	18
	2022	21.4009	5.9689	3.5854	10.1364		
南方地区	2021	73.2760	4.0845	17.9402	15.0001	55	91
	2022	71.7553	6.8457	10.4818	14.8910		
北方地区	2021	77.9491	5.1759	15.0599	12.3607	72	57
	2022	76.8235	5.9689	12.8707	12.7007		

由各区域营商环境指数排名均值可以看出，2022年东部地区的均值（18.7166）是东北地区均值（10.1364）的1.8468倍，也远高于中部地区（12.4798）和西部地区（11.8772）营商环境均值。从各区营商环境指数得分的

均值和最高、最低值可以看出，三个数值的最低得分均出现在东北地区，且东北地区的最高值和其他区域的最高值存在较大差距，反映出我国东北地区城市在营商环境表现上劣势明显，这也和东北地区近年来面临着较大的经济下行压力，甚至出现停滞、衰退迹象相关。此外，东北地区经济发展动力不足，导致资本、人才流失状况严重，营商环境提升受阻。从排名变动可以看出，西部地区排名呈上升趋势的城市多于排名下降的城市，而中部地区排名呈现下降趋势的城市远多于排名上升的城市，表明我国西部地区城市营商环境整体水平在改善，而中部地区营商环境有待进一步提升。

南方和北方地区的城市中，营商环境指数的均值也有明显差异，南方城市的营商环境整体水平优于北方地区城市。从排名上升下降的城市数量可以看出，北方地区城市排名上升的数量明显增多，而南方地区城市排名呈现下降趋势的城市明显多于排名上升的城市。由此可见，近两年北方城市的营商环境整体发展态势良好。

三、中国城市分项指标评价

我们从 7 个分项指标（一级指标）分析 289 个城市的评价结果，分别从直辖市、计划单列市、省会城市、其他 253 个地级市以及区域等四个视角来分析探讨我国城市营商环境评价的 7 个分项指标现状。

（一）东部地区公共服务水平大幅领先

对于一个城市而言，健全的公共服务水平有利于吸引企业投资，进而促进当地经济发展。加强基础设施建设、注重民生工程改善、促进公共服务水平均等化一直以来都是我国各级政府关注的重点问题。

从直辖市公共服务指数得分来看，上海市 2022 年的公共服务指数为

75.1077，排在第1名，重庆市（61.0331）、北京市（59.2849）和天津市（36.2851）依次排列。

从计划单列市公共服务指数得分来看，深圳市2022年的人力资源指数得分为39.5373，排在第1名。宁波市（24.9069）、青岛市（20.4393）、大连市（16.3501）以及厦门市（10.0314）依次排列。可见深圳市在公共服务水平方面存在较大的优势，这也是近年来深圳市吸引大量人才涌入的重要原因之一。

从省会城市得分来看，广州市2022年的公共服务指数为49.3542，排在第1名，成都市、杭州市、武汉市和南京市分别排在第2～5名。从近两年公共服务指数排名变动来看，排名降低幅度较大的是哈尔滨市和银川市，相对2021年分别降低4个和2个名次，南昌市则提升3个名次，其余的省会城市排名变动较为稳定，很多城市排名基本不变。

从地级市得分来看，苏州市2022年的公共服务指数为41.2912，排在第1名，东莞市（33.3295）、滨州市（28.3824）、唐山市（23.3071）和无锡市（23.2857）分别排在第2～5名。对比2021年排名，六安市进步最为显著，从2021年的第176名提升至2022年的第148名，上升幅度较大的城市还有舟山市、北海市、定西市、聊城市、海东市、信阳市、宿州市、滁州市和中山市，排名上升幅度均超过20名；排名下降较大的城市是阳泉市，从2021年的159名降至2022年的第204名，下降幅度较大的城市还有通辽市、毕节市、漳州市、四平市、荆门市和商洛市，下降幅度超过20名。

从区域分布来看，2022年我国东部、中部、西部和东北地区四大区域内公共服务指数排名进入前100名的数量依次为：东部地区（54个）、中部地区（18个）、西部地区（20个）、东北地区（8个），分别占各区域的城市数量比例为62.1%、22.5%、22.7%、23.5%（见图4-2-1）。可以看出，东部城市的公共服务指数具有显著优势，而中部、西部和东北地区差距较大。对比2021年公共服务指数排在全国前100名的城市占各区域城市数量的比例，我们发现近两年整体排名相对稳定，中部和东北地区保持不变，东部和西部地区变动幅度不大。可以看出，一方面，东部地区整体上经济发展水平高，带动了地区公共服务的发展；另一方面，政府推行的各项公共服务均等化措施已卓有成效，不同区域的公共服务水平有了相当程度的改善，各个区域的公共服务水平近两年保持在一个相对稳定的状态。

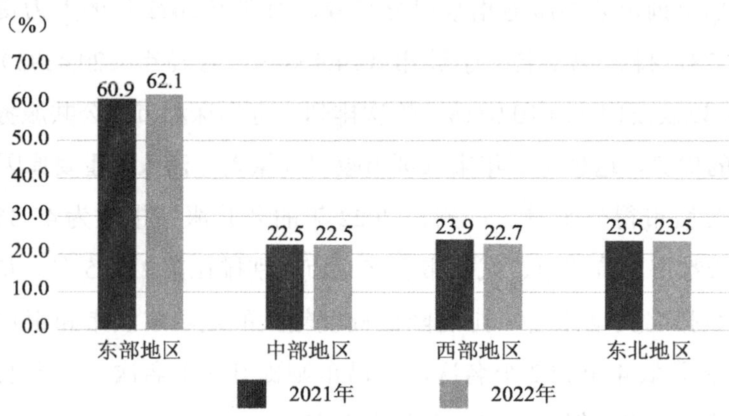

图 4-2-1 2021—2022 年公共服务指数排名前 100 城市区域分布

分南北区域来看，2022 年有 51 个南方城市公共服务指数排名进入前 100 名，有 49 个北方城市进入前 100 名，分别占各地区城市比例为 32.3% 和 37.4%（见图 4-2-2）。对比 2021 年，可以看到北方地区城市的比例略有上升的趋势，而南方则略有下降趋势。总体来讲，公共服务指数南北区域城市差距不大。这也和政府非常重视公共设施建设相关，尤其是对基础设施领域进行了大量投资，为我国经济发展提供了较好的基础条件。

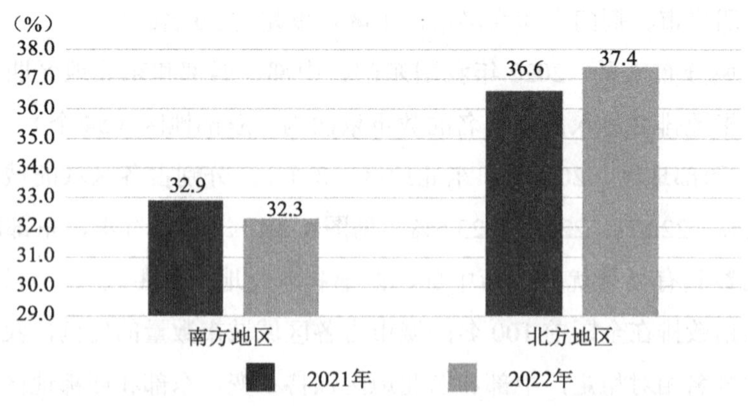

图 4-2-2 2021—2022 年公共服务指数排名前 100 城市南北分布

（二）南北区域人才吸引能力分化明显

人力资源作为企业生产经营的关键要素之一，是企业的活力之源、竞争之本，也是我国经济发展的重要源泉。人力资源指数是一个城市营商环境水平的重要评判标准之一，该指数用来衡量企业经营环境的劳动力资源供应情况。

从直辖市人力资源指数得分来看，2022年北京市（65.9887）和上海市（64.9766）领先优势明显，重庆市（62.4814）表现较好，天津市（43.9845）则表现较差。一方面，北京、上海经济发展领先，各类行业人才需求量大，薪资水平较高，是大多数求职者的首选城市；另一方面，由于京沪地区有众多重点高校，培养的优秀毕业生在当地就业占比较高，为城市发展注入源源不断的动力。

从计划单列市得分来看，2022年深圳市人力资源指数表现较好，得分为43.3883，排在第1名。青岛市（37.3209）、大连市（29.7385）、宁波市（29.5372）以及厦门市（26.7570）分别排在第2～5名。可见在计划单列市中，深圳市对人才的吸引力相对较高，主要原因在于其开放包容的城市氛围以及较高的平均工资水平。而青岛、大连、宁波和厦门市都是沿海地区城市，对外贸易水平高，经济发展程度较好，因此人力资源指数得分也相对不错。

从省会城市得分来看，2022年广州市人力资源指数得分为65.1758，排在第1名。成都市（64.5939）、南京市（51.9197）、郑州市（50.4391）和武汉市（50.2492）分别排在第2～5名。可见我国中部和东部地区省会城市人力资源供给充足；而排在后10名的城市中，有6个都是西部地区的省会城市，说明我国西部地区的人力资源供应不足，存在较为严重的失衡。对比2021年排名，大多城市都没有变动，有城市变动的变化幅度均在2名以内，因此整体来看省会城市人力资源指数排名波动非常小。

从地级市得分来看，2022年苏州市人力资源指数得分为35.4309，排在第1名，无锡市（28.4759）、潍坊市（26.5984）、常州市（26.5220）和徐州市（26.4657）分别排在第2～5名。从排在前10名的城市分布来看，全部位于东部地区。

从区域分布来看，2022 年东部、中部、西部以及东北地区的人力资源指数排名进入前 100 名的城市数量排行分别为：东部地区 54 个，占东部城市的 62.1%；中部地区有 19 个，占中部地区城市的 23.8%；西部地区有 23 个，占西部城市的 26.1%；东北地区有 4 个，占东北地区城市的 11.8%（见图 4-3-1）。可以看出，东部地区的人力资源领先优势明显，很大程度上源于东部地区的经济发展水平高、高校数量集中；而东北地区表现相对最差，主要由于东北地区近年来面临的经济下行压力，资本、人才流失严重，造成东北地区的人力资源供应紧张。此外，从图 4-3-1 中我们可以看出，东部和东北地区近两年人力资源指数排名进入前 100 名的城市数量占该区域城市数量的比重有所下降，而中部地区人力资源吸引力呈现上升趋势。

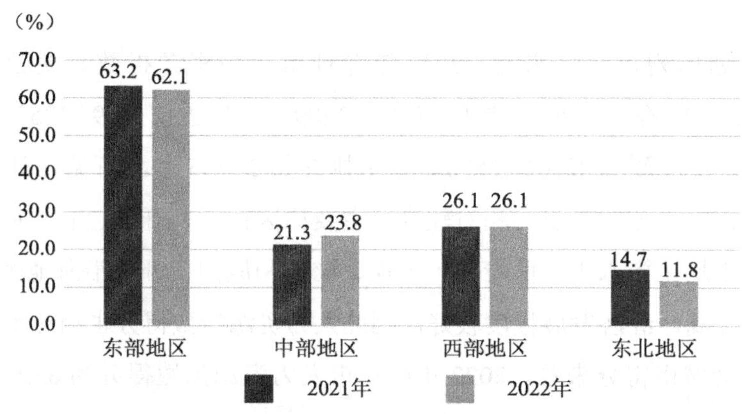

图 4-3-1 2021—2022 年人力资源指数排名前 100 城市区域分布

分南北区域来看，2022 年有 65 个南方城市的人力资源指数排名进入前 100 名，有 35 个北方城市进入前 100 名，分别占各地区城市数量比例为 41.1% 和 26.7%（见图 4-3-2）。对比 2021 年排名，可以看出南北方城市的人力资源指数进入前 100 名的城市数量占比变动很小。总的来看，我国南北方城市的人力资源储备不平衡，人力资源指数排名进入前 100 名的南方城市数量占比显著多于北方城市，北方城市的人力资源储备劣势相对明显。

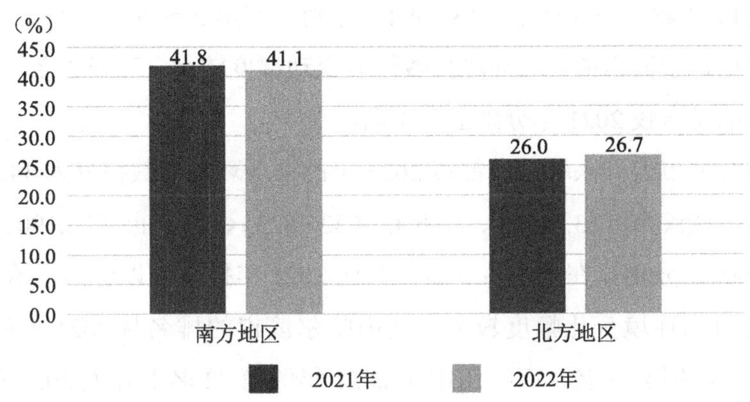

图 4-3-2　2021—2022 年人力资源指数排名前 100 城市南北分布

（三）中西部地区市场环境明显改善

市场环境是企业经营最重要的考虑因素之一。对市场环境的调查，是企业开展经营选址的前提，直接决定了企业产品消费渠道与市场需求的规模大小。

从直辖市市场环境指数得分来看，2022 年上海市的市场环境指数为 50.3686，领先优势较为明显，排在第 1 名。北京市（36.9054）、重庆市（34.8072）和天津市（17.7886）分别排在第 2 ～ 4 名。上海市市场环境指数排名表现优异的主要原因是其新签合同数量、规模以上工业企业数量以及实际使用外资金额这 3 个指标表现相对较好。而天津市的市场环境则表现相对较差，且相对 2021 年排名有所下降，主要原因在于在经济高质量发展的背景下，天津市近年来经济增长速度放缓，市场环境发展存在不足。目前天津市已相继出台多种措施优化市场环境，如《天津市构建高标准市场体系若干措施》《天津市优化营商环境三年行动计划》，在产权保护、市场准入、公平竞争以及消费者权益保护等方面对现有条例进行了完善，随着这些政策措施的落实，今后天津市的市场环境将会有较大幅度提升。

从计划单列市得分来看，深圳市 2022 年市场环境指数为 38.8572，排在计划单列市的第 1 名，领先幅度较大；青岛市（22.5914）、厦门市（20.0977）、宁波市（19.8948）和大连市（13.5994）分别排在第 2 ～ 5 名。对比 2021 年排名可以看出，宁波市的市场环境指数排名变动幅度较大，下降 2 名，而厦门市和青岛市的排名较 2021 年分别上升 1 名。

从省会城市得分来看，成都市 2022 年的市场环境指数得分为 34.2830，排在第 1 名，武汉市（33.7137）、广州市（33.4823）、南京市（26.1905）和西安市（25.9004）分别排在第 2 ～ 5 名。对比 2021 年排名可以看出，哈尔滨市和银川市的市场环境变化幅度较大，其中哈尔滨市的排名从 2021 年的第 19 名降至 2022 年的第 26 名，而银川市从 2021 年的第 22 名上升为 2022 年的第 16 名；有 9 个省会城市排名没有变动，其余 16 个城市上升、下降幅度均在 3 名以内。因此，总体来看，省会城市的市场环境指数排名变化不大。

从地级市来看，2022 年苏州市的市场环境指数得分为 27.4603，排在第 1 名。珠海市（26.5410）、鄂尔多斯市（26.3280）、无锡市（25.7522）和克拉玛依市（24.0049）分别排在第 2 ～ 5 名。排在前 10 名的城市中，只有鄂尔多斯和克拉玛依市是西部城市，其余 8 个城市均为东部城市。主要原因是鄂尔多斯市和克拉玛依市的人均 GDP 较高，甚至达到了发达国家标准（超过 3 万美元）。克拉玛依市具有较为丰富的石油资源，而鄂尔多斯市的矿产资源充裕，工业化水平较高。作为西部经济发展水平较好的区域，两个城市的市场环境表现优异。

从区域分布来看，2022 年东、中、西部和东北地区中市场环境指数排名进入前 100 名地级市的数量排行情况如下：东部地区市场环境指数进入前 100 名的城市有 47 个，占比为 54.0%；中部地区有 26 个城市进入前 100 名，占中部城市的 32.5%；西部地区有 22 个城市进入前 100 名，占西部城市的 25.0%；而东北地区仅有 5 个城市的市场环境指数进入前 100 名，占比为 14.7%（见图 4-4-1）。可以看出，东部地区占绝对优势。从近两年占比变动来看，东部和东北地区排名进入前 100 名的城市数量有所下降，而中部和西部地区的城市数量有所增加，且西部地区增加幅度较大，可以看出中部和西部城市的经济发展逐步向好，而东北地区城市的经济发展速度减缓，市场环境表现和其他地区差距增大，这也印证了近年来东北地区市场环境表现不佳的现实状况。

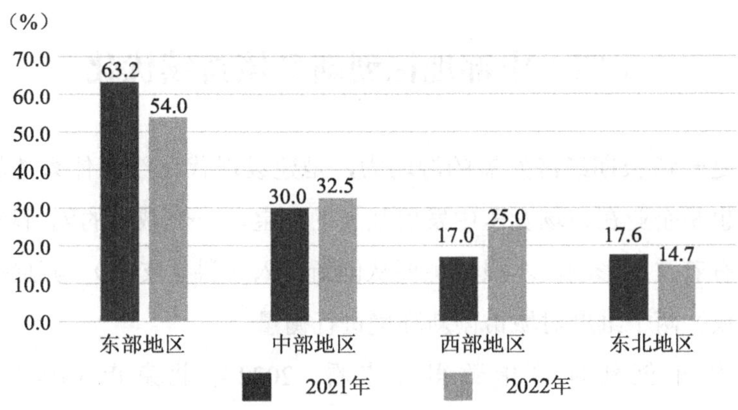

图 4-4-1 2021—2022 年市场环境指数排名前 100 城市区域分布

分南北区域看，2022 年有 64 个南方城市的市场环境指数排名进入前 100 名，有 36 个北方城市进入前 100 名，分别占各地区地级市的比例为 40.5% 和 27.5%（见图 4-4-2）。对比 2021 年，可以看到进入前 100 名的南方城市占所有南方城市数的比例略有增长，而北方城市则有略微下降趋势。总体来讲，市场环境指数排名进入前 100 名的南方城市占比显著多于北方城市，表明我国南北地区的市场环境发展并不均衡。

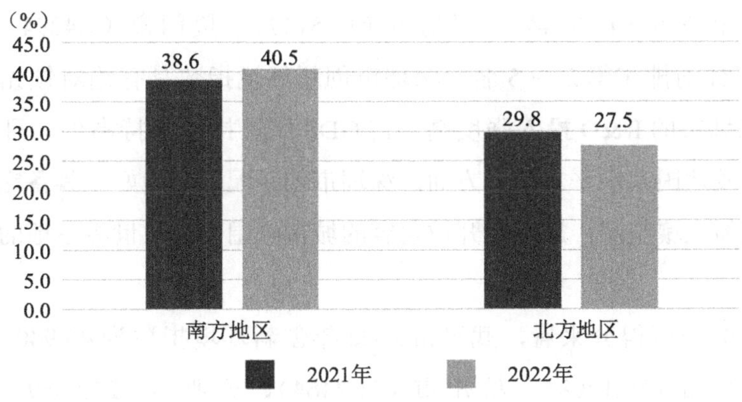

图 4-4-2 2021—2022 年市场环境指数排名前 100 城市南北分布

（四）中部地区创新环境持续优化

创新是一切长期经济发展的源动力，是建设现代化经济体系的战略支撑。创新能力也是企业在市场竞争中发展壮大的法宝，一个城市的创新环境对企业生存发展有着重要影响。本报告主要从创新投入（科学支出）与创新产出（发明专利授权）两个维度对城市创新环境进行衡量。

从直辖市创新环境指数得分来看，2022 年北京市（100）、上海市（71.3834）分别排在第 1 名和第 2 名，相比天津市（18.5285）、重庆市（16.1100）优势明显。相对于其他各分项的指数得分，重庆市和天津市的创新环境指数与北京市和上海市差距最大，表明北京、上海两个超一线城市在营造创新环境氛围方面存在绝对的优势。一方面，北京、上海创新人才资源集聚，技术成果传播和扩散程度强，创新资本、创新企业、创新政策和创新链条等方面基础较好；另一方面，北京、上海作为“双创”代表性城市，持续推进“双创”投入规模和强度，激发市场创新活力，发挥着创新辐射和带动作用。

从计划单列市得分来看，深圳市 2022 年创新环境指数为 65.5634，排在第 1 名，宁波市（17.9044）、青岛市（12.5147）、厦门市（7.4294）、大连市（5.1427）分别排在第 2 ～ 5 名。深圳市创新环境指数具有绝对领先优势。一方面，深圳市的 R&D 投入强度高，占 GDP 比重持续保持高位，目前已超过上海达到发达国家水平。另一方面，深圳市创新配套环境好，具备完整的产业链条，创新土壤肥沃；加上其开放包容的城市氛围，吸引世界各地的创新人才聚集。

从省会城市得分来看，武汉市 2022 年创新环境指数为 45.9406，排在第 1 名，广州市（39.1798）、杭州市（31.2464）、合肥市（25.8659）、南京市（24.0369）分别排在第 2 ～ 5 名。可见创新环境指数排名靠前的多是中部和东部地区省会城市。而排在最后 5 名的城市除海口市（0.7080）外均为西部地区城市，如银川市（0.9323）、呼和浩特市（0.6464）、西宁市（0.5059）和拉萨市（0.3109），表明我国东西部城市的创新环境水平差距较大。对比 2021 年排名，太原市进步明显，从2021年的第16名上升至2022年的第12名，有12个省会城市排名变动在3名之内，其余14个城市的创新环境指数排名没有变动。

从地级城市得分来看，创新环境指数2022年排在前5名的地级市分别是苏州市（34.1397）、佛山市（16.8151）、东莞市（11.0406）、珠海市（9.7047）和无锡市（9.3905）。排在前10名的城市中，除芜湖是中部地区城市外，其余均为东部城市；而排在后10名的城市中，有8个是东北地区城市，而西部和东部地区各有1个城市。对比2021年排名可以看出，我国一些三、四线城市的创新环境排名分化较为明显，有排名上升较大的城市，如金昌市、衡阳市和驻马店市，也有排名下降较快的城市，如锦州市、咸阳市和丹东市等。整体上我国地级城市的创新环境仍有较大的发展空间。

从区域分布来看，东部地区有51个地级市排名进入前100名，占东部城市的58.6%；中部地级市有35个城市进入前100名，占中部城市总数的43.8%；西部地级市有11个城市进入前100名，占西部城市总数的12.5%；东北地区只有4个地级市进入前100名，占东北城市总数的11.8%（见图4-5-1）。与2021年对比，中部地区城市所占比例在增加，其余地区城市所占比例略有降低。整体来看，我国城市创新环境呈现梯度分布，东部和中部表现较好，西部和东北地区劣势明显，表明在北京、上海的辐射作用下，东部省市在产业创新发展上的带动作用日益突出。这也对其周边地区形成了示范效应，引发其他省市在科技创新方面的投入加大。而东北三省和我国西部地区受困于地理区位的劣势，科技创新能力一直亟待提高。对于我国西部和东北地区创新能力较弱的城市，一方面，西部城市可以积极依托“一带一路”等国家战略，实现创新水平升级提速；东北地区应加大对高技术产业的引进和投资，通过促进企业创新来优化产业结构，提升区域竞争力。另一方面，相关部门审时度势，在平衡各方面发展的基础上，努力创造条件增加科技投入，扩大创新产出。

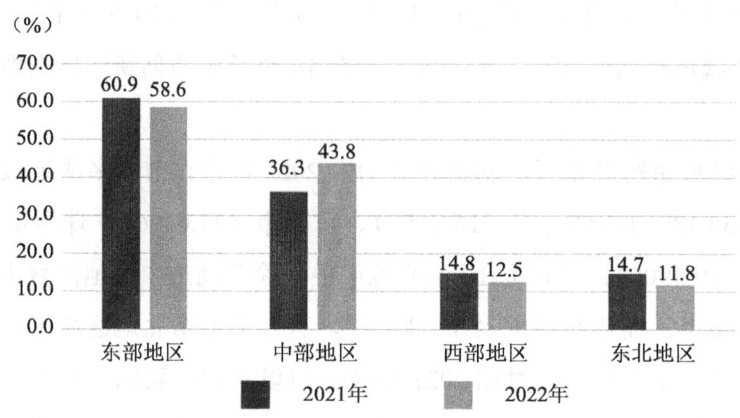

图 4-5-1 2021—2022 年创新环境指数排名前 100 城市区域分布

分南北区域看，2022 年有 73 个南方城市的创新环境指数排名进入前 100 名，有 27 个北方城市进入前 100 名，分别占各地区地级市的比例为 46.2% 和 20.6%（见图 4-5-2）。对比 2021 年，可以看到进入前 100 名的南方城市占南方城市总数比例略有上升，而北方则有略微下降趋势。总体来讲，创新环境指数排名进入前 100 名的南方城市要多于北方城市，且差距较大，表明我国城市创新环境南北区域发展较不平衡。

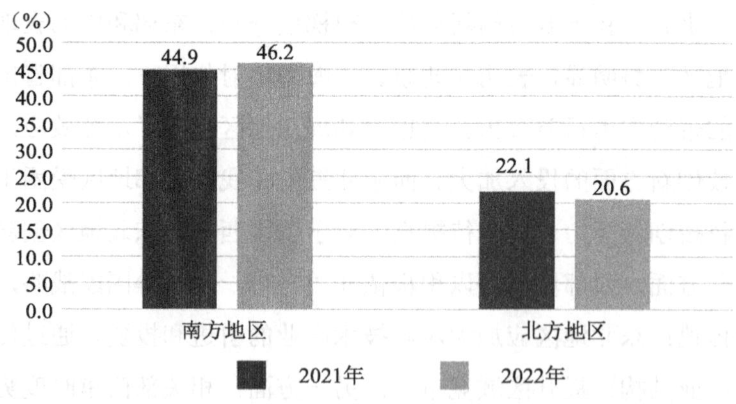

图 4-5-2 2021—2022 年创新环境指数排名前 100 城市南北分布

（五）东部地区金融服务优势显著

企业融资约束问题是微观金融领域中的重要研究问题之一，金融服务水平高低更是企业关注最高、反映最强烈的指标。根据世界银行营商环境评价指标体系，“获得信贷”是营商环境中的关键指标。优化金融营商环境，解决融资约束，降低企业融资成本，才能使企业更有动力进行创新创业和生产经营活动。本报告的金融服务指数主要用来评价一个城市企业的融资效率与规模。

从直辖市金融服务指数排名来看，北京市（100）、上海市（75.7080）分别排在第 1 名和第 2 名，相比重庆市（34.4602）、天津市（31.5147）具有较大的优势。

从计划单列市排名来看，深圳市（48.1335）金融服务指数排在第 1 名，具有明显优势。说明深圳市在企业融资效率方面一直处于较高水平。宁波市（17.7345）、青岛市（17.4726）、大连市（9.4002）和厦门市（8.6652）分别排在第 2 ～ 5 名。相比 2021 年计划单列市的得分变动不大，青岛市的排名下降 1 名，宁波市上升 1 名。

从省会城市金融服务指数得分来看，广州市 2022 年得分 33.5109，排在第 1 名，杭州市（32.4978 ）、成都市（28.1052）、西安市（24.4304）和南京市（22.3829）分别排在第 2 ～ 5 名。排在前 10 名的城市中，东部地区有 4 个省会城市、中部地区有 4 个省会城市、西部地区有 2 个省会城市。而排在后 10 名的城市中，西部地区有 7 个省会城市，东北地区有 2 个省会城市，东部地区只有海南省省会城市。可以看出，近年来东部和中部地区省会城市的金融发展水平较好，东北地区的省会城市金融法治水平一般，而西部地区省会中有 4 个城市（呼和浩特市、银川市、西宁市、拉萨市）连续两年均排在后 5 名，表明西部地区城市的融资环境较差。对比 2021 年排名，可以看出沈阳市的排名变动较大，从 2021 年的第 9 名降低至 2022 年的第 18 名，而合肥市排名上升幅度较快，从 2021 年的第 19 名上升至 2022 年的第 9 名。其余城市排名变动不大。

从地级市金融服务指数得分来看，苏州市 2022 年得分为 21.5357，排在第 1 名。佛山市（10.2719）、无锡市（10.1208）、台州市（9.5118）和温州市（8.6024）分别排在第 2 ～ 5 名。且排在前 10 名的城市全部都是东部地区城市，而排在后 10 名的城市中有 8 个是西部地区城市，表明我国金融服务水平东西部城市非常不均衡。此外，排名靠后且下降幅度较大的城市中，东北地区的三、四线城市居多，如本溪市、营口市、朝阳市、阜新市等。

从区域分布来看，2022 年金融服务指数排名进入前 100 名的地级市，东部地区有 59 个城市，占东部城市的 67.8%；中部地区有 20 个城市，占中部地区城市的 25.0%；西部地区有 15 个城市，占西部地区城市的 17.0%；东北地区有 6 个城市，占东北地区城市的 17.6%（见图 4-6-1）。对比 2021 年，西部地区地级市进入前 100 名的数量保持不变，中部和东北地区地级市进入前 100 名的数量有所下降，而东部地区地级市进入前 100 名的数量增加 3 个城市。表明西部和东北地区的金融服务水平相对较差，和省会城市对比可以发现，西部地区一些省会城市和其他地级市也有较大差距。

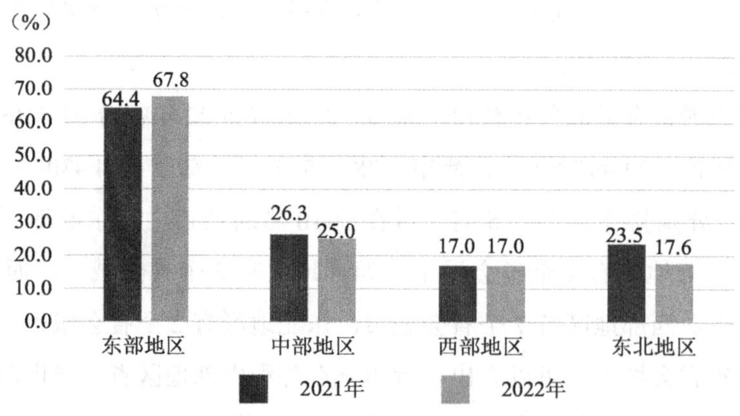

图 4-6-1 2021—2022 年金融服务指数排名前 100 城市区域分布

分南北区域看，2022 年有 55 个南方城市的金融服务指数排名进入前 100 名，有 45 个北方城市进入前 100 名；分别占各地区地级城市数量的比例为 34.8% 和 34.4%（见图 4-6-2）。对比 2021 年，可以看出进入前 100 名的南方城市占所有南方城市数量比例有略微下降的趋势，而北方地区城市占比略有上升。总体来讲，南、北方地区的金融服务发展水平相对均衡。

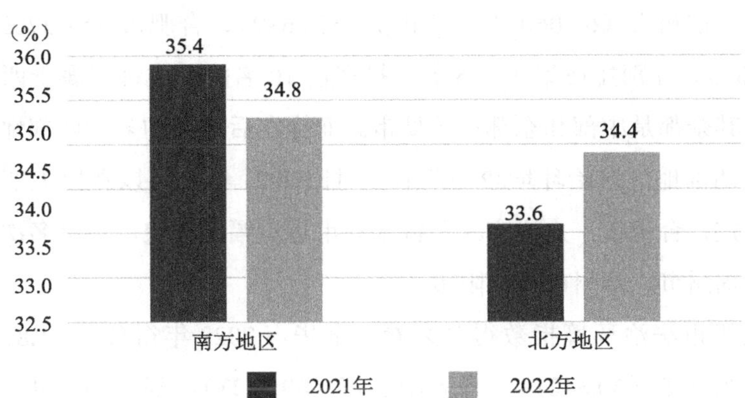

图 4-6-2 2021—2022 年金融服务指数排名前 100 城市南北分布

（六）各区域法治化建设取得良好成效

法治环境是衡量一个地区营商环境好坏的关键指标，用法治来规范政府和市场的边界，保护市场主体的合法权益，营造稳定公平透明、可预期的法治化营商环境，能更好地支持市场主体平等竞争、蓬勃发展。“法治是最好的营商环境”，既是市场经济的内在要求，也是经济社会发展良性运行的根本保障。法治环境指数主要从社会治安、司法服务和司法信息公开度三个角度来评价一个城市的营商环境水平。

从直辖市法治环境指数排名来看，北京市 2022 年的法治环境指数为 99.6505，排在第 1 名；上海市（79.1121）、重庆市（67.1622）以及天津市（62.2365）分别排在第 2 ～ 4 名。对比 2021 年，重庆市的排名上升 1 名，天津市下降 1 名。

从计划单列市排名来看，青岛市 2022 年的法治环境指数得分 65.3130，排在第 1 名，深圳市（63.8774）、厦门市（59.7827）、宁波市（57.0945）、大连市（53.1883）分别排在第 2 ～ 5 名。对比 2021 年，厦门市的排名提升 2 名，宁波市和大连市分别下降 1 名。

从省会城市法治环境指数得分来看，南京市 2022 年得分为 64.9739，排在第 1 名，杭州市（63.0601）、广州市（62.2689）、合肥市（59.3705）和太原市（59.1329）分别排在第 2 ～ 5 名。排在前 10 名的除成都市属于西部地区的城市外，其余都是中部和东部地区城市。而排在后 5 名的多为西部地区省会城市，表明西部地区法治环境较为落后。对比 2021 年，可以看出大部分省会城市排名稳定，合肥市、太原市和乌鲁木齐市进步幅度较快，下降名次较多的是长春市、福州市、郑州市和沈阳市。

从地级市法治环境指数得分来看，金华市 2022 年得分为 61.8096，排在第 1 名，东营市（60.8421）、齐齐哈尔市（60.5923）、淄博市（60.5097）、云浮市（60.0979）分别排在第 2 ～ 5 名。从前 10 名排名来看，多数为东部地区城市，且广东省和浙江省的城市相对集中，主要原因是这两个省份治安相对较好，律师事务所数量较多，进而法治环境指数得分较高。而排在后 10 名的城市中，以东北和西部地区城市为主。总体来看，法治环境指数和当地 GDP 有一定的相关性，通常在经济发展水平较好的地区，法治化营商环境也相对处于较高水平。然而也有一些经济发展水平一般的地区，法治环境指数排名较好。可见法治环境指数和当地的 GDP 总量并不成简单的线性相关关系，而是和一个城市的经济发展结构、市场的整体经营环境有很大关系。

从区域分布来看，法治环境指数 2022 年排名进入前 100 名的城市中，东部地区城市有 46 个，占绝对优势；中部城市次之，有 28 个，占中部地区城市的 35%；西部地区有 17 个，占西部地区城市的 19.3%；东北地区有 9 个，占东北地区城市的 26.5%（见图 4-7-1）。可见法治环境指数排在前 100 名的城市在四大区域中分布较为均衡。对比 2021 年，东部和中部地区地级市进入前 100 名的数量有略微上升趋势，而西部和东北地区进入前 100 名的城市数量占比有所下降，且东北地区下降幅度较大，从 2021 年的 35.3% 下降为 2022 年的 26.5%，表明我国西部和东北地区城市的法治环境指数得分有下滑趋势，而中部和东部地区城市的法治环境略有提升。

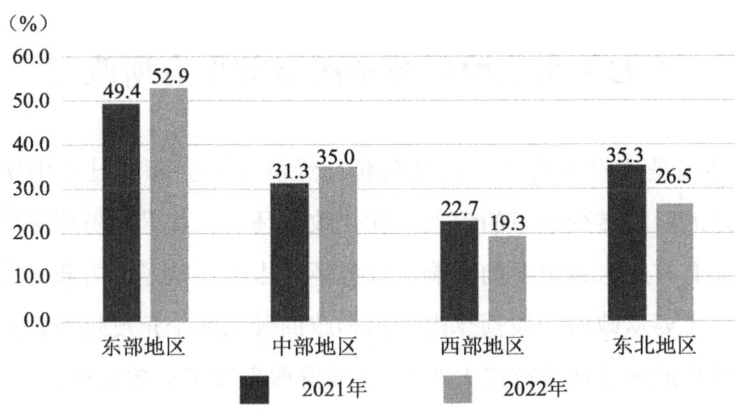

图 4-7-1 2021—2022 年法治环境指数排名前 100 城市区域分布

分南北区域看，2022 年有 61 个南方城市的法治环境指数排名进入前 100 名，有 39 个北方城市进入前 100 名，分别占各区域地级市数量的比例为 38.6% 和 29.8%（见图 4-7-2）。通过对比 2021 年，可以看到进入前 100 名的南方地区城市占所有南方城市数量的比例有上升趋势，而北方则有所下降。从 2021 年南方和北方城市占比来看，南方地区城市进步速度较快，而北方城市的法治环境指数整体呈现下降趋势，由此可见南北地区法治环境指数差距有所增大。但整体来看，我国城市法治环境南北区域发展较为均衡。

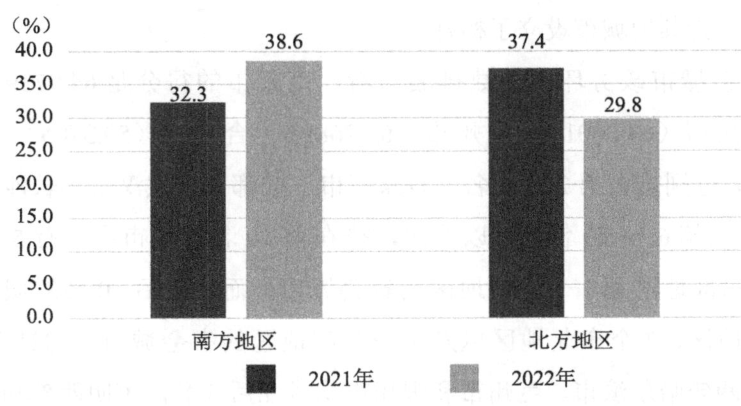

图 4-7-2 2021—2022 年法治环境指数排名前 100 城市南北分布

（七）东北地区政务服务效率有所改善

政务环境是政府及其工作人员在履行经济和社会职能过程中所形成的环境。随着政府职能转变改革的深入，优化政务环境、提升政务服务效率对企业的生存发展具有越来越重要的影响。政务环境指数反映了地方政府效率与地方服务水平，主要从政府一般预算内支出和政商关系两个角度进行评分。结果表明，我国城市的政务环境有较大改进，“放管服”改革成效显著。

从直辖市政务环境指数评分来看，上海市和北京市 2022 年政务环境指数得分分别为 90.9150 和 83.5438，分别排在第 1 ～ 2 名。天津市（50.7682）和重庆市（48.1607）分别排在第 3 ～ 4 名，和京沪两地政务指数得分差距较大。

从计划单列市政务环境指数来看，深圳市 2022 年政务环境指数为 75.6949，排在第 1 名；青岛市（43.7701）、宁波市（37.0052）、厦门市（34.4911）和大连市（18.2915）分别排在第 2 ～ 5 名。深圳市政务环境指数表现良好，从全国范围内的排名来看，仅次于北京市和上海市，且连续两年政务效率指数均排在全国第 3 名，计划单列市第 1 名。主要原因是深圳市是我国改革开放的窗口，很多政策先行先试，政府创新形式多样，政府工作效率也不断得到改进，为其他城市设立了标杆。

从省会城市政务环境指数排名来看，南京市的得分是 64.9739，排在第 1 名。杭州市（63.0601）、广州市（62.2689）、合肥市（59.3705）和太原市（59.1329）分别排在第 2 ～ 5 名。石家庄市、成都市、武汉市、长沙市和南昌市分别排在第 6 ～ 10 名。可以看出，排在前 10 名的城市中，有 5 个中部地区、4 个东部地区和 1 个西部地区的省会城市；而排在后 10 名的城市中，有 7 个西部地区、2 个东北地区以及 1 个东部地区的省会城市。2021 年和 2022 年，连续两年哈尔滨市、兰州市和银川市均排在后 5 名，表明西部和东北地区的政务环境仍有较大提升空间，需要加强政府服务效率，继续深化“放管服”改革。

从地级市政务环境指数排名来看，2022 年排在前 5 名的城市分别为东莞市（44.0152）、苏州市（41.7695）、无锡市（41.2659）、珠海市（36.3475）和佛山市（34.0780），全部均为东部地区的城市。排在后5名的城市全部是中部和西部地区城市，表明我国东部地区的政府效率较高，政商关系较好。排名靠后且下降较多的大多也是西部和中部地区的三、四线城市，如吉安市（江西省）、武威市（甘肃省）等。

从区域分布来看，东部地区城市政务环境在四大地区中的表现最佳，而中部、西部以及东北地区排名较差。从2022年各地区政务环境指数排名进入前100名的城市数量来看，东部地区有63个，占东部地区城市的72.4%；而中部、西部以及东北地区分别有11个、20个和6个城市进入前100名，分别占各地区城市总数的13.8%、22.7%和17.6%（见图4-8-1）。对比2021年排名，西部地区进入前100名的地级市数比例保持不变，东部和东北地区比例有所上升，中部地区城市总数的比例有所下降。表明近年来东部和东北地区的政商关系以及政府服务效率整体来看有所改善，中部地区城市政务环境相比来说下降趋势较为明显。

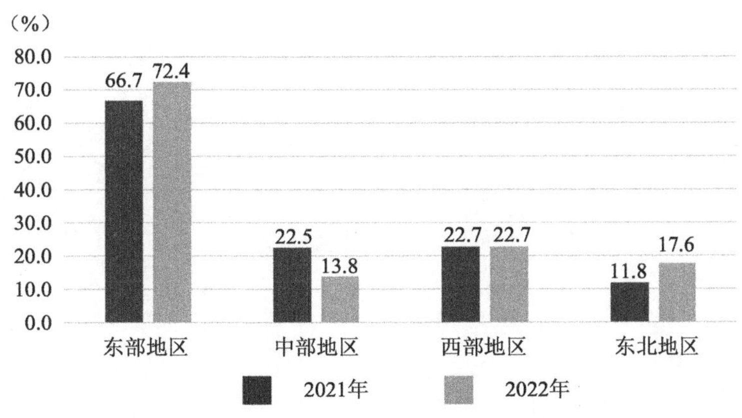

图4-8-1　2021—2022年政务环境指数排名前100城市区域分布

分南北区域看，2022年有66个南方城市的政务环境指数排名进入前100名，有34个北方城市进入前100名，分别占各地区地级市的比例为41.8%和26.0%（见图4-8-2）。通过对比2021年，可以看出进入前100名的南方城市占所有南方城市数量的比例呈现下降趋势，而北方地区则有较大幅度上升，表明近一年南北地区政务环境水平差距有所改善。总体来讲，政务环境指数排名进入前 100 名的南方城市多于北方城市，南北差距依然较为明显。

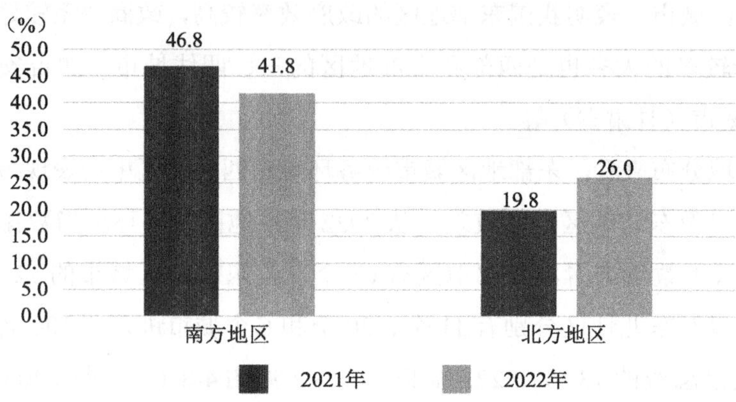

图 4-8-2 2021—2022 年政务环境指数排名前 100 城市南北分布

第五章　直辖市、计划单列市营商环境评价

本章以 4 个直辖市、5 个计划单列市为例，结合城市具体的经济发展情况，对这 9 个城市营商环境及其分项指标进行解析。为了便于比较分析，将各个城市分项指标得分与相应类别城市的平均值进行比较，例如直辖市与 4 个直辖市的平均值进行比较，计划单列市与 5 个计划单列市的平均值进行比较。

一、北京市营商环境评价

2022 年全国营商环境指数排名中，北京市排在第 1 名，与上年持平。总的来看，北京市分项指标的优势都较为明显，7 项指数的得分均高于平均值。从 2022 年分项指标排名来看，所有的分项指标均排在全国前 3 名。

通过对比各分项指数 2021 年排名可以看到，北京市的公共服务排名有所下降，但下降幅度很小，仅下降 1 名。市场环境指数呈现上升趋势，从第 9 名跃升至第 3 名，这主要由于受到 2020 年初新冠病毒感染和经济大环境的影响，导致很多城市的市场环境指数大幅下降，而北京市的防疫措施相对精准高效，因此虽然市场环境指数相对 2021 年有所降低，但整体排名依然是上升的。此外，人力资源指数、创新环境指数、金融服务指数以及法治环境指数近两年始终保持在第 1 名，且和平均值有相当大的距离，表明北京市在人力、金融、法治和创新领域的优势非常明显（见表 5-1、图 5-1）。

表 5-1　　北京市营商环境分项指数

北京市	标准化值		全国排名		排名变化
	2021年	2022年	2021年	2022年	
公共服务指数	60.4740	59.2849	2	3	–1
人力资源指数	75.0150	65.9887	1	1	0

续表

北京市	标准化值		全国排名		排名变化
	2021年	2022年	2021年	2022年	
市场环境指数	43.8054	36.9054	9	3	6
创新环境指数	89.5128	100.0000	1	1	0
金融服务指数	99.9159	100.0000	1	1	0
法治环境指数	93.7562	99.6505	1	1	0
政务环境指数	88.4332	83.5438	2	2	0

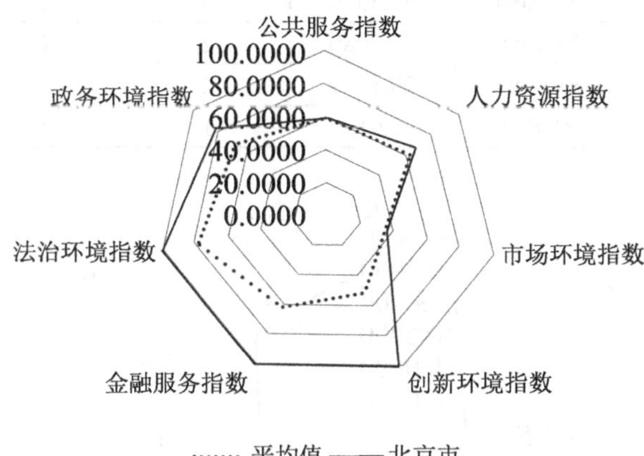

图 5-1　2022 年北京市营商环境分项指标雷达

二、上海市营商环境评价

2022 年上海市营商环境指数排在第 2 名，与上年持平。从分项指标排名来看，上海市的 7 个分项指标排名比较均衡，除了人力资源指数排在第 3 名，其他分项指标稳居全国前 2 位，各个分项指标得分也均超过平均值。

从分项指标排名来看，7 个分项指标排名比较均衡，公共服务指数、市场环境指数和政务环境指数均排在全国首位，创新环境指数、金融服务指数和法治环境指数排在第 2 名，人力资源指数排在第 3 名，较上年下降 1 名，市场环境指数和创新环境指数较上年提升 1 名。从分项指标雷达图可以看出，上海市的营商环境水平及各分项指标均处于较高水平（见表 5-2、图 5-2）。

表 5-2　　　　　　　　上海市营商环境分项指数

上海市	标准化值		全国排名		排名变化
	2021年	2022年	2021年	2022年	
公共服务指数	73.0865	75.1077	1	1	0
人力资源指数	69.1035	64.9766	2	3	–1
市场环境指数	72.0008	50.3686	2	1	1
创新环境指数	56.9084	68.5516	3	2	1
金融服务指数	73.1086	75.7080	2	2	0
法治环境指数	80.0684	79.1121	2	2	0
政务环境指数	90.9200	90.9150	1	1	0

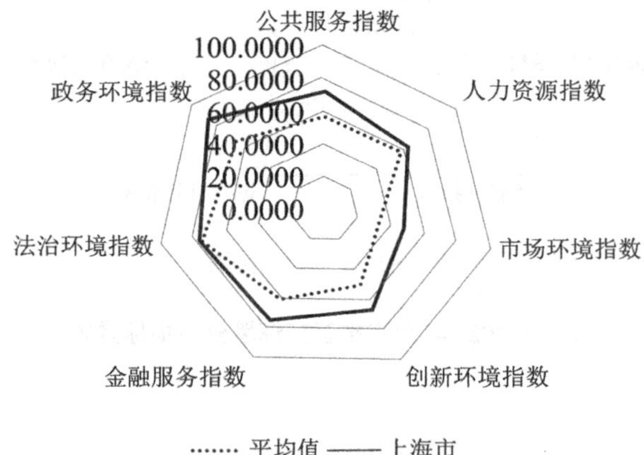

图 5-2　2022 年上海市营商环境分项指标雷达

三、天津市营商环境评价

2022 年天津市营商环境指数排在第 10 位，与 2021 年排名持平。总的来看，天津市的 7 个分项指数得分均没有超过平均值。

通过对比各分项指数 2021 年排名可以看到，有 4 个指标的排名有所下降，其中法治环境指数下降幅度较大，相比2021年下降7名；公共服务指数和人力资源指数排名保持不动，创新环境指数排名略有上升。在7个分项指数中，市场环境指数和创新环境指数排名均在10名之外，这两个指标也是今后优化天津市营商环境需要重点关注的领域（见表5-3、图5-3）。

表5-3　　天津市营商环境分项指数

天津市	标准化值		全国排名		排名变化
	2021年	2022年	2021年	2022年	
公共服务指数	34.8987	36.2851	8	8	0
人力资源指数	43.6656	43.9845	10	10	0
市场环境指数	27.8874	17.7886	23	26	–3
创新环境指数	14.7459	18.5285	13	11	2
金融服务指数	31.7268	31.5147	6	7	–1
法治环境指数	66.7313	61.2365	3	10	–7
政务环境指数	52.7021	50.7682	5	6	–1

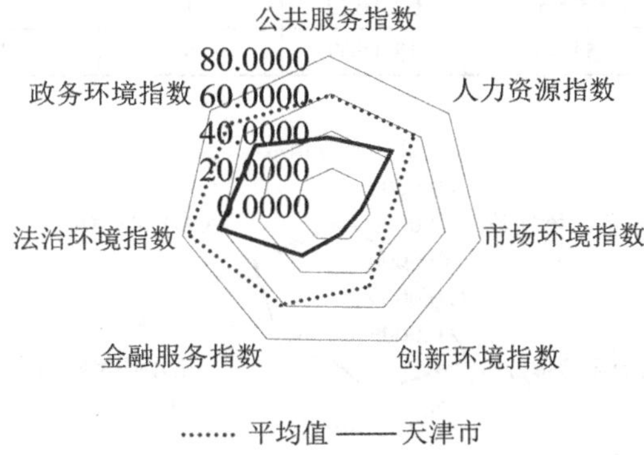

图5-3　2022年天津市营商环境分项指标雷达

四、重庆市营商环境评价

2022年重庆市营商环境指数排在第5名，与2021年排名持平。总的来看，重庆市的7个分项指标近两年变化幅度不大，排名较为稳定。

从各分项指标来看，有 5 个分项指标排在全国前 5 名。重庆市在公共服务、金融服务和法治环境建设有所成效，这 3 项指标较上年排名有所提升，可以看出重庆市在推进“放管服”改革方面取得了良好成效。然而，重庆市的创新环境指数排名近两年均排在全国第 14 名，相对其他指标排名较低，表明今后重庆市营商环境的提升，需要在创新环境方面给予更多重视（见表 5-4、图 5-4）。

表 5-4　　　　　　　　　重庆市营商环境分项指数

重庆市	标准化值		全国排名		排名变化
	2021年	2022年	2021年	2022年	
公共服务指数	58.9412	61.0331	3	2	1
人力资源指数	61.6085	62.4814	4	5	–1
市场环境指数	52.0621	34.8072	4	4	0
创新环境指数	13.7920	16.1100	14	14	0
金融服务指数	33.9459	34.4602	5	4	1
法治环境指数	63.5669	67.1622	4	3	1
政务环境指数	51.8742	48.1607	6	7	–1

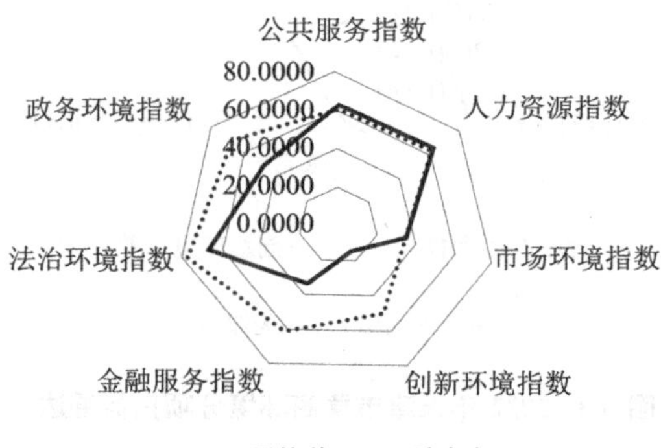

图 5-4　2022 年重庆市营商环境分项指标雷达

五、深圳市营商环境评价

2022年深圳市营商环境指数排在第3名，仅次于北京和上海，和上年持平，整体处于较高水平。深圳市7个分项指标均高于平均值，其中市场环境指数、创新环境指数、金融服务指数以及政务环境指数排在全国第2～3名，优势明显。

通过对比各分项指数2021年排名可以看到，有4个指数的排名没有变化，法治环境指数排名有所上升，市场环境指数和创新环境指数排名分别降低1名，近两年的营商环境总分排名没有变化。从2022年的分项指数排名来看，市场环境指数、创新环境指数、金融服务指数和政务环境指数排名较好，显著高于平均值，表明深圳市注重创新，为企业提供了良好的创新氛围，这也和近年来深圳市注重吸引企业投资、创新创业的政策契合。此外，深圳市人力资源指数排名在第12位，主要原因是深圳市和其他一、二线城市相比高校数量较少，进而导致的人力资源供给不足。总体来看，深圳市今后营商环境的提升，需要在公共服务指数、人力资源指数和法治环境指数这3个维度上加大力度（见表5-5、图5-5）。

表5-5　　　　深圳市营商环境分项指数

深圳市	标准化值		全国排名		排名变化
	2021年	2022年	2021年	2022年	
公共服务指数	37.2331	39.5373	7	7	0
人力资源指数	41.6919	43.3883	12	12	0
市场环境指数	73.1986	38.8572	1	2	–1
创新环境指数	74.5172	65.5634	2	3	–1
金融服务指数	49.4486	48.1335	3	3	0
法治环境指数	59.1953	63.8774	8	6	2
政务环境指数	77.7442	75.6949	3	3	0

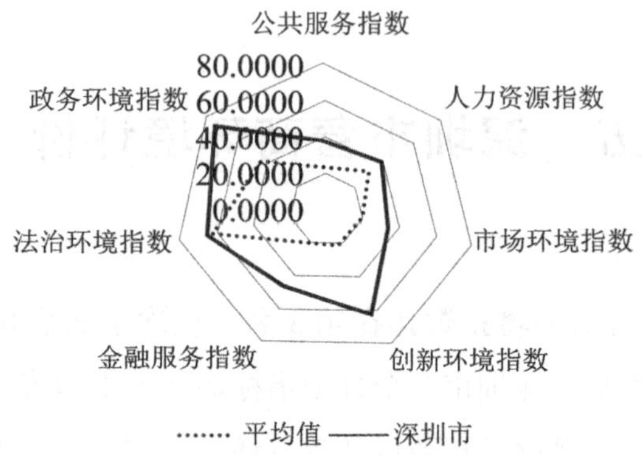

图 5-5 2022 年深圳市营商环境分项指标雷达

六、宁波市营商环境评价

2022 年宁波市营商环境指数排在第 15 名，与 2021 年相比提升 1 名，在计划单列市中排名处于中等水平。总的来看，宁波市的 7 个分项指标中，公共服务指数超过平均值，法治环境指数、金融服务指数、人力资源指数和市场环境指数接近平均值。

从各分项指标来看，有 4 个分项指标排在全国前 20 名以内，3 个分项指标排在全国第 20 ～ 30 名。从排名变动上来看，公共服务指数、创新环境指数以及金融服务指数排名没有变化，连续两年排在全国第 14 名、第 12 名和第 15 名。人力资源指数、法治环境指数和市场环境指数有所下降，政务环境指数排名有所上升，表明近年来宁波市政府在政务环境整治方面取得了良好成效（见表 5-6、图 5-6）。

表 5-6　　　　宁波市营商环境分项指数

宁波市	标准化值		全国排名		排名变化
	2021年	2022年	2021年	2022年	
公共服务指数	23.9434	24.9069	14	14	0
人力资源指数	28.9619	29.5372	25	28	–3

续表

宁波市	标准化值		全国排名		排名变化
	2021年	2022年	2021年	2022年	
市场环境指数	42.2494	19.8948	10	21	-11
创新环境指数	16.0879	17.9044	12	12	0
金融服务指数	17.0630	17.7345	15	15	0
法治环境指数	58.1543	57.0945	15	30	-15
政务环境指数	36.8138	37.0052	20	16	4

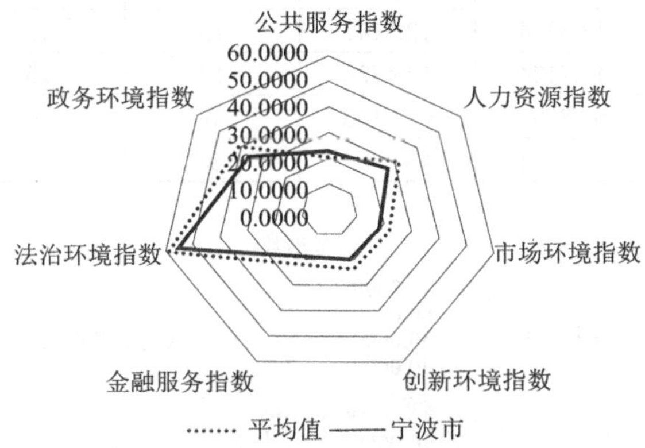

图 5-6 2022 年宁波市营商环境分项指标雷达

七、青岛市营商环境评价

2022 年青岛市营商环境排在第 13 名，较上年提升了两个名次，青岛市营商环境整体处于较高水平。

从 7 个分项指标得分来看，青岛市的法治环境指数、人力资源指数和政务环境指数均高于平均值，但是创新环境指数和平均值有一定的差距。从分项指标的排名来看，法治环境指数排在第 4 名，比上年上升 2 名，优势明显。金融服务指数和政务环境指数排名有小幅度的下降，分别排在第 16 名和第 11 名；人力资源指数和创新环境指数保持不变，公共服务指数和市场环境指数有所上升，分别排在第 21 名和第 17 名。今后青岛市优化营商环境的重点在于提升公共服务、改善市场环境和金融服务等方面（见表 5-7、图 5-7）。

表 5-7　　　　　　　　青岛市营商环境分项指数

青岛	标准化值		全国排名		排名变化
	2021年	2022年	2021年	2022年	
公共服务指数	19.4577	20.4393	22	21	1
人力资源指数	34.7910	37.3209	17	17	0
市场环境指数	30.7282	22.5914	18	17	1
创新环境指数	13.3354	12.5147	15	15	0
金融服务指数	17.7124	17.4726	14	16	–2
法治环境指数	60.8997	65.3130	6	4	2
政务环境指数	44.4811	43.7701	9	11	–2

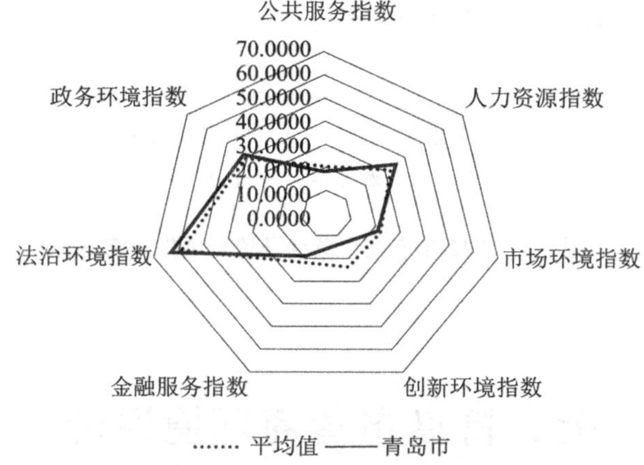

图 5-7　2022 年青岛市营商环境分项指标雷达

八、厦门市营商环境评价

2022 年厦门市营商环境排在第 23 名，在计划单列市中排名表现相对较差。从 7 个分项指数得分来看，法治环境指数得分超过了平均值，市场环境指数得分接近平均值，剩余的 5 项指数得分与平均值差距较为明显。

从2022年各分项指标排名来看，市场环境指数、法治环境指数和政务环境指数表现较好，排在全国前20名；人力资源指数、创新环境指数以及金融服务指数排名表现较一般，公共服务指数排名表现较差，排在全国第66名。对比各分项指数2021年排名可以看出，人力资源指数、法治环境指数和市场环境指数有所提升，其中法治环境指数上升幅度较大，比上年提升51名。公共服务指数和政务环境指数排名有小幅度的下降，从2021年的第65名和第17名分别下降至2022年的第66名和第20名。通过以上分析，可以看到厦门市的法治环境得到了较大提升，但是今后仍需在公共服务、人力资源、创新环境以及金融服务等方面加大整治力度（见表5-8、图5-8）。

表5-8　　厦门市营商环境分项指数

厦门市	标准化值		全国排名		排名变化
	2021年	2022年	2021年	2022年	
公共服务指数	9.5914	10.0314	65	66	–1
人力资源指数	23.4387	26.7570	32	31	1
市场环境指数	26.7100	20.0977	26	20	6
创新环境指数	6.0095	7.4294	27	27	0
金融服务指数	8.2542	8.6652	33	33	0
法治环境指数	51.6536	59.7817	66	15	51
政务环境指数	39.6873	34.4911	17	20	–3

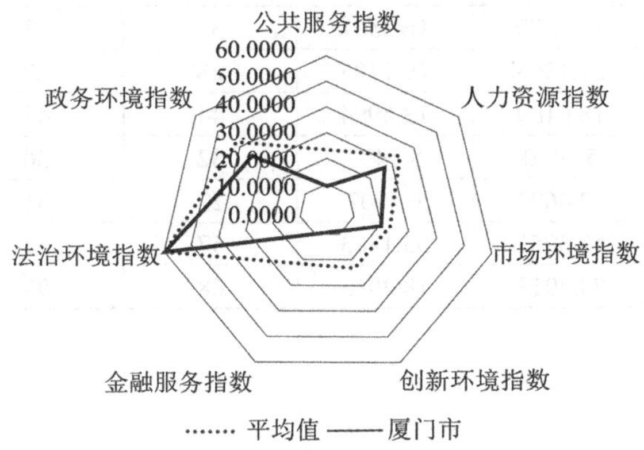

图5-8　2022年厦门市营商环境分项指标雷达

九、大连市营商环境评价

2022 年大连市营商环境排在第 48 名，比上年下降 5 名，在计划单列市中排名处于相对较低水平。

通过对比各分项指数 2021 年排名可以看到，人力资源指数排名上升 1 名，公共服务指数、市场环境指数以及创新环境指数排名有小幅下降，金融服务指数、法治环境指数以及政务环境指数排名下降幅度较大。从 7 个分项指数的排名来看，只有人力资源指数排在全国前 30 名，其他 6 个分项指数均排在 30 名之外；市场环境指数、法治环境指数与政务环境指数排名表现较差，分别排在全国第 47 名、第 82 名和第 95 名。总的来说，大连市的人力资源是其优势，然而法治环境与政务环境是其营商环境改善需要重点关注的两个方面（见表 5-9、图 5-9）。

表 5-9　　大连市营商环境分项指数

大连市	标准化值		全国排名		排名变化
	2021年	2022年	2021年	2022年	
公共服务指数	16.8379	16.3501	31	33	−2
人力资源指数	27.1308	29.7385	28	27	1
市场环境指数	18.6109	13.5994	44	47	−3
创新环境指数	5.1420	5.1427	32	36	−4
金融服务指数	12.4692	9.4002	22	31	−9
法治环境指数	53.3057	53.1883	57	82	−25
政务环境指数	23.7913	18.2915	68	95	−27

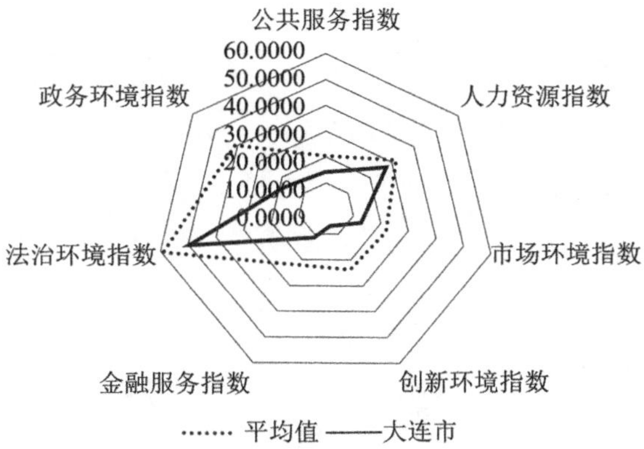

图 5-9　2022 年大连市营商环境分项指标雷达

第六章　各省（自治区）城市营商环境评价

本章对23个省（自治区）[①]城市营商环境评价结果进行比较，探讨这23个省（自治区）内的城市营商环境的现状；通过对比各省、自治区内城市的7个分项指标的全国排名情况，如分项指标进入全国前150名城市的数量，分析制约各省、自治区城市营商环境水平提升的主要影响因素。通过对比各城市营商环境省内排名以及分项指数的省内排名，探讨影响各城市营商环境水平的主要因素。

一、安徽省城市营商环境评价

安徽省地处我国中部地区，下辖16个地级市。2022年全国营商环境指数排名中，安徽省下辖城市营商环境指数排名表现一般，有12个城市排在全国前150名之内，其中省会合肥市排在第16名；亳州市、淮北市、淮南市和池州市的营商环境指数排在全国200名之后。评价结果如表6-1所示。

表6-1　安徽省城市营商环境评价

城市	营商环境指数		省内排名		省内排名	全国排名		全国排名
	2021年	2022年	2021年	2022年	近1年变化	2021年	2022年	近1年变化
合肥市	25.3840	27.3211	1	1	0	21	16	5
芜湖市	16.5680	16.6876	2	2	0	52	54	-2
马鞍山市	13.0633	13.3251	4	3	1	95	92	3
蚌埠市	13.0240	13.2566	5	4	1	97	93	4
宣城市	11.8995	12.5059	8	5	3	122	109	13
阜阳市	13.3557	12.4981	3	6	-3	88	112	-24

①本报告计算的营商环境指数中，西藏、新疆、海南、青海4个省份的城市数量少于3个，故这4个省份的营商环境评价结果不再单独列出。

续表

城市	营商环境指数		省内排名		省内排名	全国排名		全国排名
	2021年	2022年	2021年	2022年	近1年变化	2021年	2022年	近1年变化
六安市	12.9853	12.4792	6	7	–1	98	113	–15
安庆市	12.6293	11.9947	7	8	–1	107	128	–21
宿州市	11.8677	11.8339	9	9	0	123	132	–9
滁州市	11.4854	11.8246	11	10	1	138	134	4
黄山市	10.3070	11.7823	15	11	4	191	136	55
铜陵市	10.8108	11.7809	14	12	2	174	137	37
亳州市	10.9058	10.0189	13	13	0	167	207	–40
淮北市	10.9730	9.8305	12	14	–2	159	218	–59
淮南市	11.4860	9.3963	10	15	–5	137	231	–94
池州市	9.0040	9.1191	16	16	0	233	242	–9

从安徽省城市7个分项指标的全国排名来看，人力资源指数、市场环境指数、创新环境指数和政务环境指数表现相对较好，分别有9～14个城市进入全国前150名；金融服务指数和法治环境指数表现一般，分别有6个和8个城市排名在全国前150名，此外，金融服务指数有5个城市排名在200名之后；表现较差的是公共服务指数，仅有5个城市排在全国前150名，另有5个城市排在200名之后。总的来看，安徽市的各分项指标排名存在一定的上升空间，良好的创新环境和政务环境是其优势，但公共服务和金融服务成为制约其营商环境提升的主要因素（见表6-1-1、表6-1-2、表6-1-3）。

表6-1-1　　安徽省城市营商环境分项指标评价（一）

城市	公共服务指数			人力资源指数		
	2022年	全国排名	省内排名	2022年	全国排名	省内排名
宣城市	4.2410	190	10	16.8822	205	15
宿州市	4.2713	187	9	18.5815	148	10
滁州市	6.9349	109	4	19.4675	120	7
池州市	2.3957	248	15	17.0802	197	14
阜阳市	7.6208	93	3	22.5898	65	2
六安市	4.3292	183	8	20.7619	97	5
合肥市	18.9783	25	1	38.8316	15	1
蚌埠市	5.0521	159	7	18.6458	146	9
淮南市	4.0884	194	11	21.4810	82	4

续表

城市	公共服务指数			人力资源指数		
	2022年	全国排名	省内排名	2022年	全国排名	省内排名
铜陵市	3.4420	218	13	17.3683	184	13
马鞍山市	6.2558	125	5	19.6761	116	6
淮北市	2.8340	234	14	17.8567	169	11
芜湖市	8.7204	78	2	22.2052	71	3
安庆市	5.1987	155	6	19.1535	130	8
黄山市	1.5692	274	16	16.4375	222	16
亳州市	3.4733	216	12	17.8208	171	12

从安徽省城市的各分项指标省内排名来看，省会合肥市的 7 个分项指标排名均在全省首位，领先优势明显。芜湖市的各项指标均表现良好，公共服务指数、市场环境指数以及创新环境指数均排在省内第 2 名，人力资源指数、金融服务指数以及法治环境指数排在全省第 3 名，政务环境指数排在全省第 5 名；阜阳市的人力资源指数和金融服务指数表现良好，均排在省内前 2 名，公共服务指数排在省内第 3 名，但市场环境指数和政务环境指数表现较差，分别排在全省第 16 名和第 11 名。滁州市大部分指标排名都较好，公共服务指数、市场环境指数以及创新环境指数排在全省第 3 ～ 4 名，金融服务指数和政务环境指数排在全省第 6 名，但是法治环境指数排名较差，排在全省第 15 名。蚌埠市的公共服务指数和市场环境指数排在全省第 7 名，政务环境指数排在全省第 8 名，人力资源指数和金融服务指数排在全省第 9 名，法治环境指数和创新环境指数表现良好，分别排在全省第 2 名和第 5 名。马鞍山市的法治环境指数排名较差，在全省第 12 名，其他各项指标排名分别排在全省前列。六安市的人力资源指数、金融服务指数以及政务环境指数排名较好，排在省内第 4 ～ 5 名，但是市场环境指数和创新环境指数表现较差，分别排在省内第 14 名和第 9 名。

表 6-1-2　　安徽省城市营商环境分项指标评价（二）

城市	市场环境指数			创新环境指数		
	2022年	全国排名	省内排名	2022年	全国排名	省内排名
宣城市	8.0631	116	6	2.3631	67	6
宿州市	4.0437	216	13	1.5378	100	10
滁州市	10.0805	77	4	2.8602	57	3

续表

城市	市场环境指数			创新环境指数		
	2022年	全国排名	省内排名	2022年	全国排名	省内排名
池州市	7.3837	127	8	0.4058	192	16
阜阳市	2.9542	247	16	2.1057	75	7
六安市	3.5774	228	14	1.7020	90	9
合肥市	16.8689	30	1	25.8659	8	1
蚌埠市	7.8156	120	7	2.5692	63	5
淮南市	4.1731	212	12	0.8476	146	14
铜陵市	8.9673	98	5	1.5250	103	11
马鞍山市	14.8304	43	3	2.7551	58	4
淮北市	6.0521	161	11	0.5854	167	15
芜湖市	15.3157	40	2	9.0092	23	2
安庆市	6.3927	151	10	1.9474	80	8
黄山市	7.0594	138	9	0.9498	131	13
亳州市	3.1399	240	15	1.3580	111	12

铜陵市的政务环境指数和市场环境指数排名表现优异，分别排在省内第 2 名和第 5 名。宣城市的市场环境指数、创新环境指数以及法治环境指数排名较好，分别排在省内第 6 名、第 6 名以及第 4 名；但是人力资源指数和金融服务指数表现较差，分别排在全省第 15 名和第 12 名。宿州市的金融服务指数和法治环境指数排名较好，排在省内第 7 名，但人力资源指数、市场环境指数和创新环境指数排名表现相对较差。其余城市的各个分项指标在省内排名与其营商环境指数的省内排名基本一致。

表 6-1-3　　安徽省城市营商环境分项指标评价（三）

城市	金融服务指数			法治环境指数			政务环境指数		
	2022年	全国排名	省内排名	2022年	全国排名	省内排名	2022年	全国排名	省内排名
宣城市	1.1324	218	12	53.4426	77	4	15.0625	140	10
宿州市	2.0018	154	7	49.3814	126	7	15.5358	134	9
滁州市	2.0886	148	6	29.7542	230	15	17.5630	102	6
池州市	0.7775	256	16	27.5731	263	16	14.3689	155	12
阜阳市	2.7977	104	2	46.0930	160	9	14.5237	149	11
六安市	2.3590	132	4	48.8167	134	8	17.9209	98	4
合肥市	17.3240	17	1	59.3705	16	1	24.6920	49	1

续表

城市	金融服务指数			法治环境指数			政务环境指数		
	2022年	全国排名	省内排名	2022年	全国排名	省内排名	2022年	全国排名	省内排名
蚌埠市	1.6531	177	9	54.0184	71	2	16.6295	116	8
淮南市	1.5621	185	10	32.2273	190	14	9.0052	243	15
铜陵市	0.8443	245	14	38.7993	179	13	20.5260	73	2
马鞍山市	1.8807	161	8	39.1046	178	12	17.3660	105	7
淮北市	0.9538	237	13	42.4360	174	11	8.9639	245	16
芜湖市	2.5132	123	3	53.5096	76	3	17.8135	99	5
安庆市	2.2035	140	5	49.4879	125	6	12.0769	191	13
黄山市	0.7944	252	15	49.7925	120	5	18.5431	94	3
亳州市	1.4567	193	11	42.6472	172	10	11.1122	207	14

二、福建省城市营商环境评价

福建省地处我国东南沿海地区，下辖 9 个地级市（含 1 个副省级市）和 1 个综合实验区，本报告主要针对 9 个地级市的营商环境进行评价。2022 年全国营商环境指数排名中，福建省下辖城市营商环境指数排名相对较好，有 4 个城市进入全国前 150 名，其中省会城市福州市、厦门市和泉州市均排在全国前 50 名之内；仅南平市的营商环境指数排在全国 200 名之后。评价结果如表 6-2 所示。

表 6-2　　福建省城市营商环境评价

城市	营商环境指数		省内排名		省内排名近1年变化	全国排名		全国排名近1年变化
	2021年	2022年	2021年	2022年		2021年	2022年	
福州市	22.8062	23.0407	1	1	0	22	22	0
厦门市	22.2190	22.0990	2	2	0	25	23	2
泉州市	19.5210	17.2695	3	3	0	37	47	–10
漳州市	12.9683	12.1300	4	4	0	99	122	–23
莆田市	11.9736	11.0871	5	5	0	120	165	–45

续表

城市	营商环境指数		省内排名		省内排名	全国排名		全国排名
	2021年	2022年	2021年	2022年	近1年变化	2021年	2022年	近1年变化
龙岩市	11.5920	10.8599	6	6	0	134	170	–36
宁德市	10.9293	10.7281	8	7	1	165	183	–18
三明市	11.0804	10.3954	7	8	–1	155	195	–40
南平市	10.7163	9.9094	9	9	0	177	215	–38

从福建省城市 7 个分项指标的全国排名来看，整体排名较好。其中市场环境指数排名表现优异，全部排在全国前 150 名，人力资源指数和金融服务指数分别有 6 个和 7 个城市排在全国前 150 名，创新环境指数和政务环境指数均有 5 个城市进入全国前 150 名，公共服务指数有 4 个城市排在全国前 150 名，法治环境指数排名表现较差，仅有 3 个城市排在全国前 150 名。总体来看，福建省城市的营商环境 7 个分项指标排名表现都相对较好，市场环境方面具有很大优势，但是公共服务和法治环境是今后需要进一步提升的方向（见表 6-2-1、表 6-2-2、表 6-2-3）。

表 6-2-1　　　　　福建省城市营商环境分项指标评价（一）

城市	公共服务指数			人力资源指数		
	2022年	全国排名	省内排名	2022年	全国排名	省内排名
福州市	15.5638	38	1	32.0619	25	1
三明市	4.4403	178	8	19.4027	124	5
南平市	3.1271	227	9	17.9081	166	7
宁德市	5.3767	151	5	19.3985	125	6
莆田市	4.4478	177	7	17.2399	191	9
泉州市	13.6044	48	2	24.3724	46	3
漳州市	5.8580	138	4	21.9488	75	4
龙岩市	4.8512	167	6	17.8139	172	8
厦门市	10.0314	66	3	26.7570	31	2

从福建省城市的各分项指标省内排名来看，福州市和厦门市的各项指标排名领先幅度明显，福州市的公共服务指数、人力资源指数、创新环境指数以及金融服务指数均排在第 1 名，市场环境指数、法治环境指数以及政务环境指数仅次于厦门市，排在第 2 名。泉州市的公共服务指数表现较好，排在全省

第 2 名，其余指数均排在第 3 名。三明市的市场环境指数表现良好，排在全省第 4 名；宁德市创新环境指数排在全省第 4 名，公共服务指数和人力资源指数分别排在全省第 5 名和第 6 名；南平市政务环境指数在省内表现较好，排在第 5 名。

表 6-2-2　　　　福建省城市营商环境分项指标评价（二）

城市	市场环境指数			创新环境指数		
	2022年	全国排名	省内排名	2022年	全国排名	省内排名
福州市	16.6811	31	2	7.9586	25	1
三明市	13.4141	48	4	0.3962	195	9
南平市	8.5290	107	9	0.4983	176	8
宁德市	9.7582	83	8	1.7723	86	4
莆田市	9.7930	82	7	0.5068	174	7
泉州市	15.5283	38	3	3.9361	48	3
漳州市	11.1637	65	6	0.7920	151	6
龙岩市	13.0508	49	5	1.2311	118	5
厦门市	20.0977	20	1	7.4294	27	2

莆田市的法治环境指数相对较好，排在第 4 名；金融服务指数和人力资源指数表现较差，分别排在全省第 8 名和第 9 名；龙岩市人力资源指数和政务环境指数排名较差，均排在全省第 8 名；漳州市的公共服务指数、人力资源指数、金融服务指数以及政务环境指数排名一致，均排在全省第 4 名。

表 6-2-3　　　　福建省城市营商环境分项指标评价（三）

城市	金融服务指数			法治环境指数			政务环境指数		
	2022年	全国排名	省内排名	2022年	全国排名	省内排名	2022年	全国排名	省内排名
福州市	13.8512	19	1	55.1173	56	2	30.7432	28	2
三明市	2.3420	133	7	28.5004	251	8	10.3071	220	9
南平市	1.5984	181	9	27.5623	264	9	16.0267	123	5
宁德市	2.6908	109	6	29.7100	232	7	12.7173	177	6
莆田市	1.9227	159	8	41.1015	177	4	12.6030	183	7
泉州市	5.2657	51	3	49.7896	121	3	19.2299	87	3
漳州市	2.8521	98	4	31.9562	193	5	16.9476	111	4
龙岩市	2.8200	102	5	31.2347	200	6	11.8089	199	8
厦门市	8.6652	33	2	59.7817	15	1	34.4911	20	1

三、甘肃省城市营商环境评价

甘肃省地处我国西北地区，下辖 12 个地级市和 2 个自治州，本报告主要针对 12 个地级市的营商环境进行评价。2022 年全国营商环境指数排名中，甘肃省下辖城市营商环境指数排名表现相对较差，仅有兰州市的营商环境排在全国前 150 名，酒泉市、金昌市、庆阳市和白银市排在 150 ～ 200 名，剩余 7 个城市均排在全国 200 名之后；表明甘肃省的城市营商环境整体水平相对较差。评价结果如表 6-3 所示。

表 6-3　　甘肃省城市营商环境评价

城市	营商环境指数		省内排名		省内排名	全国排名		全国排名
	2021年	2022年	2021年	2022年	近1年变化	2021年	2022年	近1年变化
兰州市	14.3743	14.9964	1	1	0	72	64	8
酒泉市	9.2699	10.9044	4	2	2	224	169	55
金昌市	8.7131	10.8123	6	3	3	247	176	71
庆阳市	8.9207	10.4817	5	4	1	239	191	48
白银市	9.3903	10.3063	3	5	–2	219	197	22
定西市	9.6420	9.9642	2	6	–4	210	212	–2
嘉峪关市	8.6934	9.0703	7	7	0	248	243	5
天水市	7.5669	8.1016	8	8	0	269	268	1
张掖市	6.8870	7.8164	10	9	1	281	272	9
平凉市	6.2052	7.6082	11	10	1	284	275	9
武威市	7.0722	7.1225	9	11	–2	278	280	–2
陇南市	5.9588	6.9418	12	12	0	286	282	4

从甘肃省城市 7 个分项指标的全国排名来看，甘肃省的市场环境指数和法治环境指数排名相对较好，分别有 4 个和 4 个城市排在前 150 名之内，公共服务指数、人力资源指数、创新环境指数、金融服务指数以及政务环境指数排名表现都较差，仅有 1 ～ 2 个城市排在全国 150 名之内。总的来看，较差的金融服务、人力资源供给不足是制约甘肃省城市营商环境发展的重要因素（见

表 6-3-1、表 6-3-2、表 6-3-3）。

表 6-3-1　　甘肃省城市营商环境分项指标评价（一）

城市	公共服务指数			人力资源指数		
	2022年	全国排名	省内排名	2022年	全国排名	省内排名
兰州市	12.5001	52	1	28.4160	30	1
嘉峪关市	6.8783	110	2	15.9551	237	6
金昌市	1.7923	268	8	15.8737	239	7
白银市	3.1608	226	3	15.0899	255	11
天水市	2.5508	241	4	16.1950	230	5
酒泉市	0.8273	288	12	15.5386	244	9
张掖市	1.5494	275	10	16.6734	213	4
武威市	1.8080	266	7	15.3655	248	10
定西市	2.5181	243	5	15.7360	243	8
陇南市	1.5023	276	11	14.6774	264	12
平凉市	1.7720	269	9	17.4665	182	2
庆阳市	1.8678	264	6	16.8581	206	3

从甘肃省城市的各分项指标省内排名来看，省会兰州市各指标领先幅度明显，其中市场环境指数省内排名第 3 名，法治环境指数排名第 6 名，其余的 5 项指标均排在全省第 1 名。嘉峪关市的市场环境指数和公共服务指数排名表现较好，分别排在省内第 1 名和第 2 名，但是创新环境指数和金融服务指数排名在全省第 12 名；金昌市的市场环境指数、创新环境指数以及法治环境指数省内排名较好，排在省内第 1 ～ 2 名，但是金融服务指数和政务环境指数排名靠后；庆阳市的人力资源指数、金融服务指数、法治环境指数以及政务环境指数省内排名较好，分别排在第 3 ～ 4 名，但市场环境指数和创新环境指数省内排名较低，分别排在第 7 名和第 9 名。白银市的公共服务指数和法治环境指数省内排名较好，二者均排在省内第 3 名，然而，金融服务指数和人力资源指数排名较差，分别排在第 9 名和第 11 名。

表 6-3-2　　甘肃省城市营商环境分项指标评价（二）

城市	市场环境指数			创新环境指数		
	2022年	全国排名	省内排名	2022年	全国排名	省内排名
兰州市	7.3376	130	3	1.8364	84	1
嘉峪关市	10.8057	69	1	0.0688	272	12

续表

城市	市场环境指数			创新环境指数		
	2022年	全国排名	省内排名	2022年	全国排名	省内排名
金昌市	9.4350	90	2	0.3847	196	2
白银市	2.3157	269	8	0.1615	239	5
天水市	0.7232	286	10	0.1824	234	4
酒泉市	6.5810	145	4	0.0947	263	11
张掖市	3.4932	232	5	0.1599	240	6
武威市	2.6696	258	6	0.1311	251	7
定西市	0.0307	289	12	0.1298	252	8
陇南市	0.2080	288	11	0.1947	231	3
平凉市	1.2324	282	9	0.1005	261	10
庆阳市	2.5351	263	7	0.1122	259	9

酒泉市的金融服务指数和法治环境指数省内排名表现较好，排在全省第 2 名，但是创新环境指数和公共服务指数排名较低，分别排在省内第 11 名和第 12 名。张掖市的人力资源指数排名较好，排在省内第 4 名，但公共服务指数和法治环境指数分别排在第 10 名和第 11 名。平凉市的人力资源指数排名表现优异，排在省内第 2 名；定西市的政务环境指数排名表现较好，排在省内第 2 名，但市场环境指数排名表现较差，排在省内最后一名；武威市的金融服务指数和市场环境指数在省内具有一定优势，分别排在第 3 名和第 6 名，但是政务环境指数省内排名较差，排在第 12 名；天水市的公共服务和创新环境指数在省内表现相对较好，均排在全省第 4 名，金融服务指数和政务环境指数排在全省第 5 名，但是法治环境指数和市场环境指数排名较差。陇南市的创新环境指数省内排名第 3 名，但是其余的分项指标表现较差，分别排在第 8 ～ 12 名。

表 6-3-3　　甘肃省城市营商环境分项指标评价（三）

城市	金融服务指数			法治环境指数			政务环境指数		
	2022年	全国排名	省内排名	2022年	全国排名	省内排名	2022年	全国排名	省内排名
兰州市	7.0797	39	1	31.2210	202	6	21.9923	64	1
嘉峪关市	0.2273	288	12	29.7425	231	9	6.7050	272	11
金昌市	0.3160	283	11	53.2531	80	1	8.7784	247	10
白银市	0.5469	270	9	49.8424	118	3	14.2055	159	6

续表

城市	金融服务指数			法治环境指数			政务环境指数		
	2022年	全国排名	省内排名	2022年	全国排名	省内排名	2022年	全国排名	省内排名
天水市	0.8625	243	5	28.8771	245	12	14.2454	158	5
酒泉市	1.1607	214	2	51.3450	93	2	14.2635	157	4
张掖市	0.6662	263	8	29.4817	236	11	9.9130	229	7
武威市	1.0133	230	3	30.2334	218	7	6.3401	280	12
定西市	0.7759	257	7	47.2848	153	5	15.7142	131	2
陇南市	0.4474	277	10	29.8924	226	8	9.3204	239	9
平凉市	0.8216	251	6	29.4983	235	10	9.6630	231	8
庆阳市	0.8721	242	4	49.8424	119	4	14.4044	153	3

四、广东省城市营商环境评价

广东省地处我国南端沿海，下辖 21 个地级市。在 2022 年的全国营商环境指数排名中，广东省下辖城市营商环境指数排名表现较好，有 17 个城市的排名进入全国前 150 名，有两个城市排在第 150 ～ 200 名，剩余两个城市排在全国 200 名之后。对比 2021 年的营商环境指数排名可以看出，有两个城市营商环境指数上升幅度明显，分别是云浮市和河源市，在全国范围内的排名分别上升 62 名和 50 名。评价结果如表 6-4 所示。

表 6-4　　广东省城市营商环境评价

城市	营商环境指数		省内排名		省内排名	全国排名		全国排名
	2021年	2022年	2021年	2022年	近1年变化	2021年	2022年	近1年变化
深圳市	58.9946	53.0639	1	1	0	3	3	0
广州市	49.9906	48.3252	2	2	0	4	4	0
东莞市	28.1149	25.7352	3	3	0	16	19	–3
佛山市	27.0973	24.9201	4	4	0	19	20	–1
珠海市	21.2137	22.0631	5	5	0	29	24	5
中山市	16.2707	14.8672	6	6	0	54	65	–11

续表

城市	营商环境指数		省内排名		省内排名	全国排名		全国排名
	2021年	2022年	2021年	2022年	近1年变化	2021年	2022年	近1年变化
惠州市	15.7050	14.5175	7	7	0	55	71	–16
肇庆市	13.6087	14.3891	10	8	2	85	76	9
清远市	13.2054	14.1440	11	9	2	91	79	12
汕头市	14.4889	14.1191	8	10	–2	68	82	–14
江门市	13.6701	13.1727	9	11	–2	83	94	–11
韶关市	12.4581	13.1402	13	12	1	112	95	17
揭阳市	12.8245	12.4987	12	13	–1	103	111	–8
云浮市	10.5944	12.2728	18	14	4	181	119	62
河源市	10.8075	12.0760	17	15	2	175	125	50
潮州市	10.9024	11.5669	16	16	0	168	149	19
湛江市	11.0608	11.5632	14	17	–3	157	150	7
茂名市	10.4148	10.8147	19	18	1	190	175	15
梅州市	10.9573	10.5283	15	19	–4	160	189	–29
阳江市	9.3479	10.0970	20	20	0	221	203	18
汕尾市	9.0991	9.1977	21	21	0	229	238	–9

从分项指标的全国排名来看，广东省各项指标排名均衡，表现较好。7 个分项指标中，政务环境指数和人力资源指数排名表现优异，分别有 19 个和 15 个城市进入全国前 150 名；法治环境指数和创新环境指数排名表现较好，分别有 13 个和 14 个城市排在全国前 150 名；公共服务指数和金融环境指数排名表现一般，分别有 12 个和 10 个城市排在全国前 150 名；市场环境指数排名表现较差，仅 9 个城市排在全国前 150 名。由此可见，广东省城市营商环境有指数表现强劲，充足的人力资源和良好的政务环境是其竞争力的重要来源（见表 6-4-1、表 6-4-2、表 6-4-3）。

表 6-4-1　　广东省城市营商环境分项指标评价（一）

城市	公共服务指数			人力资源指数		
	2022年	全国排名	省内排名	2022年	全国排名	省内排名
广州市	49.3542	4	1	65.1758	2	1
深圳市	39.5373	7	2	43.3883	12	2
珠海市	7.6895	91	9	24.4969	45	5
汕头市	7.4788	98	10	20.1944	110	14

续表

城市	公共服务指数			人力资源指数		
	2022年	全国排名	省内排名	2022年	全国排名	省内排名
佛山市	22.0524	19	4	25.5035	41	4
韶关市	4.7684	171	16	20.9643	92	10
河源市	3.0256	228	19	18.1818	159	17
梅州市	3.3733	223	18	19.8119	115	15
惠州市	12.1238	58	5	21.7478	76	9
汕尾市	1.9031	262	21	18.2872	154	16
东莞市	33.3295	9	3	23.9779	51	6
中山市	8.6499	79	7	20.8246	95	11
江门市	9.5097	69	6	20.4305	107	12
阳江市	4.8316	168	15	18.1138	161	19
湛江市	8.0221	87	8	26.2780	37	3
茂名市	4.9985	163	14	23.1967	58	7
肇庆市	6.3848	120	12	22.6749	63	8
清远市	7.0021	107	11	20.3461	108	13
潮州市	3.8532	199	17	15.8483	240	21
揭阳市	5.011	162	13	17.9928	165	20
云浮市	2.0561	259	20	18.1482	160	18

从广东省城市的各分项指标省内排名来看，广州市和深圳市的领先幅度较为明显，深圳市的 7 个分项指标仅公共服务指数和人力资源指数排在第 2 名，仅次于广州，其他 5 个分项指标都排在全省第 1 名；且 7 个分项指标的前 2 名均被这两个城市占据。东莞市的公共服务指数和政务环境指数表现良好，省内排名第 3 名，创新环境指数和金融服务指数排名全省第 4 名，但是法治环境指数排名较差，排在第 12 名。珠海市各分项指标大多排在省内第 3 ～ 5 名，但法治环境指数和公共服务指数排名相对略低，分别排在省内第 8 名和第 9 名。惠州市的公共服务指数排名较好，排在全省第 5 名，但是法治环境指数表现不佳，排在全省第 20 名。汕头市法治环境指数省内排名较好，排在第 9 名；江门市公共服务指数排在全省第 6 名，但是人力资源指数和法治环境指数表现相对较差，分别排在第 12 名和第 19 名。中山市的政务环境指数排在省内第 6 名，但是法治环境指数排名较差，排在省内第 15 名。

表 6-4-2　　　　广东省城市营商环境分项指标评价（二）

城市	市场环境指数			创新环境指数		
	2022年	全国排名	省内排名	2022年	全国排名	省内排名
广州市	33.4823	7	2	39.1798	5	2
深圳市	38.8572	2	1	65.5634	3	1
珠海市	26.5410	9	3	9.7047	20	5
汕头市	5.9544	165	11	0.9462	132	12
佛山市	18.2915	25	4	16.8151	13	3
韶关市	5.2293	187	14	0.9345	134	13
河源市	3.8690	223	20	0.8567	144	14
梅州市	2.5438	262	21	1.1380	123	11
惠州市	11.1850	63	6	4.3267	46	6
汕尾市	4.3362	208	17	0.5537	171	16
东莞市	14.9952	42	5	11.0406	19	4
中山市	10.0520	78	7	3.7174	50	7
江门市	9.8045	81	8	2.5191	64	8
阳江市	5.9513	166	12	0.4142	190	20
湛江市	5.3179	185	13	0.5988	164	15
茂名市	6.2087	156	10	0.4301	186	19
肇庆市	7.2990	131	9	1.5303	102	9
清远市	4.8269	198	15	1.1470	122	10
潮州市	4.0674	215	19	0.2433	222	21
揭阳市	4.2990	209	18	0.4497	182	18
云浮市	4.4595	202	16	0.4722	177	17

河源市的政务环境指数、法治环境指数以及创新环境指数排名较好，分别排在全省第 11 名、第 13 名和第 14 名，但是公共服务指数和市场环境指数排名较差，分别排在第 19 名和第 20 名；云浮市法治环境指数排名优异，排在全省第 3 名，但是金融服务指数和公共服务指数表现较差，分别排在第 19 名和第 20 名；湛江市的人力资源指数、公共服务指数和金融服务指数排名相较于其他指标排名较好，分别排在省内第 3 名、第 8 名和第 9 名；梅州市的政务环境指数和创新环境指数排名表现相对较好，分别排在省内第 9 名和第 11 名；清远市法治环境指数排名表现优异，排在省内第 4 名；茂名市人力资源指数表现较好，排在省内第 7 名；肇庆市人力资源指数、市场环境指数和创新环境指

数排名表现较好，分别排在省内第 8 名、第 9 名和第 9 名；潮州市和揭阳市的人力资源指数排名较差，分别排在省内第 21 名和第 20 名；其余城市的各个分项指标省内排名与其营商环境指数省内排名较为符合。

表 6-4-3　　广东省城市营商环境分项指标评价（三）

城市	金融服务指数			法治环境指数			政务环境指数		
	2022年	全国排名	省内排名	2022年	全国排名	省内排名	2022年	全国排名	省内排名
广州市	33.5109	5	2	62.2689	8	2	59.9526	4	2
深圳市	48.1335	3	1	63.8774	6	1	75.6949	3	1
珠海市	4.6869	57	5	56.4314	39	8	36.3475	18	4
汕头市	2.0897	147	10	56.4099	40	9	19.8570	77	12
佛山市	10.2719	28	3	58.6823	22	5	34.0780	21	5
韶关市	1.1248	219	16	53.7479	73	11	18.7481	93	15
河源市	1.0208	228	18	50.2899	109	13	20.0263	76	11
梅州市	1.4109	200	14	31.0228	206	16	21.2287	68	9
惠州市	3.7244	74	6	27.9187	255	20	25.0633	45	7
汕尾市	0.5536	269	21	24.1617	282	21	19.5764	81	13
东莞市	8.4931	35	4	53.5748	74	12	44.0152	10	3
中山市	3.7043	75	7	31.1017	203	15	31.4322	26	6
江门市	3.1111	86	8	29.3664	239	19	22.8656	59	8
阳江市	1.2271	209	15	29.8758	227	18	16.8582	112	16
湛江市	2.2711	136	9	34.4227	184	14	11.6515	201	21
茂名市	1.6675	173	12	29.9929	224	17	15.6013	132	19
肇庆市	2.0026	153	11	54.8449	59	10	19.4726	83	14
清远市	1.4710	192	13	58.8057	20	4	20.2965	75	10
潮州市	0.6463	265	20	57.0949	29	6	14.3908	154	20
揭阳市	1.0912	221	17	56.8142	33	7	16.6051	118	17
云浮市	0.7918	253	19	60.0979	14	3	15.8253	130	18

五、广西壮族自治区城市营商环境评价

广西壮族自治区地处我国华南地区，下辖 14 个地级市。2022 年全国营商环境指数排名中，广西壮族自治区下辖城市营商环境指数排名表现相对较差，只有 3 个城市营商环境指数排名进入全国前 150 名。其中，省会南宁市排在全国第 32 名；桂林市和柳州市分别排在全国第 78 名和第 138 名；梧州市、贵港市、玉林市以及钦州市排在全国第 150 ～ 200 名；剩余的 7 个城市均排在 200 名之外，表明总体上广西壮族自治区的营商环境处于较低水平。评价结果如表 6-5 所示。

表 6-5　　　　广西壮族自治区城市营商环境评价

城市	营商环境指数		省内排名		省内排名	全国排名		全国排名
	2021年	2022年	2021年	2022年	近1年变化	2021年	2022年	近1年变化
南宁市	19.7446	20.2575	1	1	0	35	32	3
桂林市	14.6317	14.2690	2	2	0	65	78	–13
柳州市	12.2129	11.7617	3	3	0	116	138	–22
梧州市	11.4906	11.2483	4	4	0	136	160	–24
贵港市	11.1481	11.0262	6	5	1	151	167	–16
玉林市	11.3023	10.8014	5	6	–1	141	178	–37
钦州市	10.8270	10.4134	7	7	0	170	193	–23
贺州市	9.6146	9.9868	9	8	1	213	210	3
百色市	9.1039	9.7310	11	9	2	228	222	6
来宾市	10.0585	9.6786	8	10	–2	199	224	–25
河池市	8.0876	9.1707	14	11	3	260	239	21
北海市	8.9390	8.7391	12	12	0	236	250	–14
防城港市	8.5388	8.4120	13	13	0	253	263	–10
崇左市	9.5615	8.4070	10	14	–4	214	264	–50

从广西壮族自治区城市 7 个分项指标的全国排名来看，人力资源指数和政务环境指数排名表现较好，分别有 6 个和 8 个城市排在全国前 150 名；剩余

的 5 个分项指标只有 3 个城市排在全国前 150 名之内。表明广西壮族自治区营商环境的改善需要在各个分项指标上加大投入力度（见表 6-5-1、表 6-5-2、表 6-5-3）。

表 6-5-1　　广西壮族自治区城市营商环境分项指标评价（一）

城市	公共服务指数			人力资源指数		
	2022年	全国排名	省内排名	2022年	全国排名	省内排名
南宁市	13.2070	50	1	36.2145	20	1
柳州市	7.5269	96	3	21.0877	89	3
桂林市	5.3576	152	4	24.0946	50	2
梧州市	3.4451	217	10	16.7329	211	12
北海市	3.4085	221	11	16.8270	207	11
防城港市	2.2249	252	12	16.6551	214	13
钦州市	3.5975	212	9	17.0613	198	10
贵港市	3.8679	198	6	18.0199	164	8
玉林市	4.3206	184	5	19.2071	129	5
贺州市	2.2193	253	13	17.7136	174	9
百色市	10.2949	63	2	20.1618	111	4
河池市	3.7038	207	8	18.9710	139	6
来宾市	3.7333	204	7	16.2127	229	14
崇左市	2.1266	256	14	18.0307	163	7

从广西壮族自治区城市的各分项指标的省内排名来看，省会南宁市排名表现优异，市场环境指数和法治环境指数分别排在第 4 名和第 2 名，其余 5 个分项指标均排在省内第 1 名；柳州市和桂林市的多个分项指标排在省内第 2 ～ 4 名，领先优势明显；7 个分项指标中，柳州市的法治环境指数排名表现相对较差，排在省内第 11 名；桂林市的市场环境指数排名相对较差，排在省内第 6 名；北海市和防城港市的市场环境指数表现较好，分别排在省内第 1 名和第 3 名；梧州市的法治环境指数和政务环境指数排名表现较好，分别排在省内第 3 名和第 5 名；贵港市的政务环境指数、法治环境指数和创新环境指数排名表现较好，分别排在省内第 4 名、第 5 名和第 5 名，但市场环境指数排名表现较差，排在省内第 11 名；玉林市的金融服务指数、公共服务指数、人力资源指数和政务环境指数排名表现较好，排在省内第 4 ～ 6 名。

表 6-5-2　　　广西壮族自治区城市营商环境分项指标评价（二）

城市	市场环境指数			创新环境指数		
	2022年	全国排名	省内排名	2022年	全国排名	省内排名
南宁市	5.9719	163	4	2.7206	59	1
柳州市	8.8978	100	2	0.8433	147	3
桂林市	3.8049	225	6	0.8943	140	2
梧州市	3.1250	241	8	0.2751	215	6
北海市	8.9163	99	1	0.1393	247	10
防城港市	7.8941	119	3	0.1069	260	12
钦州市	3.8104	224	5	0.1579	243	8
贵港市	2.6816	257	11	0.3166	207	5
玉林市	1.9971	273	13	0.2633	217	7
贺州市	2.9966	244	10	0.0931	266	13
百色市	3.0017	243	9	0.3370	205	4
河池市	1.4558	278	14	0.1159	258	11
来宾市	2.4656	265	12	0.0680	274	14
崇左市	3.2249	237	7	0.1419	244	9

贺州市的法治环境指数和人力资源指数排名相对较好，分别排在省内第 4 名和第 9 名，但公共服务指数和创新环境指数省内排名表现相对较差，均排在第 13 名；钦州市的人力资源指数省内排名表现相对靠后，排在全省第 10 名；百色市的法治环境指数和政务环境指数省内排名也相对较差，分别排在第 12 名和第 10 名；来宾市的法治环境指数和公共服务指数排名表现相对较好，分别排在省内第 6 名和第 7 名，但是人力资源指数和创新环境指数表现较差，排在省内第 14 名；河池市的人力资源指数排名表现相对较好，排在省内第 6 名；崇左市的市场环境指数和人力资源指数排名表现相对较好，均排在省内第 7 名。

表 6-5-3　　　广西壮族自治区城市营商环境分项指标评价（三）

城市	金融服务指数			法治环境指数			政务环境指数		
	2022年	全国排名	省内排名	2022年	全国排名	省内排名	2022年	全国排名	省内排名
南宁市	12.3492	22	1	55.4151	52	2	27.6435	36	1
柳州市	3.0594	87	2	30.6480	211	11	16.5641	119	3
桂林市	2.8159	103	3	55.7335	46	1	21.0036	71	2

续表

城市	金融服务指数			法治环境指数			政务环境指数		
	2022年	全国排名	省内排名	2022年	全国排名	省内排名	2022年	全国排名	省内排名
梧州市	1.0259	227	6	51.7389	89	3	15.8923	127	5
北海市	0.8453	244	10	24.9604	281	13	11.4840	203	11
防城港市	0.4976	272	14	20.1445	285	14	15.2718	137	7
钦州市	0.9144	238	9	45.0991	164	7	13.8148	165	9
贵港市	0.9984	232	8	47.3960	152	5	16.0266	124	4
玉林市	1.5906	183	4	43.1461	171	8	15.8668	128	6
贺州市	0.7296	259	12	47.4844	151	4	11.1705	206	12
百色市	1.3725	202	5	25.5654	275	12	12.6620	181	10
河池市	1.0097	231	7	31.4951	197	10	14.8851	143	8
来宾市	0.6562	264	13	46.9852	155	6	10.0650	225	13
崇左市	0.7869	254	11	41.8369	175	9	3.8441	284	14

六、贵州省城市营商环境评价

贵州省地处我国西南腹地，下辖 6 个地级市和 3 个自治州，本报告主要针对 6 个地级市的营商环境进行评价。2022 年全国营商环境指数排名中，贵州省下辖城市营商环境指数排名表现一般，只有贵阳和遵义两个城市进入全国前 150 名，分别排在第 29 名和第 114 名，六盘水市排在全国第 200 名，毕节市、铜仁市和安顺市 3 个城市的营商环境指数均排在全国 200 名之后。总的来看，贵州省的整体营商环境水平相对较低。评价结果如表 6-6 所示。

表 6-6　　贵州省城市营商环境评价

城市	营商环境指数		省内排名		省内排名近1年变化	全国排名		全国排名近1年变化
	2021年	2022年	2021年	2022年		2021年	2022年	
贵阳市	19.9403	21.0836	1	1	0	34	29	5
遵义市	14.1896	12.4772	2	2	0	77	114	-37
六盘水市	9.7191	10.2450	4	3	1	208	200	8

续表

城市	营商环境指数		省内排名		省内排名	全国排名		全国排名
	2021年	2022年	2021年	2022年	近1年变化	2021年	2022年	近1年变化
毕节市	11.1088	9.9977	3	4	-1	152	208	-56
铜仁市	9.1495	9.5187	5	5	0	227	229	-2
安顺市	8.9683	8.6518	6	6	0	235	256	-21

从贵州省城市的各分项指标的全国排名来看，人力资源指数、创新环境指数和政务环境指数排名表现较好，均有 4 个城市排在全国前 150 名；公共服务指数和金融服务指数排名表现一般，其中公共服务指数有 3 个城市进入全国前 150 名，贵阳市、遵义市和毕节市的公共服务指数分别排在第 55 名、第 67 名和第 133 名；金融服务指数有贵阳市和遵义市两个城市进入全国前 150 名，分别排在第 32 名和第 60 名；市场环境指数和法治环境指数排名表现相对较差，只有贵阳市一个城市进入全国前 150 名，分别排在第 84 名和第 38 名（见表 6-6-1、表 6-6-2、表 6-6-3）。

表 6-6-1　　　　贵州省城市营商环境分项指标评价（一）

城市	公共服务指数			人力资源指数		
	2022年	全国排名	省内排名	2022年	全国排名	省内排名
贵阳市	12.3464	55	1	32.1353	24	1
六盘水市	3.7826	203	4	19.0071	137	4
遵义市	9.8556	67	2	22.0749	72	3
安顺市	2.3648	250	6	17.5188	179	5
毕节市	5.9699	133	3	23.2768	57	2
铜仁市	3.5933	213	5	16.3993	224	6

从贵州省城市的各分项指标的省内排名来看，省会贵阳市各个分项指标均居于全省第 1 名；遵义市和六盘水市各个分项指标在省内名次也相对较好，遵义市的公共服务指数、市场环境指数以及金融服务指数表现较好，均排在省内第 2 名；六盘水市的法治环境指数和市场环境指数分别排在全省第 2 名和第 3 名；毕节市创新环境指数和人力资源指数均排在省内第 2 名，公共服务指数排在省内第 3 名；铜仁市的政务环境指数和金融服务指数排名表现较好，分别排在省内第 2 名和第 3 名，但是公共服务指数、人力资源指数和法治环境指数表

现较差，均排在全省后 2 名。安顺市法治环境指数省内排名相对较好，排在第 4 名，但公共服务指数、创新环境指数、金融服务指数和政务环境指数省内排名表现较差，均排在省内第 6 名。

表 6-6-2　　　　贵州省城市营商环境分项指标评价（二）

城市	市场环境指数			创新环境指数		
	2022年	全国排名	省内排名	2022年	全国排名	省内排名
贵阳市	9.7377	84	1	4.1370	47	1
六盘水市	4.0010	218	3	0.7883	153	5
遵义市	6.1479	157	2	1.7879	85	3
安顺市	3.3358	235	5	0.7526	155	6
毕节市	1.7854	275	6	2.2305	70	2
铜仁市	3.3852	234	4	0.9241	136	4

表 6-6-3　　　　贵州省城市营商环境分项指标评价（三）

城市	金融服务指数			法治环境指数			政务环境指数		
	2022年	全国排名	省内排名	2022年	全国排名	省内排名	2022年	全国排名	省内排名
贵阳市	9.1766	32	1	56.4655	38	1	35.3809	19	1
六盘水市	1.5137	189	5	32.5270	189	2	17.5224	103	4
遵义市	4.4421	60	2	30.0492	222	3	18.8403	92	3
安顺市	1.0161	229	6	29.4700	237	4	13.0438	173	6
毕节市	1.5565	186	4	26.0650	270	6	14.4556	151	5
铜仁市	1.6463	179	3	27.7624	257	5	19.0016	89	2

七、河北省城市营商环境评价

河北省地处我国华北平原，内环北京、天津两个直辖市，下辖 11 个地级市，处于“京津冀城市圈”。2022 年河北省下辖城市营商环境指数排名表现相对较好，有 6 个城市排名在全国 100 名之内，有 3 个城市排名在全国前 100 ～ 150 名，仅秦皇岛市和衡水市两个城市排名在 200 名以外。对比 2021

年的排名，可以看出有 5 个城市排名有所下降，但是下降幅度不大；有 6 个城市排名呈现上升趋势，其中邢台市和承德市上升幅度明显，分别上升 26 名和 64 名。表明河北省近两年的营商环境整体位于较高水平。评价结果如表 6-7 所示。

表 6-7　　　　　　　　河北省城市营商环境评价

城市	营商环境指数		省内排名		省内排名近1年变化	全国排名		全国排名近1年变化
	2021年	2022年	2021年	2022年		2021年	2022年	
石家庄市	22.2490	21.5845	1	1	0	24	26	–2
唐山市	16.6611	16.8403	2	2	0	50	51	–1
保定市	14.5712	16.1623	5	3	2	66	56	10
廊坊市	15.1274	14.6880	3	4	–1	60	67	–7
沧州市	14.7705	14.5066	4	5	–1	64	72	–8
邢台市	11.8438	12.9370	7	6	1	125	99	26
邯郸市	12.4925	12.8213	6	7	–1	110	102	8
承德市	10.5859	12.3084	9	8	1	182	118	64
张家口市	11.1985	11.5842	8	9	–1	149	148	1
秦皇岛市	9.6286	10.2531	10	10	0	211	199	12
衡水市	9.4218	9.7607	11	11	0	218	219	–1

从河北省城市 7 个分项指标的全国排名来看，公共服务指数和金融服务指数的排名十分优异，分别有 10 个和 11 个城市排名进入前 150 名；人力资源指数与创新环境指数表现较好，均有 8 个城市排名进入前 150 名；市场环境指数和法治环境指数均有 7 个城市进入前 150 名。总体来看，河北省城市的 7 个分项指标表现相对较好，良好的公共服务和金融服务水平是其优势，今后可以从加强市场环境和法治环境建设两个方面来进一步提升河北省整体的营商环境水平（见表 6-7-1、表 6-7-2、表 6-7-3）。

表 6-7-1　　　　河北省城市营商环境分项指标评价（一）

城市	公共服务指数			人力资源指数		
	2022年	全国排名	省内排名	2022年	全国排名	省内排名
石家庄市	18.1263	27	2	36.4359	19	1
唐山市	23.3071	15	1	24.2653	47	3
邯郸市	14.0383	44	3	22.3403	66	5
张家口市	5.4659	150	10	17.9033	167	9

续表

城市	公共服务指数			人力资源指数		
	2022年	全国排名	省内排名	2022年	全国排名	省内排名
保定市	12.4791	53	4	26.1367	38	2
沧州市	10.6776	61	5	22.2720	70	6
秦皇岛市	5.5209	147	9	19.4476	123	8
邢台市	8.9479	74	6	19.4529	121	7
廊坊市	7.6729	92	7	23.2956	56	4
承德市	5.8998	135	8	17.0605	199	10
衡水市	4.5101	176	11	15.8804	238	11

从河北省城市各分项指标的省内排名来看，石家庄市除公共服务指数、市场环境指数排在第 2 名，其余各分项指标都排在全省第 1 名，领先幅度明显；唐山市的政务环境指数和法治环境指数省内排名相对较差，分别排在第 5 名和第 9 名，其余各分项指标都排在全省前 3 名。保定市的政务环境指数、金融服务指数和人力资源指数排名相对较好，分别排在全省第 2 ～ 4 名；廊坊市和沧州市的法治环境指数表现较好，分别排在全省第 2 名和第 3 名。

表 6-7-2　　河北省城市营商环境分项指标评价（二）

城市	市场环境指数			创新环境指数		
	2022年	全国排名	省内排名	2022年	全国排名	省内排名
石家庄市	11.7770	56	2	3.1944	54	1
唐山市	18.3230	24	1	2.1116	74	2
邯郸市	8.3081	111	5	1.0902	125	6
张家口市	5.0660	195	9	0.5384	172	10
保定市	7.2612	134	7	1.3107	114	4
沧州市	9.3339	93	4	0.8745	141	8
秦皇岛市	7.3605	129	6	1.1720	120	5
邢台市	4.4211	204	11	0.5974	165	9
廊坊市	9.8870	80	3	1.6309	95	3
承德市	6.1430	158	8	0.4406	185	11
衡水市	4.4223	203	10	0.9113	137	7

邯郸市的公共服务指数和政务环境指数排名相对较好，分别排在省内第 3 名和第 4 名；邢台市的政务环境指数排名相对较好，排在省内第 3 名；秦皇岛市的创新环境指数和市场环境指数排名相对较好，分别排在省内第 5 名和第 6

名。张家口市公共服务指数、创新环境指数和政务环境指数排名相对较差，排在省内第 10 ～ 11 名。其余城市的各个分项指标在省内排名与其营商环境指数的省内排名基本一致。

表 6-7-3　　河北省城市营商环境分项指标评价（三）

城市	金融服务指数			法治环境指数			政务环境指数		
	2022年	全国排名	省内排名	2022年	全国排名	省内排名	2022年	全国排名	省内排名
石家庄市	13.0526	20	1	58.8379	18	1	22.0850	63	1
唐山市	7.1808	38	2	31.0930	204	9	16.3524	121	5
邯郸市	4.3516	62	5	28.0242	253	11	16.6638	114	4
张家口市	3.0271	90	8	52.8657	83	5	9.9836	227	11
保定市	6.3277	45	3	49.6779	123	6	21.1145	70	2
沧州市	4.4880	59	4	55.6225	48	3	11.9832	194	9
秦皇岛市	2.9384	94	9	30.7669	210	10	11.4033	204	10
邢台市	3.9210	69	7	47.9347	144	7	16.9498	110	3
廊坊市	4.0808	66	6	56.5493	37	2	13.6532	168	7
承德市	2.6183	114	10	54.9622	57	4	13.2526	171	8
衡水市	2.5298	119	11	31.2389	199	8	15.9911	125	6

八、河南省城市营商环境评价

河南省位于我国中部地区，是我国人口大省，下辖 17 个地级市。2022 年全国营商环境指数排名中，河南省下辖城市营商环境指数排名表现一般，有 8 个城市进入全国前 150 名，有 5 个排在全国 150 ～ 200 名，4 个城市排在全国 200 名之后。通过对比 2021 年的营商环境指数，可以看出，三门峡市和信阳市近两年营商环境指数增长较快，其中三门峡市从 2021 年的第 195 名上升至 2022 年的第 153 名，信阳市从 2021 年的第 148 名上升至 2022 年的第 107 名；而焦作市营商环境指数降低 32 名，从 2021 年的第 172 名降到 2022 年的第 204 名。评价结果如表 6-8 所示。

表 6-8　　　　河南省城市营商环境评价

城市	营商环境指数		省内排名		省内排名	全国排名		全国排名
	2021年	2022年	2021年	2022年	近1年变化	2021年	2022年	近1年变化
郑州市	31.9642	29.4197	1	1	0	12	14	−2
洛阳市	16.4134	16.3561	2	2	0	53	55	−2
开封市	12.0045	12.8299	4	3	1	119	101	18
信阳市	11.2122	12.5652	9	4	5	148	107	41
周口市	11.2457	12.0462	7	5	2	144	126	18
商丘市	12.1986	11.8260	3	6	−3	117	133	−16
南阳市	11.8284	11.7022	5	7	−2	126	139	−13
安阳市	10.7624	11.6591	11	8	3	176	142	34
三门峡市	10.1498	11.5021	13	9	4	195	153	42
平顶山市	11.6516	11.4224	6	10	−4	130	155	−25
驻马店市	11.2374	11.1653	8	11	−3	145	162	−17
许昌市	10.1894	10.8065	12	12	0	194	177	17
新乡市	10.0417	10.5515	14	13	1	201	187	14
焦作市	10.8152	10.0674	10	14	−4	172	204	−32
漯河市	10.0036	9.6227	15	15	0	202	226	−24
鹤壁市	9.7447	9.5809	16	16	0	207	227	−20
濮阳市	8.5525	8.7256	17	17	0	252	251	1

从河南省城市的各分项指标的全国排名来看，市场环境指数和创新环境指数排名表现优异，分别有 12 个和 15 个城市排在全国前 150 名；公共服务指数和法治环境指数表现也较好，均有 11 个城市进入全国前 150 名；金融服务指数和政务环境指数排名表现较差，分别有 5 个和 2 个城市排在全国前 150 名。表明河南省营商环境主要受到金融服务水平、政务环境等条件制约（见表 6-8-1、表 6-8-2、表 6-8-3）。

表 6-8-1　　　　河南省城市营商环境分项指标评价（一）

城市	公共服务指数			人力资源指数		
	2022年	全国排名	省内排名	2022年	全国排名	省内排名
郑州市	23.0459	17	1	50.4391	7	1
开封市	5.8016	139	11	17.3494	186	11
洛阳市	14.9062	42	2	22.6920	62	2
平顶山市	7.6116	94	6	17.8911	168	10

续表

城市	公共服务指数			人力资源指数		
	2022年	全国排名	省内排名	2022年	全国排名	省内排名
安阳市	7.7849	88	5	19.1387	131	7
濮阳市	3.9993	197	14	16.9813	202	13
新乡市	9.0531	73	4	20.4701	105	6
焦作市	6.7147	115	8	16.9135	203	14
鹤壁市	2.0701	258	17	12.4303	283	17
许昌市	4.7998	169	13	17.2309	192	12
漯河市	2.8799	230	16	14.6274	265	16
三门峡市	3.7039	206	15	14.7928	262	15
南阳市	11.4938	59	3	22.3231	67	3
商丘市	6.2864	122	10	20.9163	93	4
信阳市	5.0931	157	12	19.0032	138	8
周口市	6.5983	117	9	20.8070	96	5
驻马店市	7.5283	95	7	18.8694	142	9

从河南省城市的各分项指标的省内排名来看，省会郑州市处于绝对领先地位，除法治环境指数排在省内第 3 名，其余各分项指标均排在全省第 1 名。洛阳市的政务环境指数和法治环境指数排名相对较差，分别排在省内第 5 名和第 6 名，剩余的 5 个指标在省内排名仅次于郑州市，排在第 2 名；开封市的法治环境指数和政务环境指数排名相对较好，排在全省第 2 名，但是人力资源指数和金融服务指数表现较差，分别排在全省第 11 名和第 13 名；许昌市的市场环境指数和政务环境指数排名表现都相对较好，两个指标排在全省第 3 名；焦作市政务环境指数和市场环境指数排名表现较好，分别排在省内第 4 名和第 6 名；驻马店市的金融服务指数和创新环境指数排名表现较好，两个指标排在省内第 3 名，但政务环境指数和市场环境指数排名表现较差，分别排在省内第 14 名和第 15 名；漯河市和三门峡市的市场环境指数排名表现相对较好，分别排在省内第 5 名和第 4 名；周口市的政务环境指数和市场环境指数排名表现较差，分别排在第 16 名和第 17 名；商丘市的人力资源指数和法治环境指数排名表现较好，分别排在省内第 4 名和第 5 名，但是市场环境指数和金融服务指数排名表现相对较差，分别排在省内第 16 名和第 12 名。

表 6-8-2　　河南省城市营商环境分项指标评价（二）

城市	市场环境指数			创新环境指数		
	2022年	全国排名	省内排名	2022年	全国排名	省内排名
郑州市	23.0962	16	1	11.7554	17	1
开封市	7.1368	136	12	1.2805	116	9
洛阳市	15.8690	36	2	4.3321	45	2
平顶山市	7.2826	132	10	1.1570	121	11
安阳市	6.1186	159	14	0.9092	138	13
濮阳市	6.3009	154	13	1.2281	119	10
新乡市	8.1162	114	8	1.7174	89	5
焦作市	9.3823	91	6	0.9784	128	12
鹤壁市	8.4748	108	7	0.6940	160	16
许昌市	12.3036	52	3	1.4595	105	7
漯河市	9.4719	89	5	0.8545	145	15
三门峡市	11.1684	64	4	0.6026	162	17
南阳市	7.9862	118	9	1.9660	78	4
商丘市	5.8138	171	16	1.3658	110	8
信阳市	7.1933	135	11	1.6404	94	6
周口市	5.5510	178	17	0.8690	142	14
驻马店市	5.9863	162	15	2.2681	69	3

南阳市的公共服务指数和人力资源指数排在省内第 3 名，创新环境指数和金融服务指数排在全省第 4 名；平顶山市的金融服务指数和公共服务指数表现相对较好，分别排在省内第 5 名和第 6 名；新乡市的人力资源指数、创新环境指数、金融服务指数以及公共服务指数表现较好，分别排在全省第 6 名、第 5 名、第 6 名和第 4 名。濮阳市和鹤壁市的金融服务指数排名相对较差，分别排在省内第 16 名和第 17 名。信阳市法治环境指数排名较好，排在省内第 4 名，但市场环境指数和公共服务指数省内排名相对较差，分别排在第 11 名和第 12 名；安阳市的创新环境指数和市场环境指数排名表现相对较差，分别排在省内第 13 名和第 14 名。

表 6-8-3　　　河南省城市营商环境分项指标评价（三）

城市	金融服务指数			法治环境指数			政务环境指数		
	2022年	全国排名	省内排名	2022年	全国排名	省内排名	2022年	全国排名	省内排名
郑州市	18.0752	14	1	55.4324	50	3	32.7645	25	1
开封市	1.4362	197	13	55.9712	44	2	15.2138	138	2
洛阳市	4.0070	67	2	50.3273	108	6	13.6832	167	5
平顶山市	2.2348	138	5	49.3262	127	9	7.0879	267	15
安阳市	1.6599	175	9	50.0102	115	8	8.7759	248	10
濮阳市	0.8407	247	16	30.5947	212	13	8.4239	251	12
新乡市	1.8991	160	6	27.5799	262	16	10.7010	215	9
焦作市	1.5525	187	11	26.8189	265	17	13.6953	166	4
鹤壁市	0.4067	278	17	48.1556	142	10	7.6929	259	13
许昌市	1.7500	166	7	30.2687	217	14	14.3202	156	3
漯河市	0.8413	246	15	47.6065	149	11	3.7388	285	17
三门峡市	1.0491	225	14	50.1146	112	7	11.9542	195	8
南阳市	3.0036	91	4	27.8632	256	15	12.6668	180	7
商丘市	1.5483	188	12	51.6007	91	5	8.5089	250	11
信阳市	1.6011	180	10	54.7456	60	4	12.7394	176	6
周口市	1.7156	168	8	56.6789	35	1	6.9813	269	16
驻马店市	3.6069	76	3	43.5681	170	12	7.1310	266	14

九、黑龙江省城市营商环境评价

黑龙江省位于我国东北地区，下辖 12 个地级市和 1 个地区行署，本报告主要针对 12 个地级市的营商环境进行评价。2022 年全国营商环境指数排名中，黑龙江下辖城市营商环境指数排名表现相对较差，只有哈尔滨一个城市进入全国前 100 名，大庆市和齐齐哈尔市分别排在第 104 名和第 117 名，其余 9 个城市均排在 200 名之后，表明黑龙江省营商环境处于较低水平。通过对比 2021 年排名可以看到，黑龙江省有 7 个城市的营商环境指数排名较 2021 年有所上升，5 个城市营商环境指数排名下降，其中七台河市下降幅度较大，从 2021 年第 209 名下降到第 245 名。评价结果如表 6-9 所示。

表 6-9　　黑龙江省城市营商环境评价

城市	营商环境指数		省内排名		省内排名	全国排名		全国排名
	2021年	2022年	2021年	2022年	近1年变化	2021年	2022年	近1年变化
哈尔滨市	19.3437	18.5738	1	1	0	39	40	−1
大庆市	13.1418	12.7193	2	2	0	93	104	−11
齐齐哈尔市	10.6858	12.3351	3	3	0	178	117	61
佳木斯市	7.3653	10.3355	9	4	5	275	196	79
双鸭山市	5.7067	9.5194	11	5	6	287	228	59
七台河市	9.7091	8.9195	4	6	−2	209	245	−36
牡丹江市	7.9910	8.8641	7	7	0	263	247	16
黑河市	7.4278	8.7391	8	8	0	274	249	25
伊春市	8.1975	8.7122	6	9	−3	258	252	6
绥化市	9.0975	8.6777	5	10	−5	230	254	−24
鸡西市	5.9607	7.0964	10	11	−1	285	281	4
鹤岗市	5.1759	5.9689	12	12	0	288	289	−1

从黑龙江省城市的各分项指标的全国排名来看，黑龙江省金融服务指数和法治环境指数排名表现相对较好，分别有 5 个和 7 个城市排在全国 150 名以内，政务环境指数有 4 个城市排在全国 150 名以内；市场环境指数和创新环境指数只有一个城市排在全国 150 名以内，分别是大庆市的市场环境指数全国排名第 79 名，哈尔滨市创新环境指数全国排名第 43 名；人力资源指数和公共服务指数分别仅有 2 个和 3 个城市排在全国 150 名之内，分别是哈尔滨市和大庆市人力资源指数排在全国第 22 名和第 101 名，哈尔滨市、大庆市和齐齐哈尔市公共服务指数排在全国第 29 名、第 76 名和第 137 名。总体来看，市场环境、创新环境、人力资源和公共服务等都是制约黑龙江省城市营商环境排名的重要因素（见表 6-9-1、表 6-9-2、表 6-9-3）。

表 6-9-1　　黑龙江省城市营商环境分项指标评价（一）

城市	公共服务指数			人力资源指数		
	2022年	全国排名	省内排名	2022年	全国排名	省内排名
哈尔滨市	17.4328	29	1	34.6142	22	1

续表

城市	公共服务指数			人力资源指数		
	2022年	全国排名	省内排名	2022年	全国排名	省内排名
齐齐哈尔市	5.8947	137	3	17.1891	194	3
牡丹江市	3.0120	229	5	14.6957	263	4
佳木斯市	2.4891	246	6	13.2632	277	5
鸡西市	2.2425	251	7	12.5614	282	8
鹤岗市	1.7933	267	9	10.8310	288	11
双鸭山市	1.9466	260	8	12.6993	280	6
七台河市	1.0482	287	12	11.9583	286	9
黑河市	1.2004	283	11	12.5922	281	7
伊春市	1.2151	282	10	9.9480	289	12
大庆市	8.8780	76	2	20.6207	101	2
绥化市	3.4301	219	4	11.5597	287	10

从黑龙江省城市的各分项指标的省内排名来看，省会哈尔滨市领先地位较为明显，市场环境指数排在省内第 2 名，法治环境指数排在省内第 9 名，其他分项指标均排在省内第 1 名；佳木斯市各分项指标排名表现较好，政务环境指数和金融环境指数排在全省第 4 名，人力资源指数和市场环境指数排在全省第 5 名；齐齐哈尔市法治环境指数排在省内第 1 名，公共服务指数、政务环境指数、创新环境指数以及人力资源指数均排在全省第 3 名，但是市场环境指数排名表现较差，排在第 11 名；大庆市的政务环境指数省内排名较差，排在第 11 名，其余 6 个分项指标表现较好，分别排在第 1 ～ 4 名；绥化市公共服务指数和金融服务指数省内排名相对较好，分别排在第 4 名和第 5 名。

表 6-9-2　　　　黑龙江省城市营商环境分项指标评价（二）

城市	市场环境指数			创新环境指数		
	2022年	全国排名	省内排名	2022年	全国排名	省内排名
哈尔滨市	5.9391	167	2	4.4956	43	1
齐齐哈尔市	1.1213	285	11	0.3036	209	3
牡丹江市	2.3935	267	8	0.1594	242	6
佳木斯市	2.6129	260	5	0.2068	227	5
鸡西市	2.4436	266	7	0.2198	225	4
鹤岗市	2.5526	261	6	0.0286	285	10
双鸭山市	2.6408	259	4	0.0244	287	11

续表

城市	市场环境指数			创新环境指数		
	2022年	全国排名	省内排名	2022年	全国排名	省内排名
七台河市	1.4053	280	9	0.0382	283	9
黑河市	3.1975	239	3	0.0657	275	7
伊春市	1.3331	281	10	0.0219	288	12
大庆市	9.9580	79	1	0.4636	179	2
绥化市	0.7114	287	12	0.0462	280	8

牡丹江市政务环境指数在全省第 2 名，但法治环境指数排名较差，排在全省最后 1 名；七台河市的公共服务指数省内排名较差，排在第 12 名。黑河市和双鸭山市的市场环境指数省内排名相对较好，分别排在第 3 名和第 4 名；伊春市的法治环境指数排名表现较好，排在省内第 2 名；鸡西市的创新环境指数省内排名相对较好，排在第 4 名。其余各城市的各个分项指标省内排名与其营商环境指数的省内排名相对一致。

表 6-9-3　　　　黑龙江省城市营商环境分项指标评价（三）

城市	金融服务指数			法治环境指数			政务环境指数		
	2022年	全国排名	省内排名	2022年	全国排名	省内排名	2022年	全国排名	省内排名
哈尔滨市	10.6774	27	1	34.4430	183	9	27.7040	35	1
齐齐哈尔市	1.7388	167	6	60.5923	12	1	15.5916	133	3
牡丹江市	2.6926	108	3	29.2439	241	12	16.6446	115	2
佳木斯市	2.5154	122	4	48.7552	135	5	15.3126	136	4
鸡西市	1.2012	211	8	30.4739	215	10	8.3245	252	8
鹤岗市	0.5241	271	11	30.0669	221	11	4.0182	283	12
双鸭山市	0.7688	258	10	54.5394	63	3	9.0233	242	7
七台河市	0.8289	249	9	47.7063	147	7	12.3800	185	5
黑河市	1.4203	199	7	48.4886	140	6	7.4587	262	10
伊春市	0.2778	287	12	56.0762	43	2	7.9006	256	9
大庆市	3.0522	88	2	52.7106	84	4	6.6824	274	11
绥化市	2.4716	125	5	45.8017	161	8	9.0976	241	6

十、湖北省城市营商环境评价

湖北省地处我国中部地区，也属于长江中游地区。下辖12个地级市和1个自治州，本报告主要针对12个地级市的营商环境进行评价。2022年全国营商环境指数排名中，湖北省有6个城市排在全国前150名，4个城市排在第150～200名，黄冈市和随州市排在200名之外。与2021年相比来看，荆州市的营商环境排名增幅最大，从第196名上升至第121名，襄阳市的排名下降幅度较大，从第94名下降至第123名；总体来看，湖北省的营商环境指数排名表现一般。评价结果如表6-10所示。

表6-10　　湖北省城市营商环境评价

城市	营商环境指数		省内排名		省内排名	全国排名		全国排名
	2021年	2022年	2021年	2022年	近1年变化	2021年	2022年	近1年变化
武汉市	40.9061	40.5896	1	1	0	7	7	0
宜昌市	14.1172	15.0243	2	2	0	78	63	15
荆州市	10.1086	12.2125	9	3	6	196	121	75
襄阳市	13.0974	12.1293	3	4	–1	94	123	–29
孝感市	11.2741	11.9943	5	5	0	142	129	13
荆门市	11.4955	11.6936	4	6	–2	135	141	–6
咸宁市	10.9295	11.2703	7	7	0	164	159	5
黄石市	11.2504	11.1788	6	8	–2	143	161	–18
鄂州市	10.6058	11.0273	8	9	–1	180	166	14
十堰市	9.8995	10.2531	11	10	1	205	198	7
黄冈市	10.0709	9.9425	10	11	–1	198	214	–16
随州市	7.6167	7.6916	12	12	0	266	274	–8

从湖北省城市7个分项指标的全国排名来看，市场环境指数、创新环境指数和法治环境指数排名表现较好，分别有10个、10个和8个城市排在全国前150名；公共服务指数和人力资源指数排名表现较差，分别仅有3个和4个城市排在全国前150名；金融服务指数和政务环境指数排名表现较一般，分别有

5 个城市排在全国前 150 名（见表 6-10-1、表 6-10-2、表 6-10-3）。

表 6-10-1　　　　湖北省城市营商环境分项指标评价（一）

城市	公共服务指数			人力资源指数		
	2022年	全国排名	省内排名	2022年	全国排名	省内排名
武汉市	31.0042	11	1	50.2492	8	1
黄石市	4.7709	170	7	16.5641	218	10
十堰市	5.0395	160	5	18.1869	157	5
荆州市	5.1839	156	4	17.7715	173	6
宜昌市	7.3195	102	2	18.6881	144	3
襄阳市	7.0706	106	3	20.9099	94	2
鄂州市	1.6099	272	12	16.0436	235	11
荆门市	3.6021	211	9	17.4372	183	7
孝感市	4.3832	180	8	17.3268	187	8
黄冈市	4.8663	166	6	18.4054	150	4
咸宁市	2.8412	232	10	17.0289	201	9
随州市	1.6590	270	11	14.5961	266	12

从湖北省城市各分项指标的省内排名来看，省会武汉市“一家独大”，7 个分项指标均高居省内榜首；襄阳市的人力资源指数、创新环境指数和政务环境指数表现较好，排在全省第 2 名，但是法治环境指数排名较差，排在全省第 11 名；宜昌市各项指标排名良好，7 个分项指数均排在省内第 2 ～ 4 名；荆州市公共服务指数和法治环境指数排名表现相对较好，分别排在省内第 4 名和第 5 名，但是人力资源指数和市场环境指数排名表现较差，排在省内第 6 名和第 11 名；孝感市的创新环境指数和法治环境指数表现较好，排在全省第 4 名；咸宁市的法治环境指数表现优异，排在省内第 3 名，但是公共服务指数和政务环境指数排名相对较差，分别排在全省第 10 名和第 11 名。荆门市金融服务指数和公共服务指数省内排名相对较差，分别排在全省第 8 名和第 9 名。

表 6-10-2　　　　湖北省城市营商环境分项指标评价（二）

城市	市场环境指数			创新环境指数		
	2022年	全国排名	省内排名	2022年	全国排名	省内排名
武汉市	33.7137	6	1	45.9406	4	1
黄石市	8.7002	102	6	0.8372	148	10
十堰市	7.3687	128	8	0.8571	143	9

续表

城市	市场环境指数			创新环境指数		
	2022年	全国排名	省内排名	2022年	全国排名	省内排名
荆州市	5.7462	174	11	1.2664	117	7
宜昌市	14.5138	45	2	2.4414	66	3
襄阳市	12.0583	55	4	2.8849	56	2
鄂州市	12.1363	53	3	0.4198	189	11
荆门市	9.6027	87	5	1.3362	112	6
孝感市	6.8930	140	9	1.5039	104	4
黄冈市	4.4063	206	12	1.3703	109	5
咸宁市	7.4344	124	7	0.8982	139	8
随州市	6.4744	150	10	0.2825	212	12

鄂州市的市场环境指数排名表现较好，排在省内第 3 名，但公共服务指数、金融环境指数和政务环境指数排名表现较差，排在全省最后 1 名；黄冈市的金融服务指数和政务环境指数排名表现较好，分别排在省内第 2 名和第 4 名，但是市场环境指数排在第 12 名；十堰市的公共服务指数、人力资源指数、金融服务指数以及政务服务指数表现相对较好，分别排在省内第 4 ～ 5 名。其余城市的各个分项指标省内排名与其营商环境指数的省内排名较为相符。

表 6-10-3　　　　湖北省城市营商环境分项指标评价（三）

城市	金融服务指数			法治环境指数			政务环境指数		
	2022年	全国排名	省内排名	2022年	全国排名	省内排名	2022年	全国排名	省内排名
武汉市	18.5930	13	1	58.2876	23	1	52.2382	5	1
黄石市	0.7060	261	10	47.8840	145	8	11.0242	212	10
十堰市	2.0853	149	5	29.8373	229	9	14.9250	142	5
荆州市	1.9745	157	6	54.4623	66	5	13.1657	172	6
宜昌市	2.1805	142	4	56.6266	36	2	17.2674	107	3
襄阳市	2.6182	115	3	26.4644	267	11	17.6771	101	2
鄂州市	0.3821	279	12	52.6032	85	6	7.8549	257	12
荆门市	1.2863	204	8	48.5987	138	7	12.2939	186	7
孝感市	1.4491	194	7	55.2774	55	4	11.5546	202	8
黄冈市	2.7175	107	2	28.0013	254	10	15.8499	129	4
咸宁市	1.1440	216	9	55.3330	54	3	8.8998	246	11
随州市	0.5771	268	11	24.9822	280	12	11.0334	211	9

十一、湖南省城市营商环境评价

湖南省地处我国中南部，下辖 13 个地级市和 1 个自治州，本报告主要针对 13 个地级市的营商环境进行评价。2022 年全国营商环境指数排名中，湖南省下辖城市营商环境指数排名表现相对较好，有 7 个城市的排名进入前 150 名，其中省会长沙市排在全国第 18 名；娄底市、益阳市和常德市排在全国第 150 ～ 200 名；其他 3 个城市排在全国 200 名之后。对比 2021 年的排名，可以看出湖南省城市的营商环境整体呈下降趋势，仅有 3 个城市的营商环境排名有所上升，其中娄底市上升幅度明显，从 2021 年的第 255 名上升至 2022 年的第 168 名。评价结果如表 6-11 所示。

表 6-11　　　　湖南省城市营商环境评价

城市	营商环境指数		省内排名		省内排名近1年变化	全国排名		全国排名近1年变化
	2021年	2022年	2021年	2022年		2021年	2022年	
长沙市	28.0501	26.8949	1	1	0	17	18	–1
湘潭市	13.6167	13.5143	3	2	1	84	87	–3
郴州市	13.9107	13.4462	2	3	–1	80	90	–10
株洲市	13.5080	13.4024	4	4	0	86	91	–5
衡阳市	12.8077	13.0086	6	5	1	104	97	7
岳阳市	12.6490	12.5808	7	6	1	106	106	0
邵阳市	12.8533	12.3869	5	7	–2	102	116	–14
娄底市	8.4301	10.9931	12	8	4	255	168	87
益阳市	10.8115	10.8567	9	9	0	173	172	1
常德市	10.9409	10.8337	8	10	–2	162	174	–12
怀化市	10.0542	9.7383	11	11	0	200	221	–21
永州市	10.2698	9.5109	10	12	–2	192	230	–38
张家界市	7.8809	7.8797	13	13	0	264	271	–7

从湖南省城市的各分项指标的全国排名来看，金融服务指数、公共服务指数以及创新环境指数排名表现较好，分别有 10 ～ 11 个城市排在全国前 150

名。市场环境指数和法治环境指数排名表现一般，分别有 7 个和 9 个城市排在全国前 150 名；政务环境指数和人力资源指数排名表现相对较差，分别仅有 3 个和 5 个城市排在全国前 150 名。总的来说，今后可以从改善政务环境和增加人力资源供给等方面来提升湖南省城市的整体营商环境（见表 6-11-1、表 6-11-2、表 6-11-3）。

表 6-11-1　　　　湖南省城市营商环境分项指标评价（一）

城市	公共服务指数			人力资源指数		
	2022年	全国排名	省内排名	2022年	全国排名	省内排名
长沙市	19.6202	22	1	40.6650	14	1
株洲市	5.9912	132	7	20.7138	99	3
湘潭市	4.9479	164	11	18.3476	152	6
衡阳市	8.5696	80	2	21.3417	85	2
邵阳市	6.2411	126	4	19.0596	133	4
岳阳市	6.7718	113	3	17.6372	177	9
常德市	5.8993	136	8	18.8316	143	5
张家界市	1.1462	284	13	15.7443	242	13
益阳市	4.3044	186	12	17.2676	190	11
永州市	6.0624	129	6	17.3072	189	10
郴州市	6.1852	128	5	17.8505	170	8
娄底市	5.6398	142	9	16.4880	220	12
怀化市	5.4773	149	10	18.0329	162	7

从湖南省城市的各分项指标省内排名来看，省会长沙市的领先幅度明显，各个分项指标均高居榜首。郴州市的政务环境指数和法治环境指数排名表现优异，分别排在省内第 2 名和第 3 名，但是人力资源指数和创新环境指数表现相对较差，排在省内第 8 名；株洲市人力资源指数、创新环境指数和市场环境指数排名较好，分别排在省内第 3 名、第 2 名和第 3 名，但政务环境指数表现较差，排在省内第 9 名；湘潭市的市场环境指数和法治环境指数表现相对较好，两个指标均排在省内第 2 名，但公共服务指数表现较差，排在省内第 11 名。衡阳市公共服务指数、人力资源指数和创新环境指数表现相对较好，分别排在省内第 2 名、第 2 名和第 3 名；岳阳市的公共服务指数和金融服务指数表现较好，排在全省第 3 名。常德市金融服务指数和人力资源指数排名表现较好，分

别排在省内第 2 名和第 5 名。

表 6-11-2　　湖南省城市营商环境分项指标评价（二）

城市	市场环境指数			创新环境指数		
	2022年	全国排名	省内排名	2022年	全国排名	省内排名
长沙市	22.0967	19	1	12.3645	16	1
株洲市	10.6487	71	3	5.4644	35	2
湘潭市	11.5682	59	2	2.5791	62	4
衡阳市	6.7180	142	7	2.9345	55	3
邵阳市	2.8175	252	13	0.9945	127	10
岳阳市	9.6582	85	4	1.8811	82	5
常德市	9.2083	95	5	1.6919	92	6
张家界市	2.9735	245	11	0.2550	220	13
益阳市	4.8273	197	8	0.9543	130	11
永州市	4.3685	207	10	1.3331	113	9
郴州市	7.4192	126	6	1.6239	96	8
娄底市	4.4852	201	9	0.7310	158	12
怀化市	2.8657	249	12	1.6718	93	7

邵阳市的公共服务指数、金融服务指数、政务环境指数和法治环境指数排名表现较好，4 个指标均排在省内第 4 名，但创新环境指数和市场环境指数排名表现较差，分别排在省内第 10 名和第 13 名；益阳市和娄底市的法治环境指数表现较好，分别排在省内第 5 名和第 6 名；张家界市的政务环境指数表现相对于其他分项指标来说较好，排在省内第 3 名。永州市的公共服务指数和创新环境指数表现相对较好，分别排在省内第 6 名和第 9 名，但是剩余的 5 个分项指标缺乏竞争力，均排在省内第 10 ～ 12 名；怀化市的人力资源指数和创新环境指数排在省内第 7 名，但是市场环境指数和政务环境指数表现较差，分别排在省内第 12 名和第 13 名。

表 6-11-3　　湖南省城市营商环境分项指标评价（三）

城市	金融服务指数			法治环境指数			政务环境指数		
	2022年	全国排名	省内排名	2022年	全国排名	省内排名	2022年	全国排名	省内排名
长沙市	18.6781	12	1	57.8050	25	1	27.3385	37	1
株洲市	2.6103	116	7	48.8553	132	7	11.3505	205	9

续表

城市	金融服务指数			法治环境指数			政务环境指数		
	2022年	全国排名	省内排名	2022年	全国排名	省内排名	2022年	全国排名	省内排名
湘潭市	2.6576	111	6	55.9380	45	2	12.7029	178	6
衡阳市	2.3663	130	9	48.1598	141	9	12.6876	179	7
邵阳市	3.1498	84	4	54.4737	65	4	14.0013	161	4
岳阳市	3.3808	78	3	48.8332	133	8	11.9875	193	8
常德市	4.3713	61	2	28.0788	252	12	13.5034	169	5
张家界市	0.4801	273	13	25.7035	274	13	14.7966	144	3
益阳市	2.5850	118	8	53.5466	75	5	6.7417	271	12
永州市	1.6496	178	12	35.9927	181	11	8.6902	249	11
郴州市	2.8276	101	5	54.5734	62	3	17.3523	106	2
娄底市	2.3609	131	10	51.0389	96	6	9.5567	234	10
怀化市	1.6959	169	11	44.0841	167	10	5.7893	281	13

十二、吉林省城市营商环境评价

吉林省地处我国东北中部，下辖 8 个地级市和 1 个自治州，本报告主要针对这 8 个地级市的营商环境进行评价。2022 年全国营商环境指数排名中，吉林省下辖城市营商环境指数排名表现较差，只有长春和吉林两个城市进入前 150 名，其中长春市排在第 36 名，吉林市排在第 140 名，其他城市均排在 200 名之后。总体来说，吉林省城市的营商环境相对较差。评价结果如表 6-12 所示。

表 6-12　吉林省城市营商环境评价

城市	营商环境指数		省内排名		省内排名	全国排名		全国排名
	2021年	2022年	2021年	2022年	近1年变化	2021年	2022年	近1年变化
长春市	19.0831	19.4684	1	1	0	41	36	5
吉林市	11.6897	11.7000	2	2	0	127	140	–13
松原市	9.3088	9.9732	3	3	0	222	211	11
四平市	7.4610	9.8435	6	4	2	273	217	56
白山市	8.4634	9.6490	4	5	–1	254	225	29

续表

城市	营商环境指数		省内排名		省内排名	全国排名		全国排名
	2021年	2022年	2021年	2022年	近1年变化	2021年	2022年	近1年变化
白城市	8.0628	9.3816	5	6	−1	261	232	29
通化市	6.9562	7.2027	7	7	0	280	278	2
辽源市	6.7110	6.4533	8	8	0	282	288	−6

从吉林省城市的各分项指标的全国排名来看，人力资源指数、市场环境指数、创新环境指数，只有长春市进入全国前 150 名，分别排在全国第 35 名、第 74 名和第 38 名。其他城市的上述 3 个分项指标大多都在全国 200 名之外。公共服务指数有两个城市排在全国前 150 名，分别是长春市第 39 名和吉林市第 90 名；政务环境指数有两个城市排在全国前 150 名，分别是四平市第 33 名和长春市第 53 名；法治环境指数排名相对较好，有 5 个城市进入全国前 150 名；金融服务指数有 3 个城市进入全国前 150 名。因此，吉林省提升营商环境水平，需要从这 7 个分项指标对应的维度一一着手进行优化改善（见表 6-12-1、表 6-12-2、表 6-12-3）。

表 6-12-1　　吉林省城市营商环境分项指标评价（一）

城市	公共服务指数			人力资源指数		
	2022年	全国排名	省内排名	2022年	全国排名	省内排名
长春市	15.3514	39	1	26.4523	35	1
吉林市	7.6941	90	2	18.2070	156	2
四平市	2.1975	254	4	14.9558	257	4
辽源市	1.2270	281	8	12.9541	279	7
通化市	2.1232	257	5	13.4766	275	6
白山市	1.4907	277	6	12.2485	285	8
白城市	1.3795	280	7	14.2518	268	5
松原市	2.5166	244	3	15.5023	246	3

从吉林省城市的各分项指标的省内排名来看，省会城市长春市领先幅度明显，除政务环境指数排在全省第 2 名之外，其余 6 个分项指标均稳居第 1 名。吉林市的市场环境指数和法治环境指数排名相对靠后，排在全省第 5 名，其余 5 个分项指标排在省内第 2 ～ 3 名；四平市政务环境指数优势明显，排在省内第 1 名，金融环境指数排在省内第 3 名，但法治环境指数和市场环境指数分别

排在第 7 名和第 8 名；松原市和白山市的法治环境指数省内排名表现较好，分别排在第 3 名和第 2 名，而白山市的政务环境指数、金融服务指数以及人力资源指数排名相对较差，分别排在省内第 7 名、第 7 名和第 8 名。

表 6-12-2　　　　吉林省城市营商环境分项指标评价（二）

城市	市场环境指数			创新环境指数		
	2022年	全国排名	省内排名	2022年	全国排名	省内排名
长春市	10.2337	74	1	5.0194	38	1
吉林市	2.7248	255	5	0.3721	199	2
四平市	1.1502	284	8	0.0786	270	5
辽源市	2.9023	248	4	0.0247	286	8
通化市	3.0936	242	3	0.3508	202	3
白山市	3.9113	222	2	0.0566	277	6
白城市	1.4440	279	7	0.1005	262	4
松原市	1.8659	274	6	0.0450	281	7

通化市的市场环境指数、创新环境指数和金融服务指数排名表现较好，分别排在省内第 3 名、第 3 名和第 4 名；辽源市的市场环境指数省内排名相对较好，排在第 4 名；白城市的创新环境指数和法治环境指数省内排名相对较好，均为第 4 名。

表 6-12-3　　　　吉林省城市营商环境分项指标评价（三）

城市	金融服务指数			法治环境指数			政务环境指数		
	2022年	全国排名	省内排名	2022年	全国排名	省内排名	2022年	全国排名	省内排名
长春市	11.5219	25	1	55.6433	47	1	24.1153	53	2
吉林市	3.3169	80	2	47.7187	146	5	13.8730	164	3
四平市	2.0744	150	3	25.3766	276	7	28.2493	33	1
辽源市	0.4756	275	8	25.7589	272	6	8.2654	253	8
通化市	1.5740	184	4	25.2269	277	8	10.5822	218	6
白山市	1.1383	217	7	53.8241	72	2	9.5981	232	7
白城市	1.4457	195	6	49.8459	117	4	10.6920	216	5
松原市	1.5066	190	5	50.0679	113	3	11.6727	200	4

十三、江苏省城市营商环境评价

江苏省地处我国东部沿海中心、长江下游地区，其下辖 13 个地级市。2022 年全国营商环境指数排名中，江苏省下辖城市营商环境指数排名表现优异，有 12 个城市的营商环境排名进入全国前 100 名，其中有 7 个城市排在全国前 50 名；省内排名最后 1 名的宿迁市也排在全国第 105 名。从 2021 年的营商环境指数排序可以看出，江苏省下辖的 13 个城市全部都在全国百强城市名单中，表明江苏省城市的营商环境处于我国顶尖水平。评价结果如表 6-13 所示。

表 6-13　　江苏省城市营商环境评价

城市	营商环境指数		省内排名		全国排名		省内排名近1年变化	全国排名近1年变化
	2021年	2022年	2021年	2022年	2021年	2022年		
苏州市	38.3457	35.9882	1	1	8	9	0	–1
南京市	35.6046	34.9854	2	2	11	11	0	0
无锡市	25.5487	23.9413	3	3	20	21	0	–1
常州市	20.3774	19.3751	4	4	32	38	0	–6
徐州市	18.3264	18.0040	6	5	45	43	1	2
南通市	18.4378	17.9666	5	6	44	44	–1	0
镇江市	16.6209	17.3428	7	7	51	46	0	5
泰州市	14.3957	14.4935	10	8	71	73	2	–2
扬州市	14.9368	14.4271	8	9	63	74	–1	–11
连云港市	14.4626	14.4143	9	10	70	75	–1	–5
盐城市	14.2892	14.3084	12	11	75	77	1	–2
淮安市	14.3592	13.8380	11	12	73	84	–1	–11
宿迁市	13.0526	12.6272	13	13	96	105	0	–9

从江苏省城市的各分项指标的全国排名来看，创新环境指数和金融服务指数排名表现都非常优异，有 12 个城市排在全国前 100 名，连云港市的创新环境指数排在第 107 名，宿迁市的金融服务指数排在第 129 名。人力资源指数排

名中有 11 个城市进入全国前 100 名，淮安市和宿迁市人力资源指数分别排在第 112 名和第 128 名；市场环境指数有 11 个城市进入全国前 100 名，连云港市、宿迁市分别排在第 104 名和第 121 名；法治环境指数排名相对较差，有 5 个城市进入全国前 100 名，4 个城市排在全国第 150 ～ 200 名，其余 3 个城市排名在 200 名之外；政务环境指数有 11 个城市进入全国前 100 名，连云港市和淮安市分别排在第 113 名和第 126 名。总体来看，江苏省城市营商环境处于国内顶尖水平，7 个分项指标的排名都极具竞争力（见表 6-13-1、表 6-13-2、表 6-13-3）。

表 6-13-1　　　　江苏省城市营商环境分项指标评价（一）

城市	公共服务指数			人力资源指数		
	2022年	全国排名	省内排名	2022年	全国排名	省内排名
南京市	27.2370	13	2	51.9197	6	1
无锡市	23.2857	16	3	28.4759	29	3
徐州市	13.9750	45	6	26.4657	34	5
常州市	16.4461	32	4	26.5220	33	4
苏州市	41.2912	5	1	35.4309	21	2
南通市	15.3172	40	5	26.2876	36	6
连云港市	6.5704	118	13	21.6337	77	9
淮安市	6.8496	112	12	20.1444	112	12
盐城市	10.6723	62	7	23.4087	53	7
扬州市	8.2712	85	10	22.0704	73	8
镇江市	7.4173	101	11	20.6938	100	11
泰州市	9.1089	72	8	21.4128	84	10
宿迁市	8.3980	82	9	19.2318	128	13

从江苏省城市各分项指标的省内排名来看，苏州市各个分项指标均排在省内第 1 ～ 2 名，南京市的政务环境指数排在省内第 3 名，其余 6 个各分项指标均排在第 1 ～ 2 名。这两个城市各项指标排名良好，在省内领先优势明显。常州市创新环境指数和法治环境指数在省内排名相对较差，分别排在第 6 名和第 8 名；南通市法治环境指数排名相对较差，排在省内第 11 名；无锡市各项指标的表现相对较好，除法治环境指数排在省内第 10 名，其余指标都排在省内第 2 ～ 3 名。

表 6-13-2　　　　江苏省城市营商环境分项指标评价（二）

城市	市场环境指数			创新环境指数		
	2022年	全国排名	省内排名	2022年	全国排名	省内排名
南京市	26.1905	11	2	24.0369	9	2
无锡市	25.7522	13	3	9.3905	21	3
徐州市	11.5914	57	9	5.1336	37	5
常州市	22.2883	18	4	4.9078	40	6
苏州市	27.4603	8	1	34.1397	6	1
南通市	19.3408	22	5	6.9096	28	4
连云港市	8.6413	104	12	1.4506	107	13
淮安市	11.3644	62	11	1.5607	98	12
盐城市	11.5754	58	10	4.5260	42	7
扬州市	18.4769	23	6	2.6848	60	9
镇江市	17.6705	28	7	3.7916	49	8
泰州市	16.3571	32	8	2.5140	65	10
宿迁市	7.6602	121	13	2.1227	72	11

镇江市的公共服务指数和人力资源指数排名相对较差，两个指标排在省内第 11 名，但法治环境指数和政务环境指数排名较好，分别排在省内第 4 名和第 5 名；泰州市的法治环境指数排名相对较低，排在省内第 12 名；盐城市公共服务指数、人力资源指数和创新环境指数排名相对较好，3 个分项指标均排在省内第 7 名；连云港市法治环境指数排名相对较高，排在省内第 3 名，但公共服务指数和创新环境指数表现较差，排在省内第 13 名；宿迁市法治环境指数和公共服务指数相对其他指标来看排名相对较好，分别排在省内第 7 名和第 9 名。其余城市的各个分项指标省内排名与其营商环境指数省内排名较为相符。

表 6-13-3　　　　江苏省城市营商环境分项指标评价（三）

城市	金融服务指数			法治环境指数			政务环境指数		
	2022年	全国排名	省内排名	2022年	全国排名	省内排名	2022年	全国排名	省内排名
南京市	22.3829	10	1	64.9739	5	1	38.1528	15	3
无锡市	10.1208	29	3	31.9764	192	10	41.2659	14	2
徐州市	4.8667	54	6	52.0857	87	5	23.2702	58	7
常州市	7.0680	40	5	35.0037	182	8	28.5991	31	4

续表

城市	金融服务指数			法治环境指数			政务环境指数		
	2022年	全国排名	省内排名	2022年	全国排名	省内排名	2022年	全国排名	省内排名
苏州市	21.5357	11	2	57.4409	27	2	41.7695	12	1
南通市	7.1909	37	4	31.0620	205	11	24.0235	54	6
连云港市	3.2424	82	11	56.7431	34	3	16.7280	113	12
淮安市	3.0355	89	12	50.0378	114	6	15.9402	126	13
盐城市	4.7592	56	8	33.4607	186	9	18.1407	96	11
扬州市	3.8532	70	9	30.7786	209	13	20.3048	74	9
镇江市	3.7830	72	10	56.2605	41	4	24.7557	48	5
泰州市	4.7752	55	7	31.0174	207	12	21.7774	65	8
宿迁市	2.4104	129	13	37.1871	180	7	19.5664	82	10

十四、江西省城市营商环境评价

江西省地处我国东南地区，下辖 11 个地级市。2022 年全国营商环境指数排名中，下辖城市排名表现一般，南昌市、赣州市和九江市 3 个城市排名进入全国前 100 名；两个城市排名在 100 ～ 150 名，分别是抚州市排在第 127 名，新余市排在第 151 名；有 5 个城市排在 150 ～ 200 名，仅上饶市营商环境排在全国 200 名之后。通过对比 2021 年排名可以看出，江西省有 9 个城市的排名有所下降，其中吉安市和鹰潭市下降幅度较大，分别下降 54 名和 36 名。评价结果如表 6-14 所示。

表 6-14　　江西省城市营商环境评价

城市	营商环境指数		省内排名		省内排名	全国排名		全国排名
	2021年	2022年	2021年	2022年	近1年变化	2021年	2022年	近1年变化
南昌市	21.7978	21.4371	1	1	0	26	27	1
赣州市	15.4895	14.8489	2	2	0	57	66	–9
九江市	14.3193	14.1302	3	3	0	74	81	–7
抚州市	11.6006	12.0254	6	4	2	133	127	6

续表

城市	营商环境指数		省内排名		省内排名	全国排名		全国排名
	2021年	2022年	2021年	2022年	近1年变化	2021年	2022年	近1年变化
新余市	11.6120	11.5524	5	5	0	132	151	−19
吉安市	12.9168	11.4786	4	6	−2	100	154	−54
萍乡市	10.9879	10.7961	8	7	1	158	179	−21
景德镇市	10.5814	10.7755	10	8	2	183	181	2
宜春市	10.9173	10.6344	9	9	0	166	184	−18
鹰潭市	11.1854	10.5639	7	10	−3	150	186	−36
上饶市	9.7704	9.9890	11	11	0	206	209	−3

从江西省城市各分项指标的全国排名来看，法治环境指数和创新环境指数排名表现优异，分别有 8 个和 9 个城市进入全国前 150 名；金融服务指数和政务环境指数排名表现相对较好，均有 6 个城市排在全国前 150 名；公共服务指数和市场环境指数排名表现一般，均有 5 个城市进入全国前 150 名；人力资源指数排名表现相对较差，有 4 个城市排在全国前 150 名。总的来看，制约江西省营商环境水平提升的重要因素是匮乏的人力资源以及较低的公共服务水平（见表 6-14-1、表 6-14-2、表 6-14-3）。

表 6-14-1　　江西省城市营商环境分项指标评价（一）

城市	公共服务指数			人力资源指数		
	2022年	全国排名	省内排名	2022年	全国排名	省内排名
南昌市	12.5007	51	1	36.9149	18	1
景德镇市	2.5794	240	10	14.8200	260	11
萍乡市	2.8164	235	8	16.7085	212	9
九江市	7.4759	99	3	21.1410	88	3
新余市	2.7731	236	9	17.2194	193	7
鹰潭市	1.6135	271	11	15.5057	245	10
赣州市	9.1168	71	2	23.1046	60	2
宜春市	6.6824	116	5	18.3080	153	5
上饶市	7.0834	105	4	19.5795	118	4
吉安市	4.3989	179	6	17.5026	181	6
抚州市	3.7114	205	7	16.9026	204	8

从江西省城市的各分项指标的省内排名来看，省会南昌市表现优异，7 个分项指标均排在省内第 1 名；九江市各项指标省内排名表现较为均衡，均排在

省内第3～5名；赣州市的法治环境指数和市场环境指数排名相对较低，分别排在省内第6名和第9名，其余5个分项指标均排在省内第2名；新余市和鹰潭市的市场环境指数排名相对较好，分别排在省内第2名和第3名；新余市创新环境指数和金融服务指数省内排名相对较差，分别排在第11名和第10名，鹰潭市的市场环境指数排在省内第3名，但金融服务指数和政务环境指数省内排名相对较差，均排在省内第11名。

表 6-14-2　　　　江西省城市营商环境分项指标评价（二）

城市	市场环境指数			创新环境指数		
	2022年	全国排名	省内排名	2022年	全国排名	省内排名
南昌市	14.7875	44	1	5.8430	31	1
景德镇市	6.3706	153	6	0.7898	152	10
萍乡市	5.7489	173	8	1.0904	124	8
九江市	10.1002	76	4	2.0523	76	4
新余市	10.3138	72	2	0.4241	187	11
鹰潭市	10.3064	73	3	0.9586	129	9
赣州市	5.4311	182	9	4.3748	44	2
宜春市	6.4825	148	5	3.2537	53	3
上饶市	4.7243	199	10	1.9216	81	7
吉安市	5.9296	169	7	1.9606	79	6
抚州市	4.2770	210	11	2.0448	77	5

吉安市的法治环境指数排名表现较好，排在省内第2名，但政务环境指数表现省内排名较差，排在第10名；抚州市的法治环境指数和政务环境指数排名表现较好，排在省内第3名，但市场环境指数排名相对较差，省内排在第11名；上饶市的金融服务指数排名表现较好，排在全省第3名，但市场环境指数、法治环境指数和政务环境指数表现不佳，排在省内第9～10名。其余城市的各个分项指标在省内排名与其营商环境指数的省内排名基本一致。

表 6-14-3　　　　江西省城市营商环境分项指标评价（三）

城市	金融服务指数			法治环境指数			政务环境指数		
	2022年	全国排名	省内排名	2022年	全国排名	省内排名	2022年	全国排名	省内排名
南昌市	11.9659	24	1	57.5102	26	1	22.5619	61	1
景德镇市	0.9847	235	9	47.6177	148	7	14.5467	148	6

续表

城市	金融服务指数			法治环境指数			政务环境指数		
	2022年	全国排名	省内排名	2022年	全国排名	省内排名	2022年	全国排名	省内排名
萍乡市	0.9916	234	8	47.5121	150	8	12.9432	174	8
九江市	2.8292	100	5	50.9961	97	4	16.6052	117	4
新余市	0.9116	239	10	45.5151	163	9	15.0303	141	5
鹰潭市	0.8867	240	11	50.6459	104	5	7.3912	264	11
赣州市	5.1760	52	2	49.2887	128	6	18.9302	91	2
宜春市	2.8899	95	4	28.6213	248	11	14.1989	160	7
上饶市	2.9687	93	3	28.9221	244	10	11.0344	210	9
吉安市	2.1487	143	6	51.4674	92	2	10.2722	221	10
抚州市	2.0161	152	7	51.1730	95	3	17.1024	109	3

十五、辽宁省城市营商环境评价

辽宁省地处我国东北地区，同时也是沿海省份，下辖 14 个地级市。2022 年全国营商环境指数排名中，辽宁省下辖城市营商环境指数排名表现整体较差，仅有两个城市排在全国前 150 名之内，分别是沈阳市第 28 名以及大连市第 48 名；仅有一个城市排在全国第 150 ～ 200 名，即营口市排在第 190 名；其余的 11 个城市全部排在全国 200 名之后，表明辽宁省城市营商环境整体处于较低水平。对比 2021 年营商环境指数排名来看，丹东市、营口市和辽阳市排名分别较去年上升 3 名、13 名和 16 名，其余城市较 2021 年排名有所下滑，其中锦州市营商环境指数排名下降幅度最大，从 2021 年的第 240 名下降至 2022 年的第 266 名。评价结果如表 6-15 所示。

表 6-15　辽宁省城市营商环境评价

城市	营商环境指数		省内排名		省内排名	全国排名		全国排名
	2021年	2022年	2021年	2022年	近1年变化	2021年	2022年	近1年变化
沈阳市	22.3224	21.4009	1	1	0	23	28	–5

续表

城市	营商环境指数		省内排名		省内排名	全国排名		全国排名
	2021年	2022年	2021年	2022年	近1年变化	2021年	2022年	近1年变化
大连市	18.9279	17.1972	2	2	0	43	48	–5
营口市	10.0018	10.5133	4	3	1	203	190	13
丹东市	9.9097	10.1749	5	4	1	204	201	3
葫芦岛市	10.5765	10.0252	3	5	–2	184	206	–22
辽阳市	8.5616	9.2301	9	6	3	251	235	16
鞍山市	9.0322	9.1978	6	7	–1	232	237	–5
盘锦市	8.9253	8.8516	7	8	–1	237	248	–11
本溪市	8.0122	8.4054	10	9	1	262	265	–3
锦州市	8.9204	8.2143	8	10	–2	240	266	–26
朝阳市	7.5887	7.3190	11	11	0	267	277	–10
铁岭市	7.3346	6.7434	14	12	2	276	285	–9
抚顺市	7.5800	6.7091	12	13	–1	268	286	–18
阜新市	7.4953	6.5227	13	14	–1	272	287	–15

从辽宁省城市 7 个分项指标的全国排名来看，各项指标在全国范围内的排名表现不佳。公共服务指数只有沈阳市、大连市、鞍山市和营口市这 4 个城市排在全国前 150 名；人力资源指数排名中只有沈阳市和大连市排在全国前 30 名，其他城市均排在 200 名之后；政务环境指数、金融服务指数以及法治环境指数均有 4 个城市排在全国前 150 名，但是有超过一半的城市都在全国 200 名之后；市场环境指数有 4 个城市排在 150 名之内，但大多城市都排在全国 200 名之后；创新环境指数排名表现也相对较差，仅有沈阳市和大连市排在前 50 名，鞍山市排在第 173 名，其余城市的创新环境指数均在全国 200 名之后。因此，辽宁省城市的 7 个分项指标排名都处于较低水平，公共服务水平相对较好，但人力资源、市场环境、创新环境、金融服务、法治环境与政务环境都制约着辽宁省的营商环境水平的提升（见表 6-15-1、表 6-15-2、表 6-15-3）。

表 6-15-1　　　　辽宁省城市营商环境分项指标评价（一）

城市	公共服务指数			人力资源指数		
	2022年	全国排名	省内排名	2022年	全国排名	省内排名
沈阳市	21.1720	20	1	32.7275	23	1
大连市	16.3501	33	2	29.7385	27	2

续表

城市	公共服务指数			人力资源指数		
	2022年	全国排名	省内排名	2022年	全国排名	省内排名
鞍山市	9.6517	68	3	16.0675	234	4
抚顺市	4.7166	172	5	15.8481	241	5
本溪市	4.6015	173	6	13.6037	273	13
丹东市	3.8170	200	10	13.5526	274	14
锦州市	4.0841	195	9	16.8093	208	3
营口市	8.3354	84	4	15.2414	251	7
阜新市	2.6447	238	14	13.7571	272	12
辽阳市	4.1866	192	8	14.9515	258	8
铁岭市	2.8367	233	13	15.4654	247	6
朝阳市	4.2529	188	7	14.8001	261	9
盘锦市	3.3634	224	12	13.8859	270	11
葫芦岛市	3.7981	201	11	14.3597	267	10

从辽宁省城市的各分项指标的省内排名来看，沈阳市和大连市领先幅度明显，除沈阳市市场环境指数和大连市政务环境指数排在省内第 3 名，其余分项指数都排在省内第 1 ～ 2 名。营口市的政务环境指数和公共服务指数省内排名表现相对较好，分别排在第 2 名和第 4 名；丹东市的法治环境指数和政务环境指数省内排名表现相对较好，分别排在第 3 名和第 6 名；葫芦岛市法治环境指数排名相对较好，排在省内第 4 名，但公共服务指数、市场环境指数以及创新环境指数排名表现都相对较差，分别排在省内第 11 名、第 11 名和第 14 名；锦州市的金融服务指数排名相对较好，排在省内第 3 名，但是公共服务指数、市场环境指数以及法治环境指数排名表现较差，分别排在省内第 9 名、第 9 名和第 11 名。

表 6-15-2　　　　辽宁省城市营商环境分项指标评价（二）

城市	市场环境指数			创新环境指数		
	2022年	全国排名	省内排名	2022年	全国排名	省内排名
沈阳市	11.0155	66	3	5.5784	34	1
大连市	13.5994	47	1	5.1427	36	2
鞍山市	5.3541	184	6	0.5133	173	3
抚顺市	4.1157	213	8	0.1355	250	9

续表

城市	市场环境指数			创新环境指数		
	2022年	全国排名	省内排名	2022年	全国排名	省内排名
本溪市	6.5135	147	4	0.0587	276	12
丹东市	2.8300	250	10	0.0794	268	11
锦州市	3.5157	230	9	0.2149	226	5
营口市	6.2556	155	5	0.1418	245	7
阜新市	2.0858	272	13	0.1654	236	6
辽阳市	5.2419	186	7	0.1376	248	8
铁岭市	1.6016	277	14	0.1210	255	10
朝阳市	2.2322	271	12	0.0543	278	13
盘锦市	12.0593	54	2	0.3389	204	4
葫芦岛市	2.3620	268	11	0.0444	282	14

辽阳市政务环境指数和法治环境指数排名表现相对较好，分别排在省内第 4 名和第 5 名，但公共服务指数、人力资源指数以及创新环境指数排名表现较差，均排在省内第 8 名；盘锦市市场环境指数排名表现较好，排在省内第 2 名；本溪市的市场环境指数和政务环境指数排名省内表现相对较好，分别排在第 4 名和第 5 名；鞍山市公共服务指数和创新环境指数排名相对较好，均排在省内第 3 名；朝阳市的市场环境指数和创新环境指数排名相对较差，分别排在省内第 12 名和第 13 名；铁岭市人力资源指数和金融服务指数省内排名相对较好，分别排在第 6 名和第 7 名，但法治环境指数与市场环境指数排名表现较差，均排在省内第 14 名；阜新市创新环境指数排名相对较好，排在省内第 6 名，但是其他分项指标排名靠后；抚顺市公共服务指数和人力资源指数省内排名相对较好，两个指标都排在第 5 名，但法治环境指数和政务环境指数分别排在第 13 名和第 14 名。

表 6-15-3　　　　辽宁省城市营商环境分项指标评价（三）

城市	金融服务指数			法治环境指数			政务环境指数		
	2022年	全国排名	省内排名	2022年	全国排名	省内排名	2022年	全国排名	省内排名
沈阳市	11.2088	26	1	54.1763	68	1	24.8528	47	1
大连市	9.4002	31	2	53.1883	82	2	18.2915	95	3
鞍山市	2.1849	141	4	30.1209	219	6	7.4663	260	12

续表

城市	金融服务指数			法治环境指数			政务环境指数		
	2022年	全国排名	省内排名	2022年	全国排名	省内排名	2022年	全国排名	省内排名
抚顺市	1.0948	220	11	20.0556	286	13	5.4460	282	14
本溪市	1.0854	222	12	23.6175	283	12	14.4281	152	5
丹东市	1.1734	213	10	51.7049	90	3	11.9102	196	6
锦州市	2.6801	110	3	24.9939	279	11	10.7952	213	8
营口市	1.9825	155	5	27.5957	261	8	19.7352	79	2
阜新市	0.8863	241	14	25.9423	271	9	6.6507	275	13
辽阳市	1.7779	165	6	30.8124	208	5	14.6968	145	4
铁岭市	1.3978	201	7	19.5456	288	14	10.5030	219	9
朝阳市	1.2696	205	9	25.1883	278	10	9.3919	236	11
盘锦市	1.0807	224	13	27.6288	260	7	9.8630	230	10
葫芦岛市	1.3693	203	8	50.7061	102	4	11.0973	209	7

十六、内蒙古自治区城市营商环境评价

内蒙古自治区地处我国北方，横跨东北、华北、西北三大地区，下辖 9 个地级市和 3 个盟，本报告主要针对 9 个地级市的营商环境进行评价。2022 年的全国营商环境指数排名中，内蒙古自治区下辖城市营商环境指数排名处于一般水平，有 4 个城市排在前 150 名，3 个城市排名在 150 ～ 200 名，呼伦贝尔市和巴彦淖尔市排在 200 名之后。对比 2021 年的排名可以看出，乌兰察布市和包头市的营商环境指数分别上升 28 名和 19 名，乌海市和呼伦贝尔市的的营商环境排名分别上升 14 名和 11 名；通辽市和赤峰市的营商环境下降幅度较为明显，分别下降 15 名和 12 名。总体来看，内蒙古自治区城市营商环境排名表现一般。评价结果如表 6-16 所示。

表 6-16　　内蒙古自治区城市营商环境评价

城市	营商环境指数		省内排名		省内排名	全国排名		全国排名
	2021年	2022年	2021年	2022年	近1年变化	2021年	2022年	近1年变化
鄂尔多斯市	17.3781	16.9374	1	1	0	46	50	−4
呼和浩特市	13.9289	13.7349	2	2	0	79	85	−6
包头市	12.6019	13.4558	3	3	0	108	89	19
赤峰市	12.0371	11.9097	4	4	0	118	130	−12
乌兰察布市	10.5354	11.3949	6	5	1	185	157	28
通辽市	11.0794	10.8570	5	6	−1	156	171	−15
乌海市	10.4695	10.8401	7	7	0	187	173	14
呼伦贝尔市	8.3203	8.8880	8	8	0	257	246	11
巴彦淖尔市	7.5496	7.7852	9	9	0	271	273	−2

从内蒙古自治区城市的 7 个分项指标的全国排名来看，金融服务指数、市场环境指数以及公共服务指数排名较好，分别有 5 个、5 个和 6 个城市排在全国前 150 名；创新环境指数排名较差，仅鄂尔多斯市排在全国前 150 名，有 6 个城市都排在 200 名之后；政务环境指数仅呼和浩特市和乌海市两个城市排在全国前 150 名，有 4 个城市排在 200 名之后；法治环境指数有 4 个城市进入前 150 名，其中仅有赤峰一个城市排在 100 名以内；人力资源指数排名表现一般，仅鄂尔多斯市、呼和浩特市和包头市 3 个城市排在全国前 150 名（见表 6-16-1、表 6-16-2、表 6-16-3）。

表 6-16-1　　内蒙古自治区城市营商环境分项指标评价（一）

城市	公共服务指数			人力资源指数		
	2022年	全国排名	省内排名	2022年	全国排名	省内排名
鄂尔多斯市	17.1407	30	2	19.9830	114	2
呼和浩特市	8.4847	81	4	23.3501	54	1
包头市	18.8184	26	1	19.0543	134	3
赤峰市	6.5125	119	6	17.6845	175	4
乌兰察布市	12.2260	56	3	16.6000	217	6
乌海市	5.0587	158	7	16.3646	226	8
通辽市	7.4369	100	5	17.3501	185	5
呼伦贝尔市	3.4102	220	9	16.0893	233	9
巴彦淖尔市	3.6503	209	8	16.3976	225	7

从内蒙古自治区城市的各分项指标的省内排名来看，鄂尔多斯市营商环境指数排名领先，市场环境指数和创新环境指数排在全区第 1 名，公共服务指数、法治环境指数和人力资源指数均排在全区第 2 名；这主要与鄂尔多斯市丰富的矿产资源和较快的经济增长速度相关，其连续十多年经济增速均排在内蒙古自治区首位，城市各方面建设都比较完善，因此营商环境指数总体较好。呼和浩特市各分项指标表现相对较好，除法治环境指数排在全区第 7 名外，人力资源指数、金融服务指数和政务环境指数均排在全区第 1 名，创新环境指数排在全区第 2 名；包头市的政务环境指数和法治环境指数排名相对较差，分别排在全区第 5 名和第 8 名，其余 5 个分项指标都排在全区前 3 名。

表 6-16-2　　内蒙古自治区城市营商环境分项指标评价（二）

城市	市场环境指数			创新环境指数		
	2022年	全国排名	省内排名	2022年	全国排名	省内排名
鄂尔多斯市	26.3280	10	1	0.9445	133	1
呼和浩特市	11.4180	61	4	0.6464	161	2
包头市	15.9221	35	2	0.5834	168	3
赤峰市	5.5472	179	6	0.2237	224	5
乌兰察布市	5.2010	188	7	0.0688	273	9
乌海市	12.5195	51	3	0.2561	219	4
通辽市	5.0738	194	9	0.1274	253	8
呼伦贝尔市	5.0995	190	8	0.1595	241	7
巴彦淖尔市	6.7777	141	5	0.1870	232	6

乌兰察布市公共服务指数排名较好，排在全区第 3 名，但金融服务指数和创新环境指数分别排在全区第 8 名和第 9 名；赤峰市的各分项指标排名表现较好，其中法治环境指数排在全区第 1 名，金融服务指数和政务环境指数都排在全区第 3 名；乌海市的政务环境指数和市场环境指数排名表现较好，分别排在全区第 2 名和第 3 名，但是金融服务指数排在全区第 9 名；通辽市法治环境指数排名较好，排在全区第 3 名，但是市场环境指数、创新环境指数和政务环境指数排名表现不佳，这 3 个分项指标排在全区后 2 名；巴彦淖尔市的市场环境指数和金融服务指数排名表现相对较好，均排在全区第 5 名；呼伦贝尔市公共服务指数和人力资源指数排名相对较差，均排在全区第 9 名，但是法治环境指

数排名表现相对较好，排在全区第 5 名。

表 6-16-3　　　内蒙古自治区城市营商环境分项指标评价（三）

城市	金融服务指数			法治环境指数			政务环境指数		
	2022年	全国排名	省内排名	2022年	全国排名	省内排名	2022年	全国排名	省内排名
鄂尔多斯市	2.5250	120	4	50.6006	105	2	12.2612	187	4
呼和浩特市	6.0256	49	1	31.5289	196	7	20.6220	72	1
包头市	2.8586	97	2	30.5675	213	8	12.0901	190	5
赤峰市	2.7202	106	3	50.8698	98	1	12.7965	175	3
乌兰察布市	1.0297	226	8	49.5956	124	4	7.7766	258	7
乌海市	0.7842	255	9	33.1533	187	6	15.1820	139	2
通辽市	1.2444	208	7	50.5892	106	3	7.4212	263	8
呼伦贝尔市	1.6601	174	6	33.9644	185	5	10.1920	223	6
巴彦淖尔市	2.4663	126	5	29.7010	233	9	2.6220	288	9

十七、宁夏回族自治区城市营商环境评价

宁夏回族自治区地处我国西部地区，下辖 5 个地级市。2022 年全国营商环境指数排名中，宁夏回族自治区下辖城市营商环境指数排名表现较差，仅有银川市 1 个城市排在全国前 150 名，排在第 68 名；中卫市排在第 164 名，固原市、石嘴山市和吴忠市排在全国 200 名之外，其中固原市排在第 205 名，石嘴山市排在第 244 名，吴忠市排在第 267 名。通过对比 2021 年排名，可以看出宁夏回族自治区的 5 个城市的营商环境指数排名均呈现上升趋势，其中中卫市的排名上升幅度最大，从 2021 年的第 217 名上升至 2022 年的第 164 名。总体来说，宁夏回族自治区城市营商环境近年来有所优化，但是在全国范围内仍处于较低水平。评价结果见如表 6-17 所示。

表 6-17　　宁夏回族自治区城市营商环境评价

城市	营商环境指数		省内排名		省内排名	全国排名		全国排名
	2021年	2022年	2021年	2022年	近1年变化	2021年	2022年	近1年变化
银川市	14.2429	14.6279	1	1	0	76	68	8
中卫市	9.4468	11.1292	3	2	1	217	164	53
固原市	9.6257	10.0518	2	3	−1	212	205	7
石嘴山市	8.6281	9.0365	4	4	0	249	244	5
吴忠市	7.5653	8.1565	5	5	0	270	267	3

从宁夏回族自治区城市的 7 个分项指标的全国排名来看，公共服务指数和人力资源指数排名表现较好，分别有 3 个和 4 个城市排在全国前 150 名；金融服务指数和政务环境指数排名表现较差，仅银川市排名进入全国前 100 名，其余 4 个城市均排在 200 名外；市场环境指数和法治环境指数表现一般，各有 2 个城市排在全国 150 名以内。创新环境指数排名相对较差，仅银川市一个城市排在前 150 名。由此可见，宁夏回族自治区内多数城市的营商环境指数排名靠后，需要从市场环境、创新环境、金融环境、政务环境以及法治环境等方面着手进行改善（见表 6-17-1、表 6-17-2、表 6-17-3）。

表 6-17-1　　宁夏回族自治区城市营商环境分项指标评价（一）

城市	公共服务指数			人力资源指数		
	2022年	全国排名	省内排名	2022年	全国排名	省内排名
银川市	12.3970	54	1	23.0159	61	1
石嘴山市	6.0320	130	2	17.1192	195	5
吴忠市	4.3347	182	4	18.9290	140	3
中卫市	5.7555	141	3	18.9214	141	4
固原市	1.1431	285	5	20.7294	98	2

从宁夏回族自治区城市的 7 个分项指标的全区排名来看，省会银川市领先幅度较大，有 6 个指标稳居第 1 名，仅法治环境指数相对较差，排在全区第 4 名；中卫市法治环境指数和政务环境指数排名表现较好，分别排在全区第 1 名和第 2 名；固原市的法治环境指数和人力资源指数排名较好，排在全区第 2 名，但是市场环境指数和创新环境指数表现较差，两个指标均排在全区第 5 名；石嘴山市的公共服务指数、市场环境指数以及创新环境指数排名表现较

好，均排在全区第 2 名，但人力资源指数和金融服务指数排名表现较差，均排在全区第 5 名。吴忠市的金融服务指数、市场环境指数以及创新环境指数排名相对较好，分别排在全区第 2 名、第 3 名和第 3 名，但是法治环境指数和政务环境指数排名相对较差，两个分项指标均排在全区第 5 名。

表 6-17-2　　宁夏回族自治区城市营商环境分项指标评价（二）

城市	市场环境指数			创新环境指数		
	2022年	全国排名	省内排名	2022年	全国排名	省内排名
银川市	10.6504	70	1	0.9323	135	1
石嘴山市	8.0370	117	2	0.3979	194	2
吴忠市	4.0244	217	3	0.3652	200	3
中卫市	3.5267	229	4	0.2587	218	4
固原市	1.7702	276	5	0.1758	235	5

表 6-17-3　　宁夏回族自治区城市营商环境分项指标评价（三）

城市	金融服务指数			法治环境指数			政务环境指数		
	2022年	全国排名	省内排名	2022年	全国排名	省内排名	2022年	全国排名	省内排名
银川市	4.3338	64	1	29.2887	240	4	26.6642	42	1
石嘴山市	0.2997	285	5	31.7554	195	3	7.1874	265	4
吴忠市	0.3788	280	2	28.9382	243	5	7.0525	268	5
中卫市	0.3090	284	4	53.2088	81	1	9.9510	228	2
固原市	0.3431	281	3	50.7957	100	2	8.9867	244	3

十八、山东省城市营商环境评价

山东省地处我国东部沿海，下辖 16 个地级市。2022 年山东省下辖的 16 个地级市全部进入全国前 150 名，其中 15 个城市均排在全国 100 名之内，只有泰安市排在第 108 名。对比 2021 年的排名可以看出，绝大多数城市的排名均有所上升，其中临沂市、泰安市和日照市排名上升幅度明显，分别上升 20 名、21 名和 28 名。有 2 个城市排名稍有下降，分别是济宁市下降 3 名，威海市下降 1 名。总体来看，山东省城市的营商环境表现优异，从全国范围内来看处于较高水平。评价结果如表 6-18 所示。

表 6-18　　　　　　　　山东省城市营商环境评价

城市	营商环境指数		省内排名		全国排名		省内排名	全国排名
	2021年	2022年	2021年	2022年	2021年	2022年	近1年变化	近1年变化
青岛市	30.1658	29.6476	1	1	15	13	0	2
济南市	27.2998	27.0642	2	2	18	17	0	1
烟台市	20.1406	21.0472	3	3	33	30	0	3
潍坊市	19.3666	19.8667	4	4	38	34	0	4
淄博市	17.1479	18.4586	6	5	48	41	1	7
东营市	17.3547	17.9411	5	6	47	45	−1	2
临沂市	14.4638	17.1731	11	7	69	49	4	20
济宁市	16.8302	16.7405	7	8	49	52	−1	−3
威海市	15.5151	15.9621	8	9	56	57	−1	−1
聊城市	14.9606	15.7867	9	10	62	59	−1	3
滨州市	14.5260	15.4747	10	11	67	61	−1	6
德州市	13.7784	14.1373	12	12	82	80	0	2
日照市	12.4486	13.6879	15	13	114	86	2	28
菏泽市	12.8907	13.0590	13	14	101	96	−1	5
枣庄市	12.5604	12.9954	14	15	109	98	−1	11
泰安市	11.6813	12.5246	16	16	129	108	0	21

从山东省城市的 7 个分项指标的全国排名来看，政务环境指数排名表现优异，16 个城市排名都进入全国前 100 名；金融环境指数同样表现不错，16 个城市排名都在全国前 150 名之内；公共服务指数排名表现较好，有 15 个城市排进全国前 150 名，仅威海市排在第 175 名；人力资源指数有 14 个城市排名进入全国前 150 名，日照市和枣庄市的人力资源指数分别排在第 151 名和第 176 名；创新环境指数和法治环境指数均有 13 个城市排进全国前 150 名；市场环境指数排名相对较差，有 9 个城市进入全国前 150 名，3 个城市排在第 150 ～ 200 名，4 个城市排在 200 名之后。总体来看，山东省营商环境指数各分项指标表现具有很强的竞争力，今后进一步提升的方向可以关注市场环境指数对应的指标（见表 6-18-1、表 6-18-2、表 6-18-3）。

表 6-18-1　　　　山东省城市营商环境分项指标评价（一）

城市	公共服务指数			人力资源指数		
	2022年	全国排名	省内排名	2022年	全国排名	省内排名
青岛市	20.4393	21	2	37.3209	17	2
济南市	18.9972	24	4	42.2375	13	1
淄博市	15.3111	41	8	21.4559	83	8
枣庄市	5.5961	144	15	17.6806	176	16
烟台市	15.9237	36	7	26.0764	39	4
潍坊市	19.1849	23	3	26.5984	32	3
济宁市	12.1974	57	9	25.1026	44	6
临沂市	16.2744	34	6	25.1431	43	5
泰安市	7.4932	97	12	20.4553	106	10
聊城市	16.5187	31	5	20.0838	113	11
菏泽市	8.9178	75	11	20.9697	91	9
德州市	6.8579	111	14	19.5222	119	12
滨州市	28.3824	12	1	18.6492	145	13
东营市	9.1997	70	10	21.5885	79	7
威海市	4.5249	175	16	18.4733	149	14
日照市	7.2239	103	13	18.3824	151	15

从山东省城市的各分项指标的省内排名来看，青岛市营商环境指数得分排在全省第 1 名，各分项指标均排在全省第 1 ～ 2 名；省会济南市整体表现仅次于青岛市，人力资源指数排在省内第 1 名，创新环境指数和金融服务指数以及政务环境指数排在省内第 2 名，但法治环境指数表现相对较差，排在省内第 7 名；济宁市金融服务指数和人力资源指数省内表现相对较好，分别排在第 5 名和第 6 名；淄博市法治环境指数表现相对较好，排在省内第 3 名，潍坊市公共服务指数和人力资源指数均排在第 3 名，创新环境指数和政务环境指数排在第 4 名；东营市的市场环境指数和法治环境指数排名表现都较好，排在省内第 2 名，但创新环境和金融服务指数省内排名相对较低，分别排在第 12 名和第 14 名；临沂市的金融服务指数排在省内第 4 名，但市场环境指数排名相对较差，排在第 13 名。

表 6-18-2　　　　山东省城市营商环境分项指标评价（二）

城市	市场环境指数			创新环境指数		
	2022年	全国排名	省内排名	2022年	全国排名	省内排名
青岛市	22.5914	17	1	12.5147	15	1
济南市	16.1072	33	3	8.9983	24	2
淄博市	9.3695	92	6	2.1128	73	6
枣庄市	4.2730	211	14	0.5823	169	15
烟台市	15.9589	34	4	5.0146	39	3
潍坊市	7.4818	123	8	4.8233	41	4
济宁市	5.8655	170	10	1.5801	97	9
临沂市	4.4137	205	13	1.7282	87	7
泰安市	5.3711	183	12	0.8130	149	13
聊城市	3.2850	236	16	0.7400	156	14
菏泽市	3.5038	231	15	0.4585	180	16
德州市	5.6951	177	11	1.4543	106	10
滨州市	7.0727	137	9	2.6224	61	5
东营市	17.6948	27	2	1.3019	115	12
威海市	14.2576	46	5	1.4278	108	11
日照市	7.6057	122	7	1.7011	91	8

聊城市的公共服务指数省内排名相对较好，排在第 5 名，但创新环境指数和市场环境指数省内排名较差，分别排在第 14 名和第 16 名；威海市的市场环境指数和政务环境指数排名相对较好，均排在省内第 5 名，而人力资源指数和公共服务指数排名相对较差，分别排在第 14 名和第 16 名；日照市的市场环境指数和创新环境指数排名表现较好，分别排在省内第 7 名和第 8 名，但金融服务指数排名较差，排在第 16 名；滨州市的公共服务指数和创新环境指数排名表现优异，分别排在省内第 1 名和第 5 名，而法治环境指数排名较差，排在第 16 名；德州市的法治环境指数排名较高，排在省内第 4 名。其余城市的各分项指标省内排名表现与其营商环境指数省内排名表现相对一致。

表 6-18-3　　　　山东省城市营商环境分项指标评价（三）

城市	金融服务指数			法治环境指数			政务环境指数		
	2022年	全国排名	省内排名	2022年	全国排名	省内排名	2022年	全国排名	省内排名
青岛市	17.4726	16	1	65.3130	4	1	43.7701	11	1

续表

城市	金融服务指数			法治环境指数			政务环境指数		
	2022年	全国排名	省内排名	2022年	全国排名	省内排名	2022年	全国排名	省内排名
济南市	15.8498	18	2	54.8854	58	7	41.6478	13	2
淄博市	5.1448	53	7	60.5097	13	3	29.3236	30	6
枣庄市	2.3057	134	15	50.2260	111	12	22.7144	60	13
烟台市	6.7574	41	3	55.6006	49	5	33.5166	22	3
潍坊市	6.1196	48	6	55.3427	53	6	31.3415	27	4
济宁市	6.5462	43	5	50.7706	101	9	26.4645	43	9
临沂市	6.5474	42	4	50.4387	107	10	26.7543	41	8
泰安市	4.6309	58	8	30.5482	214	15	24.3686	51	10
聊城市	4.2147	65	9	54.0686	69	8	24.3569	52	11
菏泽市	2.9836	92	12	46.7915	157	14	19.0323	88	16
德州市	3.4204	77	11	56.9370	32	4	19.3411	85	15
滨州市	2.4968	124	13	30.0431	223	16	23.9124	55	12
东营市	2.4123	128	14	60.8421	11	2	26.8488	40	7
威海市	3.7278	73	10	50.2820	110	11	30.4811	29	5
日照市	2.2550	137	16	49.1606	129	13	21.3108	66	14

十九、山西省城市营商环境评价

山西省位于我国中部地区，下辖11个地级市，太原市为山西省省会城市。2022年山西省城市营商环境指数排名整体处于较低水平，排名进入前150名的只有两个城市，分别是太原市排名第33名和晋中市排名第135名；排名在150～200名的只有大同市，排在全国第158名；其余8个城市的营商环境得分排名均在全国200名之后。对比2021年的排名来看，仅有太原市和晋中市的营商环境指数排名有所上升，其余城市的排名均呈下降趋势，其中临汾市、吕梁市和朔州市下降幅度较大，分别从2021年的第171名、第197名和第256名下降至2022年的第202名、第233名和第276名。总体来看，山西省城市营商环境指数表现相对较差。评价结果如表 6-19 所示。

表 6-19　　山西省城市营商环境评价

城市	营商环境指数		省内排名		省内排名	全国排名		全国排名
	2021年	2022年	2021年	2022年	近1年变化	2021年	2022年	近1年变化
太原市	19.6218	19.8760	1	1	0	36	33	3
晋中市	11.3888	11.7909	2	2	0	140	135	5
大同市	11.2272	11.3435	3	3	0	147	158	–11
临汾市	10.8254	10.1626	4	4	0	171	202	–31
吕梁市	10.0966	9.3799	5	5	0	197	233	–36
晋城市	9.1498	9.2141	6	6	0	226	236	–10
忻州市	8.9855	9.1540	7	7	0	234	240	–6
长治市	8.8595	8.6626	8	8	0	243	255	–12
运城市	8.5791	8.4976	9	9	0	250	262	–12
朔州市	8.3775	7.3497	10	10	0	256	276	–20
阳泉市	7.6965	7.1664	11	11	0	265	279	–14

从山西省城市的 7 个分项指标的全国排名来看，省会太原市的所有分项指标稳居省内第 1 名，均进入全国前 100 名，和其余城市拉开了不少距离。创新环境指数和政务环境指数表现较差，只有太原市排进前 150 名，其中创新环境指数有 6 个城市排在全国 200 名之后，政务环境指数有 9 个城市排在全国 200 名之后。人力资源指数和市场环境指数有两个城市排在全国前 150 名，太原市和晋中市的人力资源指数分别排在第 26 名和第 103 名，太原市和晋城市的市场环境指数分别排在第 96 名和第 133 名。公共服务指数和金融服务指数排名相对较好，均有 7 个城市进入全国前 150 名；法治环境指数排名表现一般，有 5 个城市进入全国前 150 名，5 个城市排名在 200 名之后。由此可见，制约山西省营商环境排名提升的主要因素是较低的创新环境指数以及政务环境指数（见表 6-19-1、表 6-19-2、表 6-19-3）。

表 6-19-1　　山西省城市营商环境分项指标评价（一）

城市	公共服务指数			人力资源指数		
	2022年	全国排名	省内排名	2022年	全国排名	省内排名
太原市	13.5329	49	1	30.2776	26	1
大同市	5.6031	143	7	16.4670	221	6

续表

城市	公共服务指数			人力资源指数		
	2022年	全国排名	省内排名	2022年	全国排名	省内排名
阳泉市	2.5972	239	11	13.7625	271	10
长治市	5.9021	134	5	16.5364	219	5
晋城市	5.9919	131	4	15.1419	252	8
朔州市	2.6736	237	10	15.2643	250	7
忻州市	3.2658	225	9	15.0953	254	9
晋中市	5.7705	140	6	20.5773	103	2
吕梁市	5.3240	154	8	17.0520	200	3
临汾市	6.3461	121	3	16.7734	209	4
运城市	8.8472	77	2	12.3870	284	11

从山西省城市的7个分项指标的省内排名来看，太原市所有分项指标领先幅度明显，各分项均在省内排名第1名；大同市的政务环境指数和金融环境指数省内排名较好，分别排在第2名和第3名，但公共服务指数和市场环境指数排名表现相对较差，均排在省内第7名；运城市金融服务指数和创新环境指数排名相对较好，分别排在省内第2名和第3名，但法治环境指数、市场环境指数和人力资源指数排名较差，分别排在省内第9名、第10名和第11名；晋城市的市场环境指数和创新环境指数在省内处于较高水平，两个分项指标均排在省内第2名；吕梁市的人力资源指数排名表现较好，排在省内第3名；晋中市的人力资源指数和法治环境指数排名表现较好，分别排在省内第2名和第3名。

表6-19-2　　山西省城市营商环境分项指标评价（二）

城市	市场环境指数			创新环境指数		
	2022年	全国排名	省内排名	2022年	全国排名	省内排名
太原市	9.1717	96	1	6.0122	30	1
大同市	3.9532	219	7	0.4238	188	4
阳泉市	5.7451	175	4	0.1247	254	10
长治市	5.7184	176	5	0.3427	203	6
晋城市	7.2623	133	2	0.4481	183	2
朔州市	6.3736	152	3	0.0536	279	11
忻州市	2.6817	256	9	0.1396	246	8
晋中市	4.0732	214	6	0.4086	191	5
吕梁市	3.9184	221	8	0.1843	233	7

续表

城市	市场环境指数			创新环境指数		
	2022年	全国排名	省内排名	2022年	全国排名	省内排名
临汾市	2.2406	270	11	0.1367	249	9
运城市	2.5328	264	10	0.4433	184	3

阳泉市的市场环境指数排名表现较好，排在省内第 4 名，而忻州市和临汾市的市场环境指数表现则相对较差，分别排在省内第 9 名和第 11 名；忻州市的法治环境指数排名相对较好，排在省内第 2 名，但政务环境指数排名相对较差，排在省内第 11 名；朔州市的市场环境指数排名较好，排在省内第 3 名，但是创新环境指数和法治环境指数均排在省内第 11 名。其余城市的各分项指标省内排名表现与其营商环境指数省内排名表现相对一致。

表 6-19-3　　山西省城市营商环境分项指标评价（三）

城市	金融服务指数			法治环境指数			政务环境指数		
	2022年	全国排名	省内排名	2022年	全国排名	省内排名	2022年	全国排名	省内排名
太原市	12.9051	21	1	59.1329	17	1	21.1851	69	1
大同市	3.3655	79	3	50.6559	103	4	12.0399	192	2
阳泉市	1.2558	207	11	26.4636	268	10	6.6484	276	8
长治市	2.7276	105	6	28.5893	249	8	7.4639	261	7
晋城市	2.6406	112	7	28.7665	247	7	10.7647	214	3
朔州市	1.6707	172	10	22.1528	284	11	8.1939	254	6
忻州市	1.6901	170	9	53.3571	78	2	2.5831	289	11
晋中市	3.2062	83	5	52.4717	86	3	9.5891	233	5
吕梁市	1.9490	158	8	46.9469	156	6	2.8068	287	10
临汾市	3.2428	81	4	48.7334	137	5	6.5219	278	9
运城市	3.9780	68	2	26.6923	266	9	10.6675	217	4

二十、陕西省城市营商环境评价

陕西省位于我国西北地区，下辖 10 个地级市。2022 年全国营商环境指数排名中，陕西省下辖城市营商环境指数排名整体表现较差，有3个城市排名进入全国前150名，其中西安市、榆林市和宝鸡市营商环境指数分别排在第12名、第103名和第147名。咸阳市和延安市排在全国第150～200名，其余5个城市均排在全国200名之后。对比2021年排名，可以看到陕西省有3个城市的排名略微上升，其余城市排名较去年有所下降，其中咸阳市和渭南市排名下降幅度较大，从2021年的第124名下降到2022年的第163名，渭南市从2021年的第216名下降到2022年的第253名。总体来讲，陕西省城市营商环境指数得分相对较低。评价结果如表6-20所示。

表6-20　　　　陕西省城市营商环境评价

城市	营商环境指数		省内排名		全国排名		省内排名近1年变化	全国排名近1年变化
	2021年	2022年	2021年	2022年	2021年	2022年		
西安市	31.1932	30.7648	1	1	13	12	0	1
榆林市	12.6503	12.7644	2	2	105	103	0	2
宝鸡市	11.2350	11.5863	4	3	146	147	1	−1
咸阳市	11.8564	11.1425	3	4	124	163	−1	−39
延安市	10.6218	10.7386	5	5	179	182	0	−3
安康市	10.2197	9.9564	6	6	193	213	0	−20
渭南市	9.4899	8.6943	7	7	216	253	0	−37
商洛市	8.0878	8.6333	10	8	259	257	2	2
铜川市	8.8749	8.5962	9	9	241	259	0	−18
汉中市	9.0914	8.5470	8	10	231	260	−2	−29

从陕西省城市的各分项指标的全国排名来看，公共服务指数和金融服务指数排名表现一般，均有4个城市排在全国前150名，分别有4个和3个城市排在全国200名之外；市场环境指数排名表现相对较好，有5个城市排进全国前150名，仅商洛市排在200名之后。创新环境指数排名表现相对较差，仅西安市和宝鸡市排在全国前150名；政务环境指数只有西安市排在全国第17名以及安康市排在第170名，其余的8个城市均在全国200名之后；法治环境指数和人力资源指数排名相对较差，分别有2个和3个城市排在全国前150名。总的来看，陕西省城市的各个分项指标排名表现相对较差，创新环境指数、政务环境指数、人力资源指数以及法治环境指数均是制约其营商环境提升的主要因

素（见表 6-20-1、表 6-20-2、表 6-20-3）。

表 6-20-1　　陕西省城市营商环境分项指标评价（一）

城市	公共服务指数			人力资源指数		
	2022年	全国排名	省内排名	2022年	全国排名	省内排名
西安市	22.9720	18	1	45.8247	9	1
榆林市	8.3766	83	2	19.1367	132	3
宝鸡市	4.9247	165	5	17.0880	196	4
咸阳市	6.2690	123	3	19.2481	127	2
延安市	3.6326	210	7	16.7448	210	5
安康市	1.8971	263	9	14.8985	259	8
渭南市	5.5862	145	4	15.9910	236	7
铜川市	1.4183	278	10	13.2127	278	10
汉中市	4.2437	189	6	16.6116	215	6
商洛市	1.9429	261	8	13.2912	276	9

从陕西省城市的各分项指标的省内排名来看，省会西安市的 7 个分项指标独占鳌头，稳居全省第 1 名；各个分项指标均表现优异，除法治环境指数排在全国第 31 名，其余的 6 个分项指标排在全国前 20 名；宝鸡市的创新环境指数、市场环境指数以及法治环境指数表现较好，分别排在第 2 名、第 3 名和第 3 名；咸阳市人力资源指数、公共服务指数以及金融服务指数排名相对较好，3 个分项指标分别排在全省第 2 名、第 3 名和第 3 名；榆林市的金融服务指数和政务环境指数排名表现较差，分别排在省内第 6 名和第 10 名，其余 4 个指标表现相对较好，基本上排在全省前 3 名；延安市的市场环境指数和政务环境指数排名表现较好，排在省内第 4 名。

表 6-20-2　　陕西省城市营商环境分项指标评价（二）

城市	市场环境指数			创新环境指数		
	2022年	全国排名	省内排名	2022年	全国排名	省内排名
西安市	25.9004	12	1	11.5677	18	1
榆林市	15.6958	37	2	0.7349	157	3
宝鸡市	11.5136	60	3	0.7990	150	2
咸阳市	6.6339	143	5	0.2945	210	6
延安市	8.6940	103	4	0.2760	214	7
安康市	5.0755	193	9	0.2241	223	8

续表

城市	市场环境指数			创新环境指数		
	2022年	全国排名	省内排名	2022年	全国排名	省内排名
渭南市	5.9322	168	7	0.4651	178	4
铜川市	5.7896	172	8	0.0731	271	10
汉中市	6.0987	160	6	0.4557	181	5
商洛市	3.7902	227	10	0.1195	256	9

安康市的政务环境指数排名优异，排在省内第 2 名，但其他 6 个分项指数排名表现相对较差；商洛市的法治环境指数省内排名表现相对较好，排在第 4 名，但其余的指标表现不佳，排在省内第 8 ～ 10 名；汉中市的创新环境指数和金融服务指数排名表现较好，均排在省内第 5 名；渭南市的金融服务指数和政务指数服务相对高效，分别排在省内第 2 名和第 3 名。其余城市的各个分项指标省内排名与其营商环境指数省内排名相对一致。

表 6-20-3　　　　陕西省城市营商环境分项指标评价（三）

城市	金融服务指数			法治环境指数			政务环境指数		
	2022年	全国排名	省内排名	2022年	全国排名	省内排名	2022年	全国排名	省内排名
西安市	24.4304	9	1	56.9797	31	1	36.4169	17	1
榆林市	1.8149	163	6	49.0888	130	2	6.6115	277	10
宝鸡市	2.2271	139	4	47.0300	154	3	9.3363	238	6
咸阳市	2.5202	121	3	44.7277	165	6	9.4990	235	5
延安市	1.2693	206	8	46.4306	159	5	10.0200	226	4
安康市	1.6753	171	7	43.8397	169	7	13.3790	170	2
渭南市	2.6270	113	2	25.7375	273	10	10.2021	222	3
铜川市	0.2956	286	10	42.5653	173	8	8.1418	255	8
汉中市	2.0207	151	5	27.6502	259	9	9.1159	240	7
商洛市	0.5802	267	9	46.7188	158	4	6.6851	273	9

二十一、四川省城市营商环境评价

四川省共辖 18 个地级市和 3 个自治州，本报告主要针对这 18 个地级市营商环境进行评价。在 2022 年全国营商环境指数排名中，四川省下辖城市营商环境指数排名表现一般，有 7 个城市排在全国前 150 名，7 个城市排在全国第 150 ～ 200 名，其余的 4 个城市排在全国 200 名之后。对比 2021 年的排名可以看出，有 3 个城市进步幅度明显，分别是眉山市、资阳市和内江市从 2021 年的第 244 名、第 238 名和第 188 名上升至 2022 年的第 192 名、第 188 名和第 152 名；有 9 个城市排名有所下降，其中宜宾市和广元市排名下降幅度较大，分别从 2021 年的第 163 名和第 215 名下降至 2022 年的第 194 名和第 234 名。从全国范围内来看，四川省城市营商环境指数整体表现一般。评价结果如表 6-21 所示。

表 6-21　　四川省城市营商环境评价

城市	营商环境指数		省内排名		省内排名	全国排名		全国排名
	2021年	2022年	2021年	2022年	近1年变化	2021年	2022年	近1年变化
成都市	41.1676	41.2175	1	1	0	6	6	0
攀枝花市	13.2283	12.8998	2	2	0	90	100	−10
绵阳市	12.4546	12.5033	4	3	1	113	110	3
泸州市	12.4687	12.4180	3	4	−1	111	115	−4
乐山市	11.1027	11.8606	7	5	2	153	131	22
达州市	11.4007	11.6500	6	6	0	139	144	−5
南充市	11.6886	11.6187	5	7	−2	128	145	−17
内江市	10.4592	11.5408	12	8	4	188	152	36
雅安市	11.0842	11.3978	8	9	−1	154	156	−2
德阳市	10.8947	10.7812	10	10	0	169	180	−11
广安市	10.4880	10.5977	11	11	0	186	185	1
资阳市	8.9240	10.5399	15	12	3	238	188	50
眉山市	8.8080	10.4167	17	13	4	244	192	52
宜宾市	10.9366	10.3978	9	14	−5	163	194	−31

续表

城市	营商环境指数		省内排名		省内排名	全国排名		全国排名
	2021年	2022年	2021年	2022年	近1年变化	2021年	2022年	近1年变化
自贡市	9.2794	9.8822	14	15	–1	223	216	7
广元市	9.5268	9.3116	13	16	–3	215	234	–19
遂宁市	8.8675	9.1332	16	17	–1	242	241	1
巴中市	8.7375	8.6098	18	18	0	246	258	–12

从四川省城市的 7 个分项指标的全国排名来看，市场环境指数和政务环境指数排名表现较好，分别有 10 个和 14 个城市进入全国前 150 名之内；公共服务指数、人力资源指数和金融环境指数表现一般，分别有 7 个、6 个和 7 个城市排在全国前 150 名，德阳市的公共服务指数排在第 153 名，自贡市的人力资源指数排在第 155 名；而创新环境指数排名表现相对较差，仅有 3 个城市排在全国前 150 名，分别是成都市、绵阳市和宜宾市排在全省第 10 名、第 71 名和第 126 名；另有 6 个城市法治环境指数排在全国前 150 名之内。总的来说，四川省的政务环境指数具有较大优势，今后可以从创新环境和法治环境两个方面来提升其营商环境的整体水平（见表 6-21-1、表 6-21-2、表 6-21-3）。

表 6-21-1　　四川省城市营商环境分项指标评价（一）

城市	公共服务指数			人力资源指数		
	2022年	全国排名	省内排名	2022年	全国排名	省内排名
成都市	40.9611	6	1	64.5939	4	1
自贡市	3.6552	208	14	18.2266	155	7
攀枝花市	5.0134	161	9	18.1841	158	8
泸州市	6.1949	127	7	17.5986	178	9
德阳市	5.3564	153	8	21.1744	87	4
绵阳市	7.0011	108	4	22.0515	74	2
广元市	3.5337	215	15	16.6075	216	11
遂宁市	3.3763	222	16	15.0622	256	18
内江市	4.1594	193	12	16.2980	228	13
乐山市	7.6985	89	2	19.0479	135	6
南充市	6.7279	114	5	21.6270	78	3
宜宾市	6.2598	124	6	20.3461	109	5
广安市	4.3792	181	10	15.1026	253	17
达州市	7.1924	104	3	15.3070	249	16

续表

城市	公共服务指数			人力资源指数		
	2022年	全国排名	省内排名	2022年	全国排名	省内排名
资阳市	2.1409	255	18	16.4365	223	12
眉山市	4.2108	191	11	17.5075	180	10
巴中市	2.4977	245	17	16.1066	232	15
雅安市	3.7872	202	13	16.1650	231	14

从四川省城市的各分项指标的省内排名来看，省会成都市各项指标表现优异，均排在省内第 1 名，且除法治环境指数排在全国第 19 名外，其余 6 个分项指数均排在全国前 10 名。

绵阳市人力资源指数、创新环境指数和政务环境指数排名表现较好，分别排在省内第 2 名、第 2 名和第 3 名；乐山市的公共服务指数和政务环境指数排名表现相对较好，排在省内第 2 名，但创新环境指数和法治环境指数省内排名表现较差，排在第 15 名；攀枝花市的市场环境指数和法治环境指数均排在省内第 2 名，但创新环境指数和政务环境指数相对靠后，排在省内第 10 名；德阳市的市场环境指数、创新环境指数和人力资源指数排名相对处于较高水平，分别排在省内第 3 名、第 4 名和第 4 名；泸州市的法治环境指数和创新环境指数排名相对较好，分别排在全省第 3 名和第 5 名；南充市金融服务指数和人力资源指数省内排名处于较高水平，两个分项指标都排在省内第 3 名；达州市公共服务指数、金融服务指数以及法治环境指数排名表现较好，均排在省内前 4 名；宜宾市金融服务指数、创新环境指数和市场环境指数表现较好，分别排在省内第 2 名、第 3 名和第 4 名，但法治环境指数和政务环境指数排名相对较差，均排在省内最后 1 名。

表 6-21-2　　四川省城市营商环境分项指标评价（二）

城市	市场环境指数			创新环境指数		
	2022年	全国排名	省内排名	2022年	全国排名	省内排名
成都市	34.2830	5	1	21.9309	10	1
自贡市	7.0429	139	8	0.5869	166	6
攀枝花市	10.9473	67	2	0.3570	201	10
泸州市	7.4322	125	7	0.6011	163	5
德阳市	9.2100	94	3	0.7707	154	4

续表

城市	市场环境指数			创新环境指数		
	2022年	全国排名	省内排名	2022年	全国排名	省内排名
绵阳市	8.2826	112	6	2.1305	71	2
广元市	4.6893	200	16	0.2742	216	13
遂宁市	6.4790	149	10	0.3839	197	8
内江市	5.1278	189	13	0.3785	198	9
乐山市	8.3440	110	5	0.1634	237	15
南充市	5.9561	164	11	0.1967	230	14
宜宾市	8.5366	106	4	1.0370	126	3
广安市	5.0782	192	15	0.0941	265	17
达州市	5.0980	191	14	0.2812	213	12
资阳市	2.9634	246	17	0.3197	206	11
眉山市	6.5278	146	9	0.1624	238	16
巴中市	2.7656	253	18	0.0789	269	18
雅安市	5.5353	180	12	0.4022	193	7

内江市政务环境指数排名表现较好，排在省内第 4 名；广安市法治环境指数排名相对较好，排在省内第 5 名，但政务环境指数、创新环境指数和人力资源指数排名相对较差，这 3 个指标均排在省内后 2 名；资阳市的政务环境指数和法治环境指数的排名表现相较于其他指标较好，分别排在省内第 7 名和第 8 名；眉山市金融服务指数和政务环境指数排名表现相对较好，分别排在省内第 5 名和第 6 名，但创新环境指数省内排名较差，排在第 16 名；雅安市法治环境指数和创新环境指数排名表现较好，分别排在全省第 6 名和第 7 名。其余城市的各个分项指标省内排名与其营商环境指数省内排名相对一致。

表 6-21-3　　　　四川省城市营商环境分项指标评价（三）

城市	金融服务指数			法治环境指数			政务环境指数		
	2022年	全国排名	省内排名	2022年	全国排名	省内排名	2022年	全国排名	省内排名
成都市	28.1052	8	1	58.8058	19	1	45.7052	9	1
自贡市	1.8350	162	8	30.0979	220	14	14.4693	150	14
攀枝花市	1.1463	215	15	51.2995	94	2	16.1506	122	10
泸州市	2.1366	144	6	49.9874	116	3	15.4982	135	11
德阳市	1.8063	164	9	29.4434	238	16	13.9279	163	16

续表

城市	金融服务指数			法治环境指数			政务环境指数		
	2022年	全国排名	省内排名	2022年	全国排名	省内排名	2022年	全国排名	省内排名
绵阳市	2.1170	145	7	32.8991	188	9	19.8400	78	3
广元市	1.2100	210	13	29.0382	242	17	16.4040	120	9
遂宁市	0.7109	260	18	30.4574	216	13	14.5708	147	13
内江市	0.9978	233	16	45.7703	162	7	19.4636	84	4
乐山市	1.6594	176	10	29.6488	234	15	22.3915	62	2
南充市	2.6037	117	3	32.0339	191	10	18.9906	90	5
宜宾市	2.8812	96	2	27.6629	258	18	11.8162	198	18
广安市	1.4431	196	12	48.5498	139	5	12.1876	189	17
达州市	2.4154	127	4	49.0383	131	4	14.6802	146	12
资阳市	1.5947	182	11	43.9514	168	8	17.5101	104	7
眉山市	2.2966	135	5	31.4284	198	11	17.7873	100	6
巴中市	1.1878	212	14	31.2338	201	12	13.9398	162	15
雅安市	0.8389	248	17	48.0005	143	6	17.2563	108	8

二十二、云南省城市营商环境评价

云南省地处我国西南边陲，是我国通往东南亚、南亚的窗口。云南省下辖 8 个地级市和 8 个自治州，本报告主要针对这 8 个地级市的营商环境进行评价。在 2022 年全国营商环境指数排名中，云南省下辖城市营商环境指数排名整体表现较差，有 3 个城市排在全国前 150 名，分别是昆明市第 25 名、玉溪市第 124 名以及曲靖市第 146 名；其余的 5 个城市均排在全国 200 名之后。对比 2021 年的排名，可以看出，大多数城市排名都呈现上升趋势，其中曲靖市和玉溪市上升幅度较大，分别从 2021 年的第 189 名和第 161 名上升至 2022 年的第 146 名和第 124 名。仅昭通市排名较 2021 年有所下降，从 2021 年的第 245 名降至 2022 年的第 269 名。表明云南省城市营商环境整体处于较低水平。评价结果如表 6-22 所示。

表 6-22　　云南省城市营商环境评价

城市	营商环境指数		省内排名		省内排名	全国排名		全国排名
	2021年	2022年	2021年	2022年	近1年变化	2021年	2022年	近1年变化
昆明市	18.9664	21.6209	1	1	0	42	25	17
玉溪市	10.9433	12.1138	2	2	0	161	124	37
曲靖市	10.4203	11.6034	3	3	0	189	146	43
丽江市	9.3637	9.7450	4	4	0	220	220	0
保山市	7.0035	8.5190	6	5	1	279	261	18
昭通市	8.7875	8.0018	5	6	–1	245	269	–24
普洱市	6.3397	6.8568	7	7	0	283	283	0
临沧市	4.0845	6.8457	8	8	0	289	284	5

从云南省城市的各分项指标的全国排名来看，创新环境指数、金融服务指数和政务环境指数排名表现较差，仅有昆明市排在全国前 150 名，且大部分城市排名均在 200 名之后；人力资源指数排名表现相对较好，有 7 个城市排在全国前 150 名，省内人力资源指数排最后 1 名的保山市在全国排在第 188 名；公共服务指数和法治环境指数排名一般，均有 3 个城市排在全国前 150 名；市场环境指数排名相对较差，昆明市和玉溪市的市场环境指数分别排在第 75 名和第 68 名，曲靖市排在第 196 名，其余城市都在 200 名之后。总的来看，市场环境、创新环境、金融环境以及政务环境都是制约云南省城市营商环境水平提升的重要因素（见表 6-22-1、表 6-22-2、表 6-22-3）。

表 6-22-1　　云南省城市营商环境分项指标评价（一）

城市	公共服务指数			人力资源指数		
	2022年	全国排名	省内排名	2022年	全国排名	省内排名
昆明市	17.4959	28	1	38.4311	16	1
昭通市	5.5859	146	3	21.5123	81	2
曲靖市	10.1323	65	2	21.3271	86	3
玉溪市	4.0621	196	4	19.4520	122	5
普洱市	2.3884	249	6	19.0080	136	7
保山市	2.8765	231	5	17.3187	188	8
丽江市	1.1247	286	8	19.2737	126	6
临沧市	1.6088	273	7	19.6107	117	4

从云南省城市的各分项指标的省内排名来看，省会昆明市领先幅度较为明

显，除市场环境指数排在省内第 2 名，其余 6 个分项指标均排在全省第 1 名；玉溪市各项指标排名较为均衡，其中市场环境指数排在全省第 1 名，其余各个分项指标都排在省内前 5 名；曲靖市公共服务指数、金融服务指数和法治环境指数排在省内第 2 名，但政务环境指数排名表现较差，排在省内第 8 名。

表 6-22-2　　云南省城市营商环境分项指标评价（二）

城市	市场环境指数			创新环境指数		
	2022年	全国排名	省内排名	2022年	全国排名	省内排名
昆明市	10.1445	75	2	3.6104	51	1
昭通市	1.1529	283	8	0.1176	257	6
曲靖市	4.9748	196	3	0.2886	211	3
玉溪市	10.8636	68	1	0.5773	170	2
普洱市	3.2014	238	6	0.2047	228	5
保山市	3.7955	226	4	0.0941	264	7
丽江市	3.4697	233	5	0.0821	267	8
临沧市	2.7647	254	7	0.2496	221	4

保山市的政务环境指数排名表现较好，排在省内第 2 名，但创新环境指数和人力资源指数省内表现较差，分别排在第 7 名和第 8 名；昭通市的政务环境指数和市场环境指数排名表现相对较差，分别排在省内第 7 名和第 8 名；临沧市政务环境指数省内排名较好，排在省内第 3 名，但法治环境指数和金融服务指数表现较差，排在省内第 8 名。其余城市的各个分项指标省内排名与其营商环境指数省内排名相符。

表 6-22-3　　云南省城市营商环境分项指标评价（三）

城市	金融服务指数			法治环境指数			政务环境指数		
	2022年	全国排名	省内排名	2022年	全国排名	省内排名	2022年	全国排名	省内排名
昆明市	11.9843	23	1	54.5213	64	1	26.1253	44	1
昭通市	0.9584	236	4	26.2812	269	6	6.4973	279	7
曲靖市	1.4998	191	2	54.0249	70	2	3.1172	286	8
玉溪市	1.0814	223	3	48.7335	136	3	12.2336	188	4
普洱市	0.6996	262	6	20.0331	287	7	6.8547	270	6
保山市	0.8254	250	5	28.8660	246	5	12.6388	182	2
丽江市	0.4761	274	7	44.1557	166	4	11.1034	208	5
临沧市	0.4639	276	8	12.7274	289	8	12.4556	184	3

二十三、浙江省城市营商环境评价

浙江省地处我国东南沿海地区，历来是我国最重视商业发展的地区之一，因此也是我国经济发展最好地区之一。浙江省下辖 11 个地级市，总体经济发展水平都较高，特别是作为我国最早对外开放地区之一，浙江省下辖城市的营商环境具有较强的优势。在 2022 年全国营商环境排名中，浙江省有 10 个城市排在全国前 100 名，仅 1 个城市排在全国 100 ～ 150 名。对比 2021 年排名来看，大多数城市的排名呈下降趋势，排名下降幅度较大的是丽水市，从 2021 年的第 121 名下降至 2022 年的第 143 名。总的来看，浙江省各个城市的营商环境指数均表现优异，处于我国顶尖水平。评价结果如表 6-23 所示。

表 6-23　　　　　　　　浙江省城市营商环境评价

城市	营商环境指数		省内排名		省内排名	全国排名		全国排名
	2021年	2022年	2021年	2022年	近1年变化	2021年	2022年	近1年变化
杭州市	37.7986	38.0415	1	1	0	9	8	1
宁波市	30.5834	27.7569	2	2	0	14	15	–1
温州市	21.2250	20.6283	4	3	1	28	31	–3
绍兴市	20.9359	19.6364	5	4	1	30	35	–5
金华市	20.6326	19.4099	6	5	1	31	37	–6
嘉兴市	21.4609	19.1270	3	6	–3	27	39	–12
台州市	19.1370	18.3058	7	7	0	40	42	–2
衢州市	15.0131	15.8730	10	8	2	61	58	3
舟山市	15.2251	15.7440	9	9	0	59	60	–1
湖州市	15.3432	14.5957	8	10	–2	58	69	–11
丽水市	11.9635	11.6517	11	11	0	121	143	–22

从分项指数得分来看，浙江省的 11 个城市的 7 个分项指标排名表现都较好。创新环境指数和政务环境指数具有很强竞争力，11 个城市的两个分项指标全部排在全国前 100 名；人力资源指数和市场环境指数排名也表现较好，11 个城市全部排在前 150 名；金融服务指数除舟山市排在第 156 名，其他 10 个

城市均进入全国前 100 名；公共服务指数和法治环境指数排名中，各有 9 个城市排在全国前 150 名。总的来看，浙江省各分项指标排名表现优异，今后可以从法治环境和公共服务两个维度进一步改善浙江省营商环境水平（见表 6-23-1、表 6-23-2、表 6-23-3）。

表 6-23-1　　浙江省城市营商环境分项指标评价（一）

城市	公共服务指数			人力资源指数		
	2022年	全国排名	省内排名	2022年	全国排名	省内排名
杭州市	32.8061	10	1	43.4457	11	1
嘉兴市	13.9152	46	4	24.2159	48	4
湖州市	8.1728	86	8	20.5684	104	11
舟山市	2.4301	247	11	20.6073	102	10
金华市	10.7225	60	6	23.3099	55	6
绍兴市	15.7728	37	3	22.2985	68	8
温州市	13.6953	47	5	25.5190	40	3
台州市	10.2822	64	7	22.2783	69	9
丽水市	3.5465	214	10	22.6453	64	7
衢州市	5.5094	148	9	24.1161	49	5
宁波市	24.9069	14	2	29.5372	28	2

从浙江省城市的各分项指标的省内排名来看，杭州市的 7 个分项指标均排在全省第 1 名；宁波市领先幅度也较为明显，除了法治环境指数排在省内第 5 名，其余 6 个分项指标都排在全省第 2 名；温州市的创新环境指数和政务环境指数排名表现较好，两个指标排在省内第 3 名；绍兴市的公共服务指数排名表现较好，排在省内第 3 名，但法治环境指数和人力资源指数排名相对靠后，均排在省内第 8 名；金华市的法治环境指数和政务环境指数排名较好，分别排在省内第 2 名和第 4 名；嘉兴市的公共服务指数、市场环境指数和创新环境指数排名较高，排在省内第 4 名。

表 6-23-2　　浙江省城市营商环境分项指标评价（二）

城市	市场环境指数			创新环境指数		
	2022年	全国排名	省内排名	2022年	全国排名	省内排名
杭州市	25.2248	14	1	31.2464	7	1
嘉兴市	15.4039	39	4	7.8689	26	4
湖州市	12.8281	50	6	3.4318	52	8

续表

城市	市场环境指数			创新环境指数		
	2022年	全国排名	省内排名	2022年	全国排名	省内排名
舟山市	17.0085	29	3	1.5495	99	11
金华市	8.1021	115	10	5.6334	32	6
绍兴市	15.2054	41	5	6.5593	29	5
温州市	8.4603	109	8	9.0511	22	3
台州市	9.6205	86	7	5.6016	33	7
丽水市	6.6218	144	11	1.7252	88	10
衢州市	8.1207	113	9	2.3345	68	9
宁波市	19.8948	21	2	17.9044	12	2

衢州市的人力资源指数和法治环境指数排名表现较好，分别排在省内第 5 名和第 3 名，但政务环境指数省内排名表现相对较差，仅排在第 10 名；舟山市的市场环境指数排名较好，排在省内第 3 名，但公共服务指数、创新环境指数和金融环境指数省内排名表现相对较差，均排在省内第 11 名；台州市的金融服务指数排名较高，排在省内第 3 名；丽水市的人力资源指数排在全省第 7 名，其余的 6 个分项指标省内排名相对靠后，基本排在第 10 名和第 11 名。其余未提到的城市各个分项指标省内排名与其营商环境指数省内排名相符。

表 6-23-3　　　　浙江省城市营商环境分项指标评价（三）

城市	金融服务指数			法治环境指数			政务环境指数		
	2022年	全国排名	省内排名	2022年	全国排名	省内排名	2022年	全国排名	省内排名
杭州市	32.4978	6	1	63.0601	7	1	46.3489	8	1
嘉兴市	6.1797	46	7	53.2990	79	9	24.3966	50	9
湖州市	4.3406	63	8	29.8375	228	10	28.0710	34	6
舟山市	1.9824	156	11	54.6674	61	7	24.9374	46	8
金华市	7.4530	36	5	61.8096	9	2	32.9723	24	4
绍兴市	6.4755	44	6	54.4201	67	8	28.3178	32	5
温州市	8.6024	34	4	58.2246	24	4	33.3774	23	3
台州市	9.5118	30	3	56.1558	42	6	27.3070	39	7
丽水市	2.8418	99	10	28.5335	250	11	21.2753	67	11
衢州市	3.1337	85	9	58.7443	21	3	23.4426	57	10
宁波市	17.7345	15	2	57.0945	30	5	37.0052	16	2

第七章　重点城市群营商环境评价

本章对京津冀、长三角、粤港澳大湾区、东北地区、长江经济带和黄河流域这 6 个重点区域的城市群内城市营商环境评价结果进行比较，探讨这 6 个城市群内城市营商环境的现状，并对比分析各城市群内城市的 7 个分项指标的全国排名情况。

一、京津冀城市群营商环境评价

京津冀地区是我国的“首都经济圈”，位于环渤海心脏地带，是我国北方经济规模最大、最具活力的地区。京津冀城市群包括北京、天津两大直辖市、河北省的张家口市、承德市、秦皇岛市、唐山市、沧州市、衡水市、廊坊市、保定市、石家庄市、邢台市、邯郸市以及河南省的安阳市。本报告将对以上 14 个城市的营商环境进行分析。评价结果如表 7-1 所示。

表 7-1　　京津冀城市群营商环境评价

城市	营商环境指数		群内排名		群内排名	全国排名		全国排名
	2021年	2022年	2021年	2022年	近1年变化	2021年	2022年	近1年变化
北京市	77.9491	76.8235	1	1	0	1	1	0
天津市	37.5171	35.9541	2	2	0	10	10	0
石家庄市	22.2490	21.5845	3	3	0	24	26	–2
唐山市	16.6611	16.8403	4	4	0	50	51	–1
保定市	14.5712	16.1623	7	5	2	66	56	10
廊坊市	15.1274	14.6880	5	6	–1	60	67	–7
沧州市	14.7705	14.5066	6	7	–1	64	72	–8
邢台市	11.8438	12.9370	9	8	1	125	99	26
邯郸市	12.4925	12.8213	8	9	–1	110	102	8
承德市	10.5859	12.3084	12	10	2	182	118	64

续表

城市	营商环境指数		群内排名		群内排名	全国排名		全国排名
	2021年	2022年	2021年	2022年	近1年变化	2021年	2022年	近1年变化
安阳市	10.7624	11.6591	11	11	0	176	142	34
张家口市	11.1985	11.5842	10	12	–2	149	148	1
秦皇岛市	9.6286	10.2531	13	13	0	211	199	12
衡水市	9.4218	9.7607	14	14	0	218	219	–1

2022 年全国营商环境指数排名中，京津冀城市群内的城市营商环境指数排名表现较好，有 12 个城市排名进入全国前 150 名，秦皇岛市和衡水市分别排在第 199 名和第 219 名。对比 2021 年排名，可以看出有 7 个城市的营商环境指数排名呈现上升势头，其中承德市、安阳市和邢台市排名增幅较大，分别上升 64 名、34 名和 26 名；5 个城市排名略有下降。总的来看，京津冀城市群内整体营商环境水平较好。

从京津冀城市群的 7 个分项指标的全国排名来看，公共服务指数和金融服务指数排名表现优异，两个分项指标各有 13 个城市进入全国前 150 名，衡水市的公共服务指数排在第 176 名，安阳市的金融服务指数排在第 175 名；创新环境指数排名表现较好，有 11 个城市进入全国前 150 名，其余 3 个城市排在 150 ～ 200 名；人力资源指数和法治环境指数分别有 11 个和 10 个城市进入全国前 150 名；市场环境指数和政务环境指数排名表现一般，分别有 9 个和 8 个城市排在全国前 150 名（见表 7-1-1、表 7-1-2、表 7-1-3）。

表 7-1-1　　京津冀城市群营商环境分项指标评价（一）

城市	公共服务指数			人力资源指数		
	2022年	全国排名	群内排名	2022年	全国排名	群内排名
北京市	59.2849	3	1	65.9887	1	1
天津市	36.2851	8	2	43.9845	10	2
唐山市	23.3071	15	3	24.2653	47	5
石家庄市	18.1263	27	4	36.4359	19	3
邯郸市	14.0383	44	5	22.3403	66	7
保定市	12.4791	53	6	26.1367	38	4
沧州市	10.6776	61	7	22.2720	70	8
邢台市	8.9479	74	8	19.4529	121	9
安阳市	7.7849	88	9	19.1387	131	11

续表

城市	公共服务指数			人力资源指数		
	2022年	全国排名	群内排名	2022年	全国排名	群内排名
廊坊市	7.6729	92	10	23.2956	56	6
承德市	5.8998	135	11	17.0605	199	13
秦皇岛市	5.5209	147	12	19.4476	123	10
张家口市	5.4659	150	13	17.9033	167	12
衡水市	4.5101	176	14	15.8804	238	14

从京津冀城市群的各分项指标在群内的排名来看，北京市的 7 个分项指数均高居榜首。天津市除市场环境指数排在第 3 名，其余的 6 个分项仅次于北京市，城市群内排在第 2 名；石家庄市各个指标表现均衡，7 个分项均排在第 3 ～ 4 名；唐山市的政务环境指数和法治环境指数排名表现相对较差，城市群内分别排在第 7 名和第 12 名；保定市的人力资源指数和政务环境指数排名表现相对较好，均排在第 4 名；廊坊市的法治环境指数排在第 4 名，但政务环境指数和公共服务指数排名表现较差，分别排在第 9 名和第 10 名；沧州市的法治环境指数排名表现较好，排在第 5 名，但政务环境指数和创新环境指数排名表现较差，均排在第 11 名；邢台市的政务环境排名表现较好，排在第 5 名，但市场环境指数相对较差，排在第 14 名。

表 7-1-2　　京津冀城市群营商环境分项指标评价（二）

城市	市场环境指数			创新环境指数		
	2022年	全国排名	群内排名	2022年	全国排名	群内排名
北京市	36.9054	3	1	100.0000	1	1
天津市	17.7886	26	3	18.5285	11	2
唐山市	18.3230	24	2	2.1116	74	4
石家庄市	11.7770	56	4	3.1944	54	3
邯郸市	8.3081	111	7	1.0902	125	8
保定市	7.2612	134	9	1.3107	114	6
沧州市	9.3339	93	6	0.8745	141	11
邢台市	4.4211	204	14	0.5974	165	12
安阳市	6.1186	159	11	0.9092	138	10
廊坊市	9.8870	80	5	1.6309	95	5
承德市	6.1430	158	10	0.4406	185	14
秦皇岛市	7.3605	129	8	1.1720	120	7

续表

城市	市场环境指数			创新环境指数		
	2022年	全国排名	群内排名	2022年	全国排名	群内排名
张家口市	5.0660	195	12	0.5384	172	13
衡水市	4.4223	203	13	0.9113	137	9

邯郸市的公共服务指数和政务环境指数排名表现相对较好，分别排在群内第 5 名和第 6 名，但法治环境指数排在第 14 名；承德市的法治环境指数排名表现较好，排在第 6 名，但人力资源指数和创新环境指数排名表现相对较差，分别排在第 13 名和第 14 名；张家口市的法治环境指数和秦皇岛市的创新环境指数排名表现较好，二者均排在第 7 名；安阳市的法治环境指数排名相对较好，排在第 8 名，但政务环境指数和金融环境指数排名表现相对较差，排在第 14 名；衡水市的政务环境指数和创新环境指数排名相对较好，分别排在群内第 8 名和第 9 名，但公共服务指数和人力资源指数均排在第 14 名。

表 7-1-3　　京津冀城市群营商环境分项指标评价（三）

城市	金融服务指数			法治环境指数			政务环境指数		
	2022年	全国排名	群内排名	2022年	全国排名	群内排名	2022年	全国排名	群内排名
北京市	100.0000	1	1	99.6505	1	1	83.5438	2	1
天津市	31.5147	7	2	61.2365	10	2	50.7682	6	2
唐山市	7.1808	38	4	31.0930	204	12	16.3524	121	7
石家庄市	13.0526	20	3	58.8379	18	3	22.0850	63	3
邯郸市	4.3516	62	7	28.0242	253	14	16.6638	114	6
保定市	6.3277	45	5	49.6779	123	9	21.1145	70	4
沧州市	4.4880	59	6	55.6225	48	5	11.9832	194	11
邢台市	3.9210	69	9	47.9347	144	10	16.9498	110	5
安阳市	1.6599	175	14	50.0102	115	8	8.7759	248	14
廊坊市	4.0808	66	8	56.5493	37	4	13.6532	168	9
承德市	2.6183	114	12	54.9622	57	6	13.2526	171	10
秦皇岛市	2.9384	94	11	30.7669	210	13	11.4033	204	12
张家口市	3.0271	90	10	52.8657	83	7	9.9836	227	13
衡水市	2.5298	119	13	31.2389	199	11	15.9911	125	8

二、长三角城市群营商环境评价

长江三角洲城市群（以下简称“长三角城市群”）位于长江入海之前的冲积平原，是“一带一路”与长江经济带的重要交汇带，是中国经济最发达、城镇化基础最好的地区之一。长三角城市群以中国 2.1% 的区域面积，集中了我国约 1/4 的经济总量和 1/4 以上的工业增加值，被视为中国经济发展的重要引擎。根据国务院批准的《长江三角洲城市群发展规划》，长三角城市群包括：上海，江苏省的南京、无锡、常州、苏州、南通、盐城、扬州、镇江、泰州，浙江省的杭州、宁波、嘉兴、湖州、绍兴、金华、舟山、台州，安徽省的合肥、芜湖、马鞍山、铜陵、安庆、滁州、池州、宣城，共 26 个地级市。本报告将对这 26 个城市的营商环境指数进行分析。评价结果如表 7-2 所示。

2022 年全国营商环境指数排名中，长三角城市群内的城市营商环境指数排名表现优异，有 21 个城市排在全国前 100 名，其中有 14 个城市排在全国前 50 名；有 4 个城市排在全国第 100 ～ 150 名，仅池州市排在 200 名之外。这表明长三角城市群内的城市营商环境整体处于较高水平。通过对比 2021 年排名，可以看出大多城市的排名相对稳定，有 7 个城市的营商环境指数排名有所上升，其中铜陵市上升幅度较大，从 2021 年的第 174 名上升至 2022 年的第 137 名；有 16 个城市排名呈下降趋势，其中下降幅度较大的是安庆市，从 2021 年的第 107 名下降至 2022 年的第 128 名。总的来说，长三角城市群内的城市营商环境处于较高水平，且近年来各城市的排名相对稳定。

表 7-2　　长三角城市群营商环境评价

城市	营商环境指数		群内排名		群内排名	全国排名		全国排名
	2021年	2022年	2021年	2022年	近1年变化	2021年	2022年	近1年变化
上海市	73.2760	71.7553	1	1	0	2	2	0
杭州市	37.7986	38.0415	3	2	1	9	8	1
苏州市	38.3457	35.9882	2	3	–1	8	9	–1

续表

城市	营商环境指数		群内排名		群内排名	全国排名		全国排名
	2021年	2022年	2021年	2022年	近1年变化	2021年	2022年	近1年变化
南京市	35.6046	34.9854	4	4	0	11	11	0
宁波市	30.5834	27.7569	5	5	0	14	15	–1
合肥市	25.3840	27.3211	7	6	1	21	16	5
无锡市	25.5487	23.9413	6	7	–1	20	21	–1
绍兴市	20.9359	19.6364	9	8	1	30	35	–5
金华市	20.6326	19.4099	10	9	1	31	37	–6
常州市	20.3774	19.3751	11	10	1	32	38	–6
嘉兴市	21.4609	19.1270	8	11	–3	27	39	–12
台州市	19.1370	18.3058	12	12	0	40	42	–2
南通市	18.4378	17.9666	13	13	0	44	44	0
镇江市	16.6209	17.3428	14	14	0	51	46	5
芜湖市	16.5680	16.6876	15	15	0	52	54	–2
舟山市	15.2251	15.7440	17	16	1	59	60	–1
湖州市	15.3432	14.5957	16	17	–1	58	69	–11
泰州市	14.3957	14.4935	19	18	1	71	73	–2
扬州市	14.9368	14.4271	18	19	–1	63	74	–11
盐城市	14.2892	14.3084	20	20	0	75	77	–2
马鞍山市	13.0633	13.3251	21	21	0	95	92	3
宣城市	11.8995	12.5059	23	22	1	122	109	13
安庆市	12.6293	11.9947	22	23	–1	107	128	–21
滁州市	11.4854	11.8246	24	24	0	138	134	4
铜陵市	10.8108	11.7809	25	25	0	174	137	37
池州市	9.0040	9.1191	26	26	0	233	242	–9

从长三角城市群的 7 个分项指标的全国排名来看，市场环境指数和创新环境指数表现优异，均有 25 个城市排进前 150 名，安庆市的市场环境指数排在全国第 151 名，池州市的创新环境指数排在全国第 192 名；政务环境指数也有 24 个城市进入全国前 150 名，池州市和安庆市的政务环境指数分别排在第 155 名和第 191 名；公共服务指数、金融服务指数和人力资源指数排名表现较好，分别有 21 个、21 个和 22 个城市排进全国前 150 名；法治环境指数排名相对一般，有 15 个城市进入前 150 名，6 个城市排在 200 名之后。这表明长三角城市群的营商环境指标排名表现较好，今后可以从法治环境着手进一步提升其

营商环境的总体水平（见表 7-2-1、表 7-2-2、表 7-2-3）。

表 7-2-1　　长三角城市群营商环境分项指标评价（一）

城市	公共服务指数			人力资源指数		
	2022年	全国排名	群内排名	2022年	全国排名	群内排名
上海市	75.1077	1	1	64.9766	3	1
苏州市	41.2912	5	2	35.4309	21	5
杭州市	32.8061	10	3	43.4457	11	3
南京市	27.2370	13	4	51.9197	6	2
宁波市	24.9069	14	5	29.5372	28	6
无锡市	23.2857	16	6	28.4759	29	7
合肥市	18.9783	25	7	38.8316	15	4
常州市	16.4461	32	8	26.5220	33	8
绍兴市	15.7728	37	9	22.2985	68	13
南通市	15.3172	40	10	26.2876	36	9
嘉兴市	13.9152	46	11	24.2159	48	10
金华市	10.7225	60	12	23.3099	55	12
盐城市	10.6723	62	13	23.4087	53	11
台州市	10.2822	64	14	22.2783	69	14
泰州市	9.1089	72	15	21.4128	84	17
芜湖市	8.7204	78	16	22.2052	71	15
扬州市	8.2712	85	17	22.0704	73	16
湖州市	8.1728	86	18	20.5684	104	20
镇江市	7.4173	101	19	20.6938	100	18
滁州市	6.9349	109	20	19.4675	120	22
马鞍山市	6.2558	125	21	19.6761	116	21
安庆市	5.1987	155	22	19.1535	130	23
宣城市	4.2410	190	23	16.8822	205	26
铜陵市	3.4420	218	24	17.3683	184	24
舟山市	2.4301	247	25	20.6073	102	19
池州市	2.3957	248	26	17.0802	197	25

从长三角城市群的各分项指标在城市群内的排名来看，上海市的 7 个分项指标均高居榜首。在公共服务指数的排名中，上海市、苏州市、杭州市、南京市和宁波市排在前 5 名，安庆市、宣城市、铜陵市、舟山市和池州市排在后 5 名；在人力资源指数的排名中，上海市、南京市、杭州市、合肥市和苏州市排

在前5名，滁州市、安庆市、铜陵市、池州市和宣城市排在后5名；在市场环境指数排名中，上海市、苏州市、南京市、无锡市、杭州市分别排在前5名，铜陵市、金华市、宣城市、池州市和安庆市排在后5名；在创新环境指数排名中，上海市、苏州市、杭州市、合肥市和南京市分别排在前5名，宣城市、安庆市、舟山市、铜陵市和池州市排在后5名。

表 7-2-2 长三角城市群营商环境分项指标评价（二）

城市	市场环境指数			创新环境指数		
	2022年	全国排名	群内排名	2022年	全国排名	群内排名
上海市	50.3686	1	1	68.5516	2	1
苏州市	27.4603	8	2	34.1397	6	2
杭州市	25.2248	14	5	31.2464	7	3
南京市	26.1905	11	3	24.0369	9	5
宁波市	19.8948	21	7	17.9044	12	6
无锡市	25.7522	13	4	9.3905	21	7
合肥市	16.8689	30	12	25.8659	8	4
常州市	22.2883	18	6	4.9078	40	14
绍兴市	15.2054	41	16	6.5593	29	11
南通市	19.3408	22	8	6.9096	28	10
嘉兴市	15.4039	39	14	7.8689	26	9
金华市	8.1021	115	23	5.6334	32	12
盐城市	11.5754	58	19	4.5260	42	15
台州市	9.6205	86	21	5.6016	33	13
泰州市	16.3571	32	13	2.5140	65	21
芜湖市	15.3157	40	15	9.0092	23	8
扬州市	18.4769	23	9	2.6848	60	20
湖州市	12.8281	50	18	3.4318	52	17
镇江市	17.6705	28	10	3.7916	49	16
滁州市	10.0805	77	20	2.8602	57	18
马鞍山市	14.8304	43	17	2.7551	58	19
安庆市	6.3927	151	26	1.9474	80	23
宣城市	8.0631	116	24	2.3631	67	22
铜陵市	8.9673	98	22	1.5250	103	25
舟山市	17.0085	29	11	1.5495	99	24
池州市	7.3837	127	25	0.4058	192	26

金融服务指数排名中，上海市、杭州市、南京市、苏州市和宁波市排在前5名，舟山市、马鞍山市、宣城市、铜陵市和池州市排在后5名；法治环境指数排名中，上海市、南京市、杭州市、金华市和合肥市排在前5名，泰州市、扬州市、湖州市、滁州市和池州市排在后5名；政务环境指数排名中，上海市、杭州市、苏州市、无锡市和南京市排在前5名，滁州市、马鞍山市、宣城市、池州市和安庆市排在后5名。通过以上分析可以看出各分项指标排在前列的城市多位于江浙两省，属于经济发展水平相对较好的地区，而排在后5名城市的大多是安徽省内的城市，表明在长三角城市群中，江苏省和浙江省的城市营商环境表现相对较好，安徽省的城市营商环境需要进一步加强。

表 7-2-3　　长三角城市群营商环境分项指标评价（三）

城市	金融服务指数			法治环境指数			政务环境指数		
	2022年	全国排名	群内排名	2022年	全国排名	群内排名	2022年	全国排名	群内排名
上海市	75.7080	2	1	79.1121	2	1	90.9150	1	1
苏州市	21.5357	11	4	57.4409	27	6	41.7695	12	3
杭州市	32.4978	6	2	63.0601	7	3	46.3489	8	2
南京市	22.3829	10	3	64.9739	5	2	38.1528	15	5
宁波市	17.7345	15	5	57.0945	30	7	37.0052	16	6
无锡市	10.1208	29	7	31.9764	192	20	41.2659	14	4
合肥市	17.3240	17	6	59.3705	16	5	24.6920	49	14
常州市	7.0680	40	11	35.0037	182	18	28.5991	31	8
绍兴市	6.4755	44	12	54.4201	67	11	28.3178	32	9
南通市	7.1909	37	10	31.0620	205	21	24.0235	54	16
嘉兴市	6.1797	46	13	53.2990	79	14	24.3966	50	15
金华市	7.4530	36	9	61.8096	9	4	32.9723	24	7
盐城市	4.7592	56	15	33.4607	186	19	18.1407	96	20
台州市	9.5118	30	8	56.1558	42	9	27.3070	39	11
泰州市	4.7752	55	14	31.0174	207	22	21.7774	65	17
芜湖市	2.5132	123	19	53.5096	76	12	17.8135	99	21
扬州市	3.8532	70	17	30.7786	209	23	20.3048	74	19
湖州市	4.3406	63	16	29.8375	228	24	28.0710	34	10
镇江市	3.7830	72	18	56.2605	41	8	24.7557	48	13
滁州市	2.0886	148	21	29.7542	230	25	17.5630	102	22

续表

城市	金融服务指数			法治环境指数			政务环境指数		
	2022年	全国排名	群内排名	2022年	全国排名	群内排名	2022年	全国排名	群内排名
马鞍山市	1.8807	161	23	39.1046	178	16	17.3660	105	23
安庆市	2.2035	140	20	49.4879	125	15	12.0769	191	26
宣城市	1.1324	218	24	53.4426	77	13	15.0625	140	24
铜陵市	0.8443	245	25	38.7993	179	17	20.5260	73	18
舟山市	1.9824	156	22	54.6674	61	10	24.9374	46	12
池州市	0.7775	256	26	27.5731	263	26	14.3689	155	25

三、粤港澳大湾区城市群营商环境评价

粤港澳大湾区地理条件优越，“三面环山，三江汇聚”，具有漫长海岸线、良好港口群和广阔海域面，是中国开放程度最高、经济活力最强的区域之一，在国家发展战略中具有重要地位。粤港澳大湾区由香港、澳门两个特别行政区和广东省广州、深圳、珠海、佛山、惠州、东莞、中山、江门、肇庆 9 个珠三角城市组成。考虑到数据的可获取性等因素，本报告仅对广州、深圳等 9 个城市营商环境进行分析。评价结果如表 7-3 所示。

2022 年全国营商环境指数排名中，粤港澳大湾区城市群内的城市营商环境指数排名表现优异，9 个城市均排在全国前 100 名，其中有 5 个城市排在全国前 30 名。对比 2021 年排名，可以看出有 7 个城市的排名有增减变动，其中肇庆市和珠海市两个城市的排名有所上升，分别从 2021 年的第 85 名和第 29 名上升至 2022 年的第 76 名和第 24 名；惠州市、中山市和江门市的下降幅度相对较大，分别从 2021 年的第 55 名、第 54 名和第 83 名下降至 2022 年的第 71 名、第 65 名和第 94 名。整体来看，粤港澳大湾区城市营商环境排名相对稳定，群内城市的营商环境处于我国顶尖水平。

表 7-3　　大湾区城市群营商环境评价

城市	营商环境指数		群内排名		群内排名	全国排名		全国排名
	2021年	2022年	2021年	2022年	近1年变化	2021年	2022年	近1年变化
深圳市	58.9946	53.0639	1	1	0	3	3	0
广州市	49.9906	48.3252	2	2	0	4	4	0
东莞市	28.1149	25.7352	3	3	0	16	19	–3
佛山市	27.0973	24.9201	4	4	0	19	20	–1
珠海市	21.2137	22.0631	5	5	0	29	24	5
中山市	16.2707	14.8672	6	6	0	54	65	–11
惠州市	15.7050	14.5175	7	7	0	55	71	–16
肇庆市	13.6087	14.3891	9	8	1	85	76	9
江门市	13.6701	13.1727	8	9	–1	83	94	–11

从大湾区城市群的 7 个分项指标的全国排名来看，7 个分项指标排名表现十分优异。政务环境指数排名中，大湾区全部 9 个城市均排在全国前 100 名；除肇庆市之外，其余 8 个城市的公共服务指数、市场环境指数、金融服务指数和创新环境指数均排进全国前 100 名；有 8 个城市人力资源指数排在全国前 100 名，江门市人力资源指数排在全国第 107 名；法治环境指数表现相对较差，有 6 个城市法治环境指数排在全国前 100 名，其余 3 个城市的排名都在 200 名之后（见表 7-3-1、表 7-3-2、表 7-3-3）。

表 7-3-1　　大湾区城市群营商环境分项指标评价（一）

城市	公共服务指数			人力资源指数		
	2022年	全国排名	群内排名	2022年	全国排名	群内排名
广州市	49.3542	4	1	65.1758	2	1
深圳市	39.5373	7	2	43.3883	12	2
东莞市	33.3295	9	3	23.9780	51	5
佛山市	22.0524	19	4	25.5035	41	3
惠州市	12.1238	58	5	21.7478	76	7
江门市	9.5097	69	6	20.4306	107	9
中山市	8.6499	79	7	20.8246	95	8
珠海市	7.6895	91	8	24.4969	45	4
肇庆市	6.3848	120	9	22.6749	63	6

从大湾区城市群的各分项指标在城市群内排名来看，深圳市和广州市处于

领先地位，7 个分项指标排名都位居群内前 2 名。具体来看，深圳市的排名略胜一筹，除公共服务指数和人力资源指数排第 2 名之外，其余 5 个分项都排在第 1 名；东莞市的公共服务指数和政务环境指数群内排名相对较好，排在第 3 名，但法治环境指数排名相对较差，排在第 6 名；佛山市各个分项指标表现相对均衡，分别排在第 3 ～ 5 名；珠海市的市场环境指数排名相对较好，排在第 3 名，但公共服务指数表现较差，排在第 8 名。

表 7-3-2　　　　大湾区城市群营商环境分项指标评价（二）

城市	市场环境指数			创新环境指数		
	2022年	全国排名	群内排名	2022年	全国排名	群内排名
广州市	33.4823	7	2	39.1798	5	2
深圳市	38.8572	2	1	65.5634	3	1
东莞市	14.9952	42	5	11.0406	19	4
佛山市	18.2915	25	4	16.8151	13	3
惠州市	11.1850	63	6	4.3267	46	6
江门市	9.8045	81	8	2.5191	64	8
中山市	10.0520	78	7	3.7174	50	7
珠海市	26.5410	9	3	9.7047	20	5
肇庆市	7.2990	131	9	1.5303	102	9

肇庆市的法治环境指数排名表现较好，排在第 5 名，但公共服务指数、市场环境指数、创新环境指数、金融服务指数和政务环境指数表现相对较差，均排在第 9 名；惠州市的公共服务指数排名表现相对较好，排在第 5 名，但法治环境指数排名表现相对较差，排在第 9 名；其余未提到的城市，其各分项指标排名基本与营商环境指数排名较为一致。

表 7-3-3　　　　大湾区城市群营商环境分项指标评价（三）

城市	金融服务指数			法治环境指数			政务环境指数		
	2022年	全国排名	群内排名	2022年	全国排名	群内排名	2022年	全国排名	群内排名
广州市	33.5109	5	2	62.2689	8	2	59.9526	4	2
深圳市	48.1335	3	1	63.8774	6	1	75.6949	3	1
东莞市	8.4931	35	4	53.5748	74	6	44.0152	10	3
佛山市	10.2719	28	3	58.6823	22	3	34.0780	21	5
惠州市	3.7244	74	6	27.9187	255	9	25.0633	45	7

续表

城市	金融服务指数			法治环境指数			政务环境指数		
	2022年	全国排名	群内排名	2022年	全国排名	群内排名	2022年	全国排名	群内排名
江门市	3.1111	86	8	29.3664	239	8	22.8656	59	8
中山市	3.7043	75	7	31.1017	203	7	31.4322	26	6
珠海市	4.6869	57	5	56.4314	39	4	36.3475	18	4
肇庆市	2.0026	153	9	54.8449	59	5	19.4726	83	9

四、东北地区城市群营商环境评价

东北地区具备强大的工业基础和工业生产能力，是国家重要的工业基地，也是我国最重要的商品粮供应基地之一，同时拥有种类最丰富、储量最高的矿产资源。近年来，东北地区经济社会发展出现严重放缓现象，生产制造业受到严重冲击，存在经济结构不合理、城市化速度明显落后、人口及资源要素流失严重等问题，目前面临着较大经济转型压力。本报告将对东北三省的 34 个地级市进行分析。评价结果如表 7-4 所示。

在 2022 年全国营商环境指数排名中，东北地区城市群的城市营商环境指数排名表现较差，有 7 个城市排在全国前 150 名，分别是沈阳市、长春市、哈尔滨市、大连市、大庆市、齐齐哈尔市和吉林市；营口市和佳木斯市分别排在全国第 190 名和第 196 名，其余 25 个城市排在全国 200 名之外，由此可见东北地区城市群内的城市营商环境水平不容乐观。对比 2021 年营商环境指数排名，可以看到有 16 个城市的营商环境排名呈现上升态势，其中佳木斯市、齐齐哈尔市、双鸭山市、四平市、白山市、白城市、黑河市上升幅度超过 20 名；下降幅度超过 20 名的城市有葫芦岛市、绥化市、锦州市和七台河市。总体来看，近两年东北地区城市群营商环境上升势头较为明显，但是整体基础较差，营商环境表现和其他城市群相比有一定差距。

表 7-4　　　　东北地区城市群营商环境评价

城市	营商环境指数		群内排名		群内排名	全国排名		全国排名
	2021年	2022年	2021年	2022年	近1年变化	2021年	2022年	近1年变化
沈阳市	22.3224	21.4009	1	1	0	23	28	–5
长春市	19.0831	19.4684	3	2	1	41	36	5
哈尔滨市	19.3437	18.5738	2	3	–1	39	40	–1
大连市	18.9279	17.1972	4	4	0	43	48	–5
大庆市	13.1418	12.7193	5	5	0	93	104	–11
齐齐哈尔市	10.6858	12.3351	7	6	1	178	117	61
吉林市	11.6897	11.7000	6	7	–1	127	140	–13
营口市	10.0018	10.5133	9	8	1	203	190	13
佳木斯市	7.3653	10.3355	28	9	19	275	196	79
丹东市	9.9097	10.1749	10	10	0	204	201	3
葫芦岛市	10.5765	10.0252	8	11	–3	184	206	–22
松原市	9.3088	9.9732	12	12	0	222	211	11
四平市	7.4610	9.8435	26	13	13	273	217	56
白山市	8.4634	9.6490	18	14	4	254	225	29
双鸭山市	5.7067	9.5194	33	15	18	287	228	59
白城市	8.0628	9.3816	20	16	4	261	232	29
辽阳市	8.5616	9.2301	17	17	0	251	235	16
鞍山市	9.0322	9.1978	14	18	–4	232	237	–5
七台河市	9.7091	8.9195	11	19	–8	209	245	–36
牡丹江市	7.9910	8.8641	22	20	2	263	247	16
盘锦市	8.9253	8.8516	15	21	–6	237	248	–11
黑河市	7.4278	8.7391	27	22	5	274	249	25
伊春市	8.1975	8.7122	19	23	–4	258	252	6
绥化市	9.0975	8.6777	13	24	–11	230	254	–24
本溪市	8.0122	8.4054	21	25	–4	262	265	–3
锦州市	8.9204	8.2143	16	26	–10	240	266	–26
朝阳市	7.5887	7.3190	23	27	–4	267	277	–10
通化市	6.9562	7.2027	30	28	2	280	278	2
鸡西市	5.9607	7.0964	32	29	3	285	281	4
铁岭市	7.3346	6.7434	29	30	–1	276	285	–9
抚顺市	7.5800	6.7091	24	31	–7	268	286	–18
阜新市	7.4953	6.5227	25	32	–7	272	287	–15
辽源市	6.7110	6.4533	31	33	–2	282	288	–6
鹤岗市	5.1759	5.9689	34	34	0	288	289	–1

从东北城市群的 7 个分项指标的全国排名来看，法治环境指数的排名相对较好，有 16 个城市进入全国前 150 名；公共服务指数、人力资源指数、市场环境指数、创新环境指数、金融服务指数以及政务环境指数排名表现较差，分别有 9 个、5 个、6 个、4 个、12 个和 10 个城市排进全国前 150 名，且多数城市的分项指数排在 200 名之后（见表 7-4-1、表 7-4-2、表 7-4-3）。

表 7-4-1　　东北地区城市群营商环境分项指标评价（一）

城市	公共服务指数			人力资源指数		
	2022年	全国排名	群内排名	2022年	全国排名	群内排名
四平市	2.1975	254	25	14.9558	257	14
哈尔滨市	17.4328	29	2	34.6142	22	1
沈阳市	21.1720	20	1	32.7275	23	2
长春市	15.3514	39	4	26.4523	35	4
营口市	8.3354	84	7	15.2414	251	13
大连市	16.3501	33	3	29.7385	27	3
牡丹江市	3.0120	229	19	14.6957	263	17
齐齐哈尔市	5.8948	137	9	17.1891	194	7
佳木斯市	2.4892	246	23	13.2632	277	25
辽阳市	4.1866	192	13	14.9515	258	15
本溪市	4.6015	173	11	13.6037	273	22
吉林市	7.6941	90	8	18.2070	156	6
七台河市	1.0482	287	34	11.9583	286	31
丹东市	3.8170	200	15	13.5526	274	23
松原市	2.5166	244	22	15.5023	246	11
葫芦岛市	3.7981	201	16	14.3597	267	18
锦州市	4.0841	195	14	16.8093	208	8
白城市	1.3795	280	30	14.2518	268	19
通化市	2.1232	257	26	13.4766	275	24
铁岭市	2.8367	233	20	15.4654	247	12
盘锦市	3.3634	224	18	13.8859	270	20
白山市	1.4907	277	29	12.2485	285	30
朝阳市	4.2529	188	12	14.8001	261	16
绥化市	3.4301	219	17	11.5597	287	32
双鸭山市	1.9466	260	27	12.6993	280	27
鸡西市	2.2425	251	24	12.5614	282	29
辽源市	1.2270	281	31	12.9541	279	26

续表

城市	公共服务指数			人力资源指数		
	2022年	全国排名	群内排名	2022年	全国排名	群内排名
伊春市	1.2154	282	32	9.9480	289	34
鞍山市	9.6517	68	5	16.0675	234	9
黑河市	1.2004	283	33	12.5922	281	28
大庆市	8.8780	76	6	20.6207	101	5
阜新市	2.6447	238	21	13.7571	272	21
抚顺市	4.7166	172	10	15.8481	241	10
鹤岗市	1.7933	267	28	10.8310	288	33

从东北城市群的各分项指标在城市群内排名来看，3 个省会城市以及大连的排名领先优势相对明显。在公共服务指数排名中，沈阳市、哈尔滨市、大连市、长春市和鞍山市排在前 5 名，白城市、辽源市、伊春市、黑河市和七台河市排在后 5 名；从人力资源指数排名看，哈尔滨市、沈阳市、大连市、长春市和大庆市排在前 5 名，白山市、七台河市、绥化市、鹤岗市和伊春市排在后 5 名，且排名后 10 名的城市分布中，8 个为黑龙江省的城市，2 个为吉林省的城市；从市场环境指数排名看，大连市、盘锦市、沈阳市、长春市和大庆市排在前 5 名，且排名前 10 名的有 8 个辽宁省城市，2 个黑龙江省城市，七台河市、伊春市、四平市、齐齐哈尔市和绥化市的市场环境指数排在后 5 名，排在后 10 名的城市在三省的分布较为均衡；从创新环境指数排名看，沈阳市、大连市、长春市、哈尔滨市和鞍山市排在前 5 名，七台河市、鹤岗市、辽源市、双鸭山市和伊春市的创新环境指数排在后 5 名，且排在后 10 名的城市中黑龙江省占据 5 个城市。

表 7-4-2　　东北地区城市群营商环境分项指标评价（二）

城市	市场环境指数			创新环境指数		
	2022年	全国排名	群内排名	2022年	全国排名	群内排名
四平市	1.1502	284	32	0.0786	270	22
哈尔滨市	5.9391	167	8	4.4956	43	4
沈阳市	11.0155	66	3	5.5784	34	1
长春市	10.2337	74	4	5.0194	38	3
营口市	6.2556	155	7	0.1418	245	16

续表

城市	市场环境指数			创新环境指数		
	2022年	全国排名	群内排名	2022年	全国排名	群内排名
大连市	13.5994	47	1	5.1427	36	2
牡丹江市	2.3935	267	23	0.1594	242	15
齐齐哈尔市	1.1213	285	33	0.3036	209	10
佳木斯市	2.6129	260	20	0.2068	227	13
辽阳市	5.2419	186	10	0.1376	248	17
本溪市	6.5135	147	6	0.0587	276	24
吉林市	2.7248	255	18	0.3721	199	7
七台河市	1.4053	280	30	0.0382	283	30
丹东市	2.8300	250	17	0.0794	268	21
松原市	1.8659	274	27	0.0450	281	28
葫芦岛市	2.3620	268	24	0.0444	282	29
锦州市	3.5157	230	13	0.2149	226	12
白城市	1.4440	279	29	0.1005	262	20
通化市	3.0936	242	15	0.3508	202	8
铁岭市	1.6016	277	28	0.1210	255	19
盘锦市	12.0593	54	2	0.3389	204	9
白山市	3.9113	222	12	0.0566	277	25
朝阳市	2.2322	271	25	0.0543	278	26
绥化市	0.7114	287	34	0.0462	280	27
双鸭山市	2.6408	259	19	0.0244	287	33
鸡西市	2.4436	266	22	0.2198	225	11
辽源市	2.9023	248	16	0.0247	286	32
伊春市	1.3331	281	31	0.0219	288	34
鞍山市	5.3541	184	9	0.5133	173	5
黑河市	3.1975	239	14	0.0657	275	23
大庆市	9.9580	79	5	0.4636	179	6
阜新市	2.0858	272	26	0.1654	236	14
抚顺市	4.1157	213	11	0.1355	250	18
鹤岗市	2.5526	261	21	0.0286	285	31

从金融服务指数排名看，长春市、沈阳市、哈尔滨市、大连市和吉林市排在前 5 名，且黑龙江省的城市有 5 个都排在前 10 名，七台河市、双鸭山市、鹤岗市、辽源市和伊春市的金融服务指数排在后 5 名，且排在

后10名的城市中，黑龙江省和辽宁省各有4个城市、吉林省有2个城市；从法治环境指数排名看，齐齐哈尔市、伊春市、长春市、双鸭山市和沈阳市排在前5名，朝阳市、锦州市、本溪市、抚顺市和铁岭市排在后5名，且排在后10名的城市中，7个是辽宁省的城市、3个为吉林省城市；从政务环境指数排名看，四平市、哈尔滨市、沈阳市、长春市和营口市排在前5名，黑河市、大庆市、阜新市、抚顺市和鹤岗市排在后5名，且黑龙江省、辽宁省和吉林省分别有6个、3个和1个城市排在后10名。总的来看，黑龙江省城市的人力资源指数、创新环境指数和政务环境有待提高，吉林省的市场环境和创新环境表现相对较差，辽宁省的法治环境指数表现欠佳，但市场环境指数表现相对较好。

表7-4-3　　东北地区城市群营商环境分项指标评价（三）

城市	金融服务指数			法治环境指数			政务环境指数		
	2022年	全国排名	群内排名	2022年	全国排名	群内排名	2022年	全国排名	群内排名
四平市	2.0744	150	12	25.3766	276	28	28.2493	33	1
哈尔滨市	10.6774	27	3	34.4430	183	18	27.7040	35	2
沈阳市	11.2088	26	2	54.1763	68	5	24.8528	47	3
长春市	11.5219	25	1	55.6433	47	3	24.1153	53	4
营口市	1.9825	155	13	27.5957	261	25	19.7352	79	5
大连市	9.4002	31	4	53.1883	82	7	18.2915	95	6
牡丹江市	2.6926	108	7	29.2439	241	23	16.6446	115	7
齐齐哈尔市	1.7388	167	15	60.5923	12	1	15.5916	133	8
佳木斯市	2.5154	122	9	48.7552	135	13	15.3126	136	9
辽阳市	1.7779	165	14	30.8124	208	19	14.6968	145	10
本溪市	1.0854	222	27	23.6175	283	32	14.4281	152	11
吉林市	3.3169	80	5	47.7187	146	15	13.8730	164	12
七台河市	0.8289	249	30	47.7063	147	16	12.3800	185	13
丹东市	1.1734	213	24	51.7049	90	9	11.9102	196	14
松原市	1.5066	190	17	50.0679	113	11	11.6727	200	15
葫芦岛市	1.3693	203	21	50.7061	102	10	11.0973	209	16
锦州市	2.6801	110	8	24.9939	279	31	10.7952	213	17
白城市	1.4457	195	18	49.8459	117	12	10.6920	216	18
通化市	1.5740	184	16	25.2269	277	29	10.5822	218	19

续表

城市	金融服务指数			法治环境指数			政务环境指数		
	2022年	全国排名	群内排名	2022年	全国排名	群内排名	2022年	全国排名	群内排名
铁岭市	1.3978	201	20	19.5456	288	34	10.5030	219	20
盘锦市	1.0807	224	28	27.6288	260	24	9.8630	230	21
白山市	1.1383	217	25	53.8241	72	6	9.5981	232	22
朝阳市	1.2696	205	22	25.1883	278	30	9.3919	236	23
绥化市	2.4716	125	10	45.8017	161	17	9.0976	241	24
双鸭山市	0.7688	258	31	54.5394	63	4	9.0233	242	25
鸡西市	1.2012	211	23	30.4739	215	20	8.3245	252	26
辽源市	0.4756	275	33	25.7589	272	27	8.2654	253	27
伊春市	0.2778	287	34	56.0762	43	2	7.9006	256	28
鞍山市	2.1849	141	11	30.1209	219	21	7.4663	260	29
黑河市	1.4203	199	19	48.4886	140	14	7.4587	262	30
大庆市	3.0522	88	6	52.7106	84	8	6.6824	274	31
阜新市	0.8863	241	29	25.9423	271	26	6.6507	275	32
抚顺市	1.0948	220	26	20.0556	286	33	5.4460	282	33
鹤岗市	0.5241	271	32	30.0669	221	22	4.0182	283	34

五、长江经济带城市群营商环境评价

长江经济带横跨中国东中西三大区域，是具有全球影响力的内河经济带，东中西互动合作的协调发展带，也是沿海沿江沿边全面推进的对内对外开放带。长江经济带覆盖上海、江苏、浙江、安徽、江西、湖北、湖南、重庆、四川、云南、贵州等 11 个省市，面积约 205.23 万平方公里，占全国的 21.4%，人口和生产总值均超过全国的 40%。2016 年 9 月，《长江经济带发展规划纲要》正式印发，确立了以长江三角洲城市群、长江中游城市群和成渝城市群为“三极”的发展格局，充分发挥中心城市的辐射作用，打造长江经济带的三大增长极。本报告主要对长江三角洲城市群、长江中游城市群和成渝城市群内的70个地级市进行分析。评价结果如表7-5所示。

2022年全国营商环境指数排名中，长江经济带内的城市营商环境指数排名表现较好，有46个城市排在全国前150名，有19个城市排在全国第150～200名，上饶市、黄冈市、自贡市、遂宁市和池州市5个城市排在全国200名之外，表明长江经济带内的城市整体营商环境水平较高。但是从排名对应的城市分布来看，排在前100名的城市多数位于江苏省和浙江省境内，而排在150名后的大多是安徽、江西、四川、湖北等省份的城市，表明长江经济带的城市营商环境分布不均衡。对比2021年排名，可以看到多数城市排名有所变动，但变化幅度不大，其中25个城市的营商环境排名有所上升，上升幅度较大的是娄底市、荆州市、眉山市、资阳市、铜陵市和内江市，分别上升87名、75名、52名、50名、37名和36名；有38个城市排名有下降趋势，下降幅度较大的有吉安市、鹰潭市、宜宾市、襄阳市、萍乡市和安庆市，分别下降54名、36名、31名、29名、21名和21名。总的来看，长江经济带内的城市营商环境处于我国较高水平。

表7-5　　长江经济带城市群营商环境评价

城市	营商环境指数		群内排名		群内排名	全国排名		全国排名
	2021年	2022年	2021年	2022年	近1年变化	2021年	2022年	近1年变化
上海市	73.2760	71.7553	1	1	0	2	2	0
重庆市	47.1903	45.2741	2	2	0	5	5	0
成都市	41.1676	41.2175	3	3	0	6	6	0
武汉市	40.9061	40.5896	4	4	0	7	7	0
杭州市	37.7986	38.0415	6	5	1	9	8	1
苏州市	38.3457	35.9882	5	6	–1	8	9	–1
南京市	35.6046	34.9854	7	7	0	11	11	0
宁波市	30.5834	27.7569	8	8	0	14	15	–1
合肥市	25.3840	27.3211	11	9	2	21	16	5
长沙市	28.0501	26.8949	9	10	–1	17	18	–1
无锡市	25.5487	23.9413	10	11	–1	20	21	–1
南昌市	21.7978	21.4371	12	12	0	26	27	–1

续表

城市	营商环境指数		群内排名		群内排名近1年变化	全国排名		全国排名近1年变化
	2021年	2022年	2021年	2022年		2021年	2022年	
绍兴市	20.9359	19.6364	14	13	1	30	35	–5
金华市	20.6326	19.4099	15	14	1	31	37	–6
常州市	20.3774	19.3751	16	15	1	32	38	–6
嘉兴市	21.4609	19.1270	13	16	–3	27	39	–12
台州市	19.1370	18.3058	17	17	0	40	42	–2
南通市	18.4378	17.9666	18	18	0	44	44	0
镇江市	16.6209	17.3428	19	19	0	51	46	5
芜湖市	16.5680	16.6876	20	20	0	52	54	–2
舟山市	15.2251	15.7440	22	21	1	59	60	–1
宜昌市	14.1172	15.0243	27	22	5	78	63	15
湖州市	15.3432	14.5957	21	23	–2	58	69	–11
泰州市	14.3957	14.4935	24	24	0	71	73	–2
扬州市	14.9368	14.4271	23	25	–2	63	74	–11
盐城市	14.2892	14.3084	26	26	0	75	77	–2
九江市	14.3193	14.1302	25	27	–2	74	81	–7
湘潭市	13.6167	13.5143	28	28	0	84	87	–3
株洲市	13.5080	13.4024	29	29	0	86	91	–5
马鞍山市	13.0633	13.3251	31	30	1	95	92	3
衡阳市	12.8077	13.0086	33	31	2	104	97	7
岳阳市	12.6490	12.5808	34	32	2	106	106	0
宣城市	11.8995	12.5059	38	33	5	122	109	13
绵阳市	12.4546	12.5033	37	34	3	113	110	3
泸州市	12.4687	12.4180	36	35	1	111	115	–4
荆州市	10.1086	12.2125	62	36	26	196	121	75
襄阳市	13.0974	12.1293	30	37	–7	94	123	–29
抚州市	11.6006	12.0254	41	38	3	133	127	6
安庆市	12.6293	11.9947	35	39	–4	107	128	–21
孝感市	11.2741	11.9943	45	40	5	142	129	13
乐山市	11.1027	11.8606	48	41	7	153	131	22
滁州市	11.4854	11.8246	43	42	1	138	134	4
铜陵市	10.8108	11.7809	57	43	14	174	137	37
荆门市	11.4955	11.6936	42	44	–2	135	141	–6
达州市	11.4007	11.6500	44	45	–1	139	144	–5
南充市	11.6886	11.6187	39	46	–7	128	145	–17

续表

城市	营商环境指数		群内排名		群内排名	全国排名		全国排名
	2021年	2022年	2021年	2022年	近1年变化	2021年	2022年	近1年变化
新余市	11.6120	11.5524	40	47	-7	132	151	-19
内江市	10.4592	11.5408	61	48	13	188	152	36
吉安市	12.9168	11.4786	32	49	-17	100	154	-54
雅安市	11.0842	11.3978	49	50	-1	154	156	-2
咸宁市	10.9295	11.2703	53	51	2	164	159	5
黄石市	11.2504	11.1788	46	52	-6	143	161	-18
鄂州市	10.6058	11.0273	58	53	5	180	166	14
娄底市	8.4301	10.9931	70	54	16	255	168	87
益阳市	10.8115	10.8567	56	55	1	173	172	1
常德市	10.9409	10.8337	51	56	-5	162	174	-12
萍乡市	10.9879	10.7961	50	57	-7	158	179	-21
德阳市	10.8947	10.7812	55	58	-3	169	180	-11
景德镇市	10.5814	10.7755	59	59	0	183	181	2
宜春市	10.9173	10.6344	54	60	-6	166	184	-18
广安市	10.4880	10.5977	60	61	-1	186	185	1
鹰潭市	11.1854	10.5639	47	62	-15	150	186	-36
资阳市	8.9240	10.5399	67	63	4	238	188	50
眉山市	8.8080	10.4167	69	64	5	244	192	52
宜宾市	10.9366	10.3978	52	65	-13	163	194	-31
上饶市	9.7704	9.9890	64	66	-2	206	209	-3
黄冈市	10.0709	9.9425	63	67	-4	198	214	-16
自贡市	9.2794	9.8822	65	68	-3	223	216	7
遂宁市	8.8675	9.1332	68	69	-1	242	241	1
池州市	9.0040	9.1191	66	70	-4	233	242	-9

从长江经济带的7个分项指标的全国排名来看，创新环境指数排名表现较好，有53个城市排进前150名，其中有42个城市排在全国前100名；市场环境指数排名表现相对较好，有54个城市排进前150名，有4个城市排在200名后，娄底市、黄冈市、抚州市和资阳市的市场环境指数分别排在第201名、第206名、第210名和第246名；金融服务指数和政务环境指数排名表现一般，分别有46个和47个城市排进前150名；公共服务指数、人力资源指数和法治环境指数排名相对较差，分别有42个、

41 个和 43 个城市排在全国前 150 名（见表 7-5-1、表 7-5-2、表 7-5-3）。

表 7-5-1　　长江经济带城市群营商环境分项指标评价（一）

城市	公共服务指数			人力资源指数		
	2022年	全国排名	群内排名	2022年	全国排名	群内排名
上海市	75.1077	1	1	64.9766	3	1
重庆市	61.0331	2	2	62.4814	5	3
苏州市	41.2912	5	3	35.4309	21	10
成都市	40.9611	6	4	64.5939	4	2
杭州市	32.8061	10	5	43.4457	11	6
武汉市	31.0042	11	6	50.2492	8	5
南京市	27.237	13	7	51.9197	6	4
宁波市	24.9069	14	8	29.5372	28	11
无锡市	23.2857	16	9	28.4759	29	12
长沙市	19.6202	22	10	40.6650	14	7
合肥市	18.9783	25	11	38.8316	15	8
常州市	16.4461	32	12	26.5220	33	13
绍兴市	15.7728	37	13	22.2985	68	18
南通市	15.3172	40	14	26.2876	36	14
嘉兴市	13.9152	46	15	24.2159	48	15
南昌市	12.5007	51	16	36.9149	18	9
金华市	10.7225	60	17	23.3099	55	17
盐城市	10.6723	62	18	23.4087	53	16
台州市	10.2822	64	19	22.2783	69	19
泰州市	9.1089	72	20	21.4128	84	24
芜湖市	8.7204	78	21	22.2052	71	20
衡阳市	8.5696	80	22	21.3417	85	25
扬州市	8.2712	85	23	22.0704	73	21
湖州市	8.1728	86	24	20.5684	104	32
乐山市	7.6985	89	25	19.0479	135	38
九江市	7.4759	99	26	21.1410	88	27
镇江市	7.4173	101	27	20.6938	100	30
宜昌市	7.3195	102	28	18.6881	144	40
达州市	7.1924	104	29	15.3070	249	67
上饶市	7.0834	105	30	19.5795	118	35
襄阳市	7.0706	106	31	20.9099	94	28
绵阳市	7.0011	108	32	22.0515	74	22

续表

城市	公共服务指数			人力资源指数		
	2022年	全国排名	群内排名	2022年	全国排名	群内排名
滁州市	6.9349	109	33	19.4675	120	36
岳阳市	6.7718	113	34	17.6372	177	46
南充市	6.7279	114	35	21.6270	78	23
宜春市	6.6824	116	36	18.3080	153	43
宜宾市	6.2598	124	37	20.3461	109	33
马鞍山市	6.2558	125	38	19.6761	116	34
泸州市	6.1949	127	39	17.5986	178	47
株洲市	5.9912	132	40	20.7138	99	29
常德市	5.8993	136	41	18.8316	143	39
娄底市	5.6398	142	42	16.4880	220	61
德阳市	5.3564	153	43	21.1744	87	26
安庆市	5.1987	155	44	19.1535	130	37
荆州市	5.1839	156	45	17.7715	173	45
湘潭市	4.9479	164	46	18.3476	152	42
黄冈市	4.8663	166	47	18.4054	150	41
黄石市	4.7709	170	48	16.5641	218	60
吉安市	4.3989	179	49	17.5026	181	49
孝感市	4.3832	180	50	17.3268	187	52
广安市	4.3792	181	51	15.1026	253	68
益阳市	4.3044	186	52	17.2676	190	53
宣城市	4.241	190	53	16.8822	205	58
眉山市	4.2108	191	54	17.5075	180	48
内江市	4.1594	193	55	16.2980	228	63
雅安市	3.7872	202	56	16.1650	231	64
抚州市	3.7114	205	57	16.9026	204	57
自贡市	3.6552	208	58	18.2266	155	44
荆门市	3.6021	211	59	17.4372	183	50
铜陵市	3.442	218	60	17.3683	184	51
遂宁市	3.3763	222	61	15.0622	256	69
咸宁市	2.8412	232	62	17.0289	201	56
萍乡市	2.8164	235	63	16.7085	212	59
新余市	2.7731	236	64	17.2194	193	54
景德镇市	2.5794	240	65	14.8200	260	70
舟山市	2.4301	247	66	20.6073	102	31

续表

城市	公共服务指数			人力资源指数		
	2022年	全国排名	群内排名	2022年	全国排名	群内排名
池州市	2.3957	248	67	17.0802	197	55
资阳市	2.1409	255	68	16.4365	223	62
鹰潭市	1.6135	271	69	15.5057	245	66
鄂州市	1.6099	272	70	16.0436	235	65

从长江经济带中的城市各分项指标在城市群内排名来看，上海市和重庆市各分项指标领先幅度明显。在公共服务指数排名中，上海市、重庆市、苏州市、成都市、杭州市、武汉市、南京市、宁波市、无锡市、长沙市位居前 10 名，遂宁市、咸宁市、萍乡市、新余市、景德镇市、舟山市、池州市、资阳市、鹰潭市、鄂州市排在后 10 名；从人力资源指数排名看，上海市、成都市、重庆市、南京市、武汉市、杭州市、长沙市、合肥市、南昌市和苏州市位居前 10 名，表明大量的人力资源聚集在省会城市或直辖市，而排在后 20 名的以长江中上游城市居多，其中娄底市、资阳市、内江市、雅安市、鄂州市、鹰潭市、达州市、广安市、遂宁市和景德镇市排在后 10 名；从市场环境指数排名看，上海市、重庆市、成都市、武汉市、苏州市、南京市、无锡市、杭州市、常州市和长沙市位居前 10 名，雅安市、内江市、达州市、广安市、益阳市、上饶市、娄底市、黄冈市、抚州市和资阳市排在后 10 名，可以看出市场环境排前 10 的城市以省会城市和直辖市为主；从创新环境指数排名看，上海市、武汉市、苏州市、杭州市、合肥市、南京市、成都市、宁波市、重庆市、长沙市位居前 10 名，排在后 10 名的城市排名中除池州市位于安徽省，其余 9 个均为四川省内城市，可以看出成渝城市群的创新环境表现相对较差，而省会城市由于高校、研究所等科研机构集中，因此创新环境指数表现相对较好。

表 7-5-2　长江经济带城市群营商环境分项指标评价（二）

城市	市场环境指数			创新环境指数		
	2022年	全国排名	群内排名	2022年	全国排名	群内排名
上海市	50.3686	1	1	68.5516	2	1
重庆市	34.8072	4	2	16.1100	14	9

续表

城市	市场环境指数			创新环境指数		
	2022年	全国排名	群内排名	2022年	全国排名	群内排名
苏州市	27.4603	8	5	34.1397	6	3
成都市	34.2830	5	3	21.9309	10	7
杭州市	25.2248	14	8	31.2464	7	4
武汉市	33.7137	6	4	45.9406	4	2
南京市	26.1905	11	6	24.0369	9	6
宁波市	19.8948	21	11	17.9044	12	8
无锡市	25.7522	13	7	9.3905	21	11
长沙市	22.0967	19	10	12.3645	16	10
合肥市	16.8689	30	16	25.8659	8	5
常州市	22.2883	18	9	4.9078	40	20
绍兴市	15.2054	41	20	6.5593	29	15
南通市	19.3408	22	12	6.9096	28	14
嘉兴市	15.4039	39	18	7.8689	26	13
南昌市	14.7875	44	22	5.8430	31	16
金华市	8.1021	115	44	5.6334	32	17
盐城市	11.5754	58	27	4.5260	42	21
台州市	9.6205	86	35	5.6016	33	18
泰州市	16.3571	32	17	2.5140	65	31
芜湖市	15.3157	40	19	9.0092	23	12
衡阳市	6.7180	142	51	2.9345	55	25
扬州市	18.4769	23	13	2.6848	60	29
湖州市	12.8281	50	24	3.4318	52	23
乐山市	8.3440	110	42	0.1634	237	68
九江市	10.1002	76	32	2.0523	76	35
镇江市	17.6705	28	14	3.7916	49	22
宜昌市	14.5138	45	23	2.4414	66	32
达州市	5.0980	191	63	0.2812	213	66
上饶市	4.7243	199	66	1.9216	81	39
襄阳市	12.0583	55	26	2.8849	56	26
绵阳市	8.2826	112	43	2.1305	71	34
滁州市	10.0805	77	33	2.8602	57	27
岳阳市	9.6582	85	34	1.8811	82	40
南充市	5.9561	164	57	0.1967	230	67
宜春市	6.4825	148	53	3.2537	53	24

续表

城市	市场环境指数			创新环境指数		
	2022年	全国排名	群内排名	2022年	全国排名	群内排名
宜宾市	8.5366	106	41	1.0370	126	49
马鞍山市	14.8304	43	21	2.7551	58	28
泸州市	7.4322	125	47	0.6011	163	57
株洲市	10.6487	71	29	5.4644	35	19
常德市	9.2083	95	38	1.6919	92	41
娄底市	4.4852	201	67	0.7310	158	56
德阳市	9.2100	94	37	0.7707	154	55
安庆市	6.3927	151	55	1.9474	80	38
荆州市	5.7462	174	60	1.2664	117	47
湘潭市	11.5682	59	28	2.5791	62	30
黄冈市	4.4063	206	68	1.3703	109	45
黄石市	8.7002	102	40	0.8372	148	53
吉安市	5.9296	169	58	1.9606	79	37
孝感市	6.8930	140	50	1.5039	104	44
广安市	5.0782	192	64	0.0941	265	70
益阳市	4.8273	197	65	0.9543	130	51
宣城市	8.0631	116	45	2.3631	67	33
眉山市	6.5278	146	52	0.1624	238	69
内江市	5.1278	189	62	0.3785	198	64
雅安市	5.5353	180	61	0.4022	193	62
抚州市	4.2770	210	69	2.0448	77	36
自贡市	7.0429	139	49	0.5869	166	58
荆门市	9.6027	87	36	1.3362	112	46
铜陵市	8.9673	98	39	1.5250	103	43
遂宁市	6.4790	149	54	0.3839	197	63
咸宁市	7.4344	124	46	0.8982	139	52
萍乡市	5.7489	173	59	1.0904	124	48
新余市	10.3138	72	30	0.4241	187	59
景德镇市	6.3706	153	56	0.7898	152	54
舟山市	17.0085	29	15	1.5495	99	42
池州市	7.3837	127	48	0.4058	192	61
资阳市	2.9634	246	70	0.3197	206	65
鹰潭市	10.3064	73	31	0.9586	129	50
鄂州市	12.1363	53	25	0.4198	189	60

从金融服务指数排名看，上海市、重庆市、杭州市、成都市、南京市、苏州市、长沙市、武汉市、宁波市和合肥市排在前10名，萍乡市、景德镇市、新余市、鹰潭市、铜陵市、雅安市、池州市、遂宁市、黄石市和鄂州市排在后10名，表明江西省和湖北省地级市的金融服务水平相对较差，而长江经济带的省会城市金融服务较好；从法治环境指数排名看，浙江省的法治环境表现相对较好，杭州市、金华市两个城市排进前10名，而滁州市、乐山市、德阳市、上饶市、宜春市、常德市、黄冈市、宜宾市、池州市和襄阳市排在后10名，表明长江中游及成渝城市群在法治环境方面需要进一步提升；从政务环境指数排名看，上海市、武汉市、重庆市、杭州市、成都市、苏州市、无锡市、南京市、宁波市和金华市排在前10名，而湖南省、江西省和湖北省分别有3个、3个和4个城市排在后10名，表明长江中游城市群的政务环境较差，长三角城市群的政务环境相对较好。

表 7-5-3　　长江经济带城市群营商环境分项指标评价（三）

城市	金融服务指数			法治环境指数			政务环境指数		
	2022年	全国排名	群内排名	2022年	全国排名	群内排名	2022年	全国排名	群内排名
上海市	75.7080	2	1	79.1121	2	1	90.9150	1	1
重庆市	34.4602	4	2	67.1622	3	2	48.1607	7	3
苏州市	21.5357	11	6	57.4409	27	11	41.7695	12	6
成都市	28.1052	8	4	58.8058	19	7	45.7052	9	5
杭州市	32.4978	6	3	63.0601	7	4	46.3489	8	4
武汉市	18.5930	13	8	58.2876	23	8	52.2382	5	2
南京市	22.3829	10	5	64.9739	5	3	38.1528	15	8
宁波市	17.7345	15	9	57.0945	30	12	37.0052	16	9
无锡市	10.1208	29	12	31.9764	192	53	41.2659	14	7
长沙市	18.6781	12	7	57.8050	25	9	27.3385	37	14
合肥市	17.3240	17	10	59.3705	16	6	24.6920	49	18
常州市	7.0680	40	16	35.0037	182	49	28.5991	31	11
绍兴市	6.4755	44	17	54.4201	67	21	28.3178	32	12
南通市	7.1909	37	15	31.0620	205	55	24.0235	54	20
嘉兴市	6.1797	46	18	53.2990	79	25	24.3966	50	19

续表

城市	金融服务指数			法治环境指数			政务环境指数		
	2022年	全国排名	群内排名	2022年	全国排名	群内排名	2022年	全国排名	群内排名
南昌市	11.9659	24	11	57.5102	26	10	22.5619	61	21
金华市	7.4530	36	14	61.8096	9	5	32.9723	24	10
盐城市	4.7592	56	20	33.4607	186	50	18.1407	96	29
台州市	9.5118	30	13	56.1558	42	15	27.3070	39	15
泰州市	4.7752	55	19	31.0174	207	56	21.7774	65	23
芜湖市	2.5132	123	36	53.5096	76	23	17.8135	99	30
衡阳市	2.3663	130	38	48.1598	141	39	12.6876	179	55
扬州市	3.8532	70	23	30.7786	209	57	20.3048	74	25
湖州市	4.3406	63	22	29.8375	228	60	28.0710	34	13
乐山市	1.6594	176	53	29.6488	234	62	22.3915	62	22
九江市	2.8292	100	29	50.9961	97	30	16.6052	117	39
镇江市	3.7830	72	24	56.2605	41	14	24.7557	48	17
宜昌市	2.1805	142	42	56.6266	36	13	17.2674	107	36
达州市	2.4154	127	37	49.0383	131	34	14.6802	146	44
上饶市	2.9687	93	26	28.9221	244	64	11.0344	210	63
襄阳市	2.6182	115	32	26.4644	267	70	17.6771	101	32
绵阳市	2.1170	145	45	32.8991	188	51	19.8400	78	26
滁州市	2.0886	148	46	29.7542	230	61	17.5630	102	33
岳阳市	3.3808	78	25	48.8332	133	36	11.9875	193	59
南充市	2.6037	117	34	32.0339	191	52	18.9906	90	28
宜春市	2.8899	95	27	28.6213	248	65	14.1989	160	49
宜宾市	2.8812	96	28	27.6629	258	68	11.8162	198	60
马鞍山市	1.8807	161	50	39.1046	178	47	17.3660	105	35
泸州市	2.1366	144	44	49.9874	116	32	15.4982	135	41
株洲市	2.6103	116	33	48.8553	132	35	11.3505	205	62
常德市	4.3713	61	21	28.0788	252	66	13.5034	169	51
娄底市	2.3609	131	39	51.0389	96	29	9.5567	234	66
德阳市	1.8063	164	52	29.4434	238	63	13.9279	163	50
安庆市	2.2035	140	41	49.4879	125	33	12.0769	191	58
荆州市	1.9745	157	49	54.4623	66	20	13.1657	172	52
湘潭市	2.6576	111	31	55.9380	45	16	12.7029	178	54
黄冈市	2.7175	107	30	28.0013	254	67	15.8499	129	40
黄石市	0.7060	261	69	47.8840	145	41	11.0242	212	64

续表

城市	金融服务指数			法治环境指数			政务环境指数		
	2022年	全国排名	群内排名	2022年	全国排名	群内排名	2022年	全国排名	群内排名
吉安市	2.1487	143	43	51.4674	92	27	10.2722	221	65
孝感市	1.4491	194	55	55.2774	55	18	11.5546	202	61
广安市	1.4431	196	56	48.5498	139	38	12.1876	189	57
益阳市	2.5850	118	35	53.5466	75	22	6.7417	271	70
宣城市	1.1324	218	59	53.4426	77	24	15.0625	140	42
眉山市	2.2966	135	40	31.4284	198	54	17.7873	100	31
内江市	0.9978	233	60	45.7703	162	44	19.4636	84	27
雅安市	0.8389	248	66	48.0005	143	40	17.2563	108	37
抚州市	2.0161	152	47	51.1730	95	28	17.1024	109	38
自贡市	1.8350	162	51	30.0979	220	59	14.4693	150	47
荆门市	1.2863	204	57	48.5987	138	37	12.2939	186	56
铜陵市	0.8443	245	65	38.7993	179	48	20.5260	73	24
遂宁市	0.7109	260	68	30.4574	216	58	14.5708	147	45
咸宁市	1.1440	216	58	55.3330	54	17	8.8998	246	67
萍乡市	0.9916	234	61	47.5121	150	43	12.9432	174	53
新余市	0.9116	239	63	45.5151	163	45	15.0303	141	43
景德镇市	0.9847	235	62	47.6177	148	42	14.5467	148	46
舟山市	1.9824	156	48	54.6674	61	19	24.9374	46	16
池州市	0.7775	256	67	27.5731	263	69	14.3689	155	48
资阳市	1.5947	182	54	43.9514	168	46	17.5101	104	34
鹰潭市	0.8867	240	64	50.6459	104	31	7.3912	264	69
鄂州市	0.3821	279	70	52.6032	85	26	7.8549	257	68

六、黄河流域城市群营商环境评价

黄河流域城市群是构建高质量发展国土空间布局的重要战略载体，是国家城市化格局的重要组成部分。黄河流域作为我国重要的经济地带，推动其高质量发展，发挥中心城市的引领和带动作用，促进区域间要素流动，形成优势互补、高质量发展的区域经济布局，对支撑和优化全国增长动力系统意义重大。作为我国第二大河流，黄河自西向东流经青海、四川、甘肃、宁夏、内蒙古、陕西、山西、河南、山东 9 个省区，由于自然地理条件和生态系统差异大，黄河流域城市的发展条件、发展阶段、功能定位、资源环境承载约束存在显著差异。本报告受篇幅所限，仅对黄河流域沿线的 33 个主要城市进行分析。评价结果如表 7-6 所示。

2022 年全国营商环境指数排名中，黄河流域城市群内的城市营商环境指数排名表现一般，有 15 个城市排在全国前 100 名；开封市、榆林市和泰安市分别排在全国第 101 名、第 103 名和第 108 名，三门峡市、中卫市、乌海市、延安市、新乡市和白银市 6 个城市排在第 150 ～ 200 名，其余 9 个城市排在全国 200 名之外。通过对比 2021 年排名，可以看到有 22 个城市的营商环境排名有所上升，其中中卫市、三门峡市、西宁市、白银市和泰安市排名增幅最大，分别上升 53 名、42 名、32 名、22 名和 21 名；有 11 个城市排名有所下降，其中吕梁市、焦作市和临汾市下降幅度较大，分别下降 36 名、32 名和 31 名。总的来看，近年来黄河流域城市的营商环境排名相对稳定，且排名进入全国百强的多为省会城市和黄河中下游城市，而排名位于全国后 200 名的城市中，除濮阳市外均为黄河中上游城市。

表 7-6　　　　黄河流域城市群营商环境评价

城市	营商环境指数		群内排名		群内排名近1年变化	全国排名		全国排名近1年变化
	2021年	2022年	2021年	2022年		2021年	2022年	
郑州市	31.9642	29.4197	1	1	0	12	14	−2
济南市	27.2998	27.0642	2	2	0	18	17	1
太原市	19.6218	19.8760	3	3	0	36	33	3
淄博市	17.1479	18.4586	6	4	2	48	41	7
东营市	17.3547	17.9411	5	5	0	47	45	2
鄂尔多斯市	17.3781	16.9374	4	6	−2	46	50	−4
洛阳市	16.4134	16.3561	7	7	0	53	55	−2
聊城市	14.9606	15.7867	8	8	0	62	59	3
滨州市	14.5260	15.4747	9	9	0	67	61	6

续表

城市	营商环境指数		群内排名		群内排名	全国排名		全国排名
	2021年	2022年	2021年	2022年	近1年变化	2021年	2022年	近1年变化
兰州市	14.3743	14.9964	10	10	0	72	64	8
银川市	14.2429	14.6279	11	11	0	76	68	8
德州市	13.7784	14.1373	13	12	1	82	80	2
西宁市	12.3977	13.9066	16	13	3	115	83	32
呼和浩特市	13.9289	13.7349	12	14	–2	79	85	–6
包头市	12.6019	13.4558	15	15	0	108	89	19
开封市	12.0045	12.8299	17	16	1	119	101	18
榆林市	12.6503	12.7644	14	17	–3	105	103	2
泰安市	11.6813	12.5246	18	18	0	129	108	21
三门峡市	10.1498	11.5021	23	19	4	195	153	42
中卫市	9.4468	11.1292	26	20	6	217	164	53
乌海市	10.4695	10.8401	22	21	1	187	173	14
延安市	10.6218	10.7386	21	22	–1	179	182	–3
新乡市	10.0417	10.5515	25	23	2	201	187	14
白银市	9.3903	10.3063	27	24	3	219	197	22
临汾市	10.8254	10.1626	19	25	–6	171	202	–31
焦作市	10.8152	10.0674	20	26	–6	172	204	–32
吕梁市	10.0966	9.3799	24	27	–3	197	233	–36
忻州市	8.9855	9.1540	28	28	0	234	240	–6
石嘴山市	8.6281	9.0365	29	29	0	249	244	5
濮阳市	8.5525	8.7256	31	30	1	252	251	1
运城市	8.5791	8.4976	30	31	–1	250	262	–12
吴忠市	7.5653	8.1565	32	32	0	270	267	3
巴彦淖尔市	7.5496	7.7852	33	33	0	271	273	–2

从黄河流域城市群的7个分项指标的全国排名来看，公共服务指数、市场环境指数和人力资源指数排名表现较好，分别有24个、21个和20个城市排在前150名；政务环境指数排名表现较差，有15个城市排在前150名；金融服务指数、法治环境指数和创新环境指数排名相对一般，分别有19个、16个和16个城市排在全国前150名（见表7-6-1、表7-6-2、表7-6-3）。

表 7-6-1　　　　黄河流域城市群营商环境分项指标评价（一）

城市	公共服务指数			人力资源指数		
	2022年	全国排名	群内排名	2022年	全国排名	群内排名
郑州市	23.0459	17	2	50.4391	7	1
济南市	18.9972	24	3	42.2375	13	2
太原市	13.5329	49	10	30.2776	26	3
兰州市	12.5001	52	11	28.4160	30	4
银川市	12.3970	54	12	23.0159	61	6
呼和浩特市	8.4847	81	16	23.3501	54	5
东营市	9.1997	70	13	21.5885	79	8
洛阳市	14.9062	42	8	22.6920	62	7
西宁市	14.6732	43	9	21.0271	90	10
淄博市	15.3111	41	7	21.4559	83	9
鄂尔多斯市	17.1407	30	5	19.9830	114	14
泰安市	7.4932	97	18	20.4553	106	12
聊城市	16.5187	31	6	20.0838	113	13
中卫市	5.7555	141	24	18.9214	141	19
吴忠市	4.3347	182	27	18.9290	140	18
新乡市	9.0531	73	14	20.4701	105	11
榆林市	8.3766	83	17	19.1367	132	16
包头市	18.8184	26	4	19.0543	134	17
德州市	6.8579	111	19	19.5222	119	15
滨州市	28.3824	12	1	18.6492	145	20
石嘴山市	6.0320	130	22	17.1192	195	22
吕梁市	5.3240	154	25	17.0520	200	23
乌海市	5.0587	158	26	16.3646	226	29
延安市	3.6326	210	31	16.7448	210	27
濮阳市	3.9993	197	28	16.9813	202	24
巴彦淖尔市	3.6503	209	30	16.3976	225	28
开封市	5.8016	139	23	17.3494	186	21
临汾市	6.3461	121	21	16.7734	209	26
焦作市	6.7147	115	20	16.9135	203	25
白银市	3.1608	226	33	15.0899	255	31
忻州市	3.2658	225	32	15.0953	254	30
三门峡市	3.7039	206	29	14.7928	262	32
运城市	8.8472	77	15	12.3870	284	33

从黄河流域城市群的各分项指标在城市群内的排名来看，济南市和郑州市领先优势较大，郑州市除法治环境指数排在第 6 名外，其他各分项指数均位列前 1 ～ 2 名，济南市的法治环境指数排在第 7 名，其他 6 个分项指数均位列第 1 ～ 4 名。从公共服务指数排名看，滨州市、郑州市、济南市、包头市、鄂尔多斯市排在前 5 名，排在后 5 名的均为黄河中上游城市，分别是三门峡市、巴彦淖尔市、延安市、忻州市、白银市，表明黄河中上游城市公共服务指数表现较差；从人力资源指数排名来看，郑州市、济南市、太原市、兰州市和呼和浩特市排在前 5 名，可以看出省会城市为人力资源较丰富的地区，而排在后 5 名的城市分别为乌海市、忻州市、白银市、三门峡市和运城市。从市场环境指数排名看，鄂尔多斯市、郑州市、东营市、济南市和包头市排在前 5 名，而排在后 10 名的有 8 个黄河中上游城市和 2 个黄河下游城市，表明位于黄河中上游的城市市场环境相对较差；从创新环境指数排名看，郑州市、济南市、太原市、洛阳市和滨州市排在前 5 名，而巴彦淖尔市、吕梁市、白银市、忻州市和临汾市排在后 5 名，且排在后 10 名的均为黄河中上游地区城市，表明黄河中上游城市群和位于下游的山东半岛城市群在创新环境方面差距较大。

表 7-6-2　　　　黄河流域城市群营商环境分项指标评价（二）

城市	市场环境指数			创新环境指数		
	2022年	全国排名	群内排名	2022年	全国排名	群内排名
郑州市	23.0962	16	2	11.7554	17	1
济南市	16.1072	33	4	8.9983	24	2
太原市	9.1717	96	14	6.0122	30	3
兰州市	7.3376	130	18	1.8364	84	7
银川市	10.6504	70	11	0.9323	135	15
呼和浩特市	11.4180	61	9	0.6464	161	19
东营市	17.6948	27	3	1.3019	115	10
洛阳市	15.8690	36	6	4.3321	45	4
西宁市	5.5229	181	24	0.5059	175	22
淄博市	9.3695	92	13	2.1128	73	6
鄂尔多斯市	26.3280	10	1	0.9445	133	14
泰安市	5.3711	183	25	0.8130	149	16

续表

城市	市场环境指数			创新环境指数		
	2022年	全国排名	群内排名	2022年	全国排名	群内排名
聊城市	3.2850	236	29	0.7400	156	17
中卫市	3.5267	229	28	0.2587	218	27
吴忠市	4.0244	217	26	0.3652	200	25
新乡市	8.1162	114	16	1.7174	89	8
榆林市	15.6958	37	7	0.7349	157	18
包头市	15.9221	35	5	0.5834	168	21
德州市	5.6951	177	23	1.4543	106	9
滨州市	7.0727	137	20	2.6224	61	5
石嘴山市	8.0370	117	17	0.3979	194	24
吕梁市	3.9184	221	27	0.1843	233	30
乌海市	12.5195	51	8	0.2561	219	28
延安市	8.6940	103	15	0.2760	214	26
濮阳市	6.3009	154	22	1.2281	119	12
巴彦淖尔市	6.7777	141	21	0.1870	232	29
开封市	7.1368	136	19	1.2805	116	11
临汾市	2.2406	270	33	0.1367	249	33
焦作市	9.3823	91	12	0.9784	128	13
白银市	2.3157	269	32	0.1615	239	31
忻州市	2.6817	256	30	0.1396	246	32
三门峡市	11.1684	64	10	0.6026	162	20
运城市	2.5328	264	31	0.4433	184	23

从金融服务指数排名看，排在前 5 名的均为省会城市，而排在后 5 名的是乌海市、白银市、吴忠市、中卫市和石嘴山市，且排在后 10 名的城市中，除开封市、濮阳市位于黄河下游城市群外，其余的 8 个城市均为黄河中上游城市，表明黄河中上游城市带融资效率低、工业基础薄弱，金融服务水平需要进一步提升；从法治环境指数排名看，东营市、淄博市、太原市、德州市和开封市排在前 5 名，银川市、吴忠市、新乡市、焦作市和运城市排在后 5 名；且法治环境指数排在前 10 名的城市中，有 2 个和 6 个城市分别位于黄河中游和下游，黄河上游仅有 2 个城市，可见黄河下游城市的法治环境指数表现相对较好；从政务环境指数排名看，排在前 10

名的有 6 个黄河下游城市、1 个黄河中游城市、3 个黄河上游城市，而排在后 10 名的除濮阳市位于黄河下游外，其余城市均位于黄河中上游地区。这表明黄河下游城市的政务环境更好，而黄河中上游城市的政务环境需要进一步提升。

表 7-6-3　　　　黄河流域城市群营商环境分项指标评价（三）

城市	金融服务指数			法治环境指数			政务环境指数		
	2022年	全国排名	群内排名	2022年	全国排名	群内排名	2022年	全国排名	群内排名
郑州市	18.0752	14	1	55.4324	50	6	32.7645	25	2
济南市	15.8498	18	2	54.8854	58	7	41.6478	13	1
太原市	12.9051	21	3	59.1329	17	3	21.1851	69	10
兰州市	7.0797	39	4	31.2210	202	23	21.9923	64	9
银川市	4.3338	64	8	29.2887	240	29	26.6642	42	5
呼和浩特市	6.0256	49	5	31.5289	196	22	20.6220	72	11
东营市	2.4123	128	19	60.8421	11	1	26.8488	40	4
洛阳市	4.0070	67	10	50.3273	108	12	13.6832	167	18
西宁市	3.7880	71	12	41.3732	176	19	19.6116	80	12
淄博市	5.1448	53	6	60.5097	13	2	29.3236	30	3
鄂尔多斯市	2.5250	120	16	50.6006	105	11	12.2612	187	19
泰安市	4.6309	58	7	30.5482	214	26	24.3686	51	6
聊城市	4.2147	65	9	54.0686	69	8	24.3569	52	7
中卫市	0.3090	284	32	53.2088	81	10	9.9510	228	25
吴忠市	0.3788	280	31	28.9382	243	30	7.0525	268	28
新乡市	1.8991	160	21	27.5799	262	31	10.7010	215	22
榆林市	1.8149	163	22	49.0888	130	15	6.6115	277	29
包头市	2.8586	97	15	30.5675	213	25	12.0901	190	20
德州市	3.4204	77	13	56.9370	32	4	19.3411	85	13
滨州市	2.4968	124	17	30.0431	223	27	23.9124	55	8
石嘴山市	0.2997	285	33	31.7554	195	21	7.1874	265	27
吕梁市	1.9490	158	20	46.9469	156	17	2.8068	287	31
乌海市	0.7842	255	29	33.1533	187	20	15.1820	139	15
延安市	1.2693	206	26	46.4306	159	18	10.0200	226	24
濮阳市	0.8407	247	28	30.5947	212	24	8.4239	251	26
巴彦淖尔市	2.4663	126	18	29.7010	233	28	2.6220	288	32
开封市	1.4362	197	25	55.9712	44	5	15.2138	138	14

续表

城市	金融服务指数			法治环境指数			政务环境指数		
	2022年	全国排名	群内排名	2022年	全国排名	群内排名	2022年	全国排名	群内排名
临汾市	3.2428	81	14	48.7334	137	16	6.5219	278	30
焦作市	1.5525	187	24	26.8189	265	32	13.6953	166	17
白银市	0.5469	270	30	49.8424	118	14	14.2055	159	16
忻州市	1.6901	170	23	53.3571	78	9	2.5831	289	33
三门峡市	1.0491	225	27	50.1146	112	13	11.9542	195	21
运城市	3.9780	68	11	26.6923	266	33	10.6675	217	23

第八章　优化我国城市营商环境的政策建议

一、优化城市营商环境面临的主要问题和挑战

党的十八大以来，持续深化“放管服”改革、优化营商环境取得显著成就，制度建设取得明显进展，但部分深层次问题依然突出，区域间客观上还有不少差异，市场主体对营商环境有了更高的期待，疫情冲击、经济下滑等多重压力又带来了新的挑战，仍需竭力解决。

（一）不同区域营商环境政策落实仍存在较大差距

各地方资源禀赋存在的差距在一定程度上制约了改革成效，主要体现在以下几个方面。

1. 办事便利性存在区域差异

有企业反映，各地政务服务改善非常明显，但区域间对比来看，还有改进空间。一是事项覆盖少，一些地区跨部门“一窗通办”事项不多，大部分市县“一件事主题集成服务”事项有限，群众办事还得“多头跑”。二是服务标准不一致，一些城市的不同区县在企业开办、注销、经营范围变更、开设银行对公账户方面政务服务标准不清晰、不一致，窗口人员自主裁量权较大。三是工作人员能力不足，在中西部地区，涉及外商外资的审批事项仍然存在问询难、办事繁现象，主要原因是工作人员经验不足、办理相关事项少、凡事都要向上级咨询。四是个别地方事项进大厅较慢，水电气热等公用事业服务尚未实现整合，相关窗口设置流于形式，没有发挥并联审批的实质性作用。五是一些地区主动服务意识和能力不强，政策推送做得还不够，未能做到“政策找人”“政

策找企业”。

2. 涉企收费清理还不彻底

涉企收费关乎企业负担。主要存在三类问题：一是一些地区涉企减费落实不到位，例如有的由地方疾控中心收费办理健康证，有的地方由疾控中心指定医院办理健康证，收费标准每人每次 80 ～ 232 元不等。二是招投标相关收费仍待清理。不少地方企业反映，招投标过程中报名费、代理服务费、交易服务费等收取标准不一、定价偏高，有较大压缩空间，投标保函、履约保函、质量保函推广慢、成本高、办理不便。三是减税降费还需进一步落实。个别地区企业反映有税收缓退、缓免、不免现象，有些区县尚未完全落实国有房屋租金减免政策，原因在于财政压力大。

3. 部分地区财力不足，致使存在政务失信情况

中西部一些地区在招商引资过程中，抱着“先把企业引进来再说”的心态，为增强吸引力往往会给出过多过高的政策优惠承诺，最后兑现不了。有企业反映，2014—2016 年当地政府承诺城市基础设施配套费“先交再退”。企业缴纳后，政府拖延退款时间，相关部门“踢皮球”，直到现在仍然没有退还。有的地区因土地规划调整，造成企业搬迁停产损失，或招商承诺无法兑现，但相关补偿又不到位，其重要原因是一些地区历史遗留欠账多、财力不足。

（二）营商环境法治化水平仍需进一步提升

在立法方面，与高标准市场体系建设相适应的法律法规体系建设有待加快，一些新的改革要求缺乏法律依据，例如市场主体承诺不兑现时，没有明确的责任划分及相应规定。一些不符合《优化营商环境条例》精神的部门规章制度尚未完成清理，例如，存在与中介服务相关的部门规章，导致地方无法全面清理中介服务。一些法律法规或不适应新业态新模式发展需要，或在执行中存在配套法规不完善、与其他法律缺乏协调性等问题，导致其没能发挥应有

效果。

在执法方面，相关法律缺乏刚性，例如清理账款拖欠，虽然出台了《保障中小企业款项支付条例》，但一些地方及大企业“花式”拖欠、变相拖欠等现象依然存在。一线执法人员综合能力欠缺，法院诉讼成本高、执行周期长、惩罚力度小，例如一些遭受知识产权侵权的企业陷入“投诉难、举证难、维权难”的被动局面。执法规范性有待提高，一些基层执法人员能力跟不上监管需求，存在执法尺度不明、随意性较大等问题，个别地方还存在任性执法、以罚代管现象。

（三）市场监管仍存在薄弱环节

1. 构建新型监管体系的配套机制还不健全

一是“双随机、一公开”长效机制尚不完善。一些部门将“双随机、一公开”监管作为一项单独的工作任务，或者现有监管方式的补充，没有建立常态化高效率的抽查流程。有些地方没有真正认识到其作为监管基本手段的属性，习惯于“应景式”监管和“运动式”监管。二是事中事后监管尚未形成有效紧密衔接。有些部门在取消和下放行政许可后，将大量履职工作交给第三方机构开展，没有按照“谁审批、谁监管，谁主管、谁监管”的原则承担应有的监管责任。三是尽职免责机制有待进一步完善。部分执法人员对落实“双随机、一公开”监管有顾虑，对随机抽查没有覆盖到的企业，担心一旦出现事故被追责。

2. 信用监管存在薄弱环节

在信用信息标准建设上，目前国家尚未制定统一的信用信息采集、归集和分类管理标准，由各地区、各部门先行建设信用平台和出台相关标准，导致各地区、各行业的信用信息采集和信用平台建设标准各不相同，给地区间、行业间信用信息共享，以及国家信用平台归集地方信用信息带来困难。在信用平台建设上，信息的采集、整合、共享等方面存在行业分割、区域分割的问题，信用信息结果的应用力度有待加强。守信联合激励和失信联合惩戒机制尚不健全，信用信息主体权益保护机制缺失，信用服务市场不发达导致市场主体需求无法得到满足。

3. 新业态、新行为还存在监管空白

一是部分地区对新业态过于保守，缺乏管理经验或完全照搬传统管理办法，对市场主体申请的经营许可抱有“不鼓励、不审批”态度，造成企业注册难、经营难的窘境，再加上缺乏相应的监管能力，导致有时执行“选择性包容”，有时又执行“选择性审慎”，没有根据新业态特点量身制定管理办法。二是部分新行为监管亟待加强。如很多市场主体反映网络“碰瓷”、故意捏造噱头，制造舆论热点，特别是一些自媒体或平台利用大众情绪对外企施压，对这些行为缺乏及时有效监管，给一些市场主体生产经营造成了较大困扰。

4. 监管体制机制和监管方式有待加强

一是部分领域检查频次过高，多头执法、重复执法现象仍然存在。二是监管能力、手段和经验不足，监管体制机制改革还需深化，难以适应市场融合跨界创新发展的要求，特别是利用新兴技术加强事中事后监管、推进社会共治等方面缺乏有效的政策手段。

（四）政务数据和信息共享不充分

一些地方存在多系统、多平台的情况，技术接口不兼容，数据定义不相同，政务标准不统一。部分城市部门之间的系统尚未完全联通，数据开放共享不充分，导致一些事项不能“全程网办”，市场主体仍需到线下重复提交纸质材料。地方系统与国家及省级垂直系统对接还需进一步推进，目前还未实现资料“一次录入、多级共享”。有些地方反映，一些紧缺急需的高频政务数据共享不充分，制约了地方进一步优化政务服务。

市场主体期待提供“一网通办”“全程网办”“跨省通办”等更加高效的政务服务，倒逼加快数字政府建设。受系统不联通、数据不共享、标准不统一等因素制约，部分事项办理还需要线下提交材料、多次登录不同系统，效率有待提高。高频事项“省内通办”“跨省通办”尚未常态化，主要依靠城市之间互签协议、以线下寄递方式完成，可办事项少、办理时间长。

二、优化营商环境的几点政策建议

（一）完善公共服务建设，提升服务效率及水平

一是进一步推进“互联网+”与教育、健康、医疗、养老、家政、文化、旅游、体育等领域深度融合发展的政策措施，充分发挥社会领域公共服务资源作用，创新服务模式，更好惠及人民群众。二是采用政府和市场多元化投入方式，引导鼓励更多社会资本进入公共服务业。扩大服务业对外开放，有效增加公共服务供给、提高供给质量，更好地满足人民群众的需求。三是对于带有垄断性质的供电、供水、供气、供暖等公用事业单位及医院、银行等服务机构，要从方便市场主体和人民群众出发，提高服务效率和质量，大幅压减自来水、电力、燃气、供暖办理时间，提高相关政策透明度，大力推行 App 办事、移动支付，做到“掌上可办”“一网通办”。四是推进建设城乡便民消费服务中心，鼓励建设社区生活服务中心，进一步扩大建设范围和数量，在城乡社区推动包括家政服务在内的居民生活服务业发展，更好满足群众需要。

（二）维护公平竞争秩序，稳定市场主体预期

一是进一步执行和完善“双随机、一公开”监管方式，维护公平竞争

秩序，对直接关系人民群众身体健康和生命安全的领域，加快推出惩罚性赔偿和巨额罚款等制度。二是健全更加开放透明、规范高效的市场主体准入和退出机制。优化市场主体准入和注销流程，精简申请材料、压缩时间、降低成本。三是推进基于市场主体自身产业发展需求的内生性改革，提升市场主体的获得感和满足感。尤其对于我国中西部等市场化程度不高的地区，积极运用改革创新办法，帮助市场主体解难题、渡难关、复元气、增活力，巩固经济恢复发展基础，稳定市场主体预期。四是进一步做好安商稳商、招商引商工作，全面实施外商投资准入前国民待遇加负面清单管理制度，放宽外资准入限制，健全事中事后监管体系。五是按照国家促进跨境贸易便利化的有关要求，深化货物转运、查验、保税监管等领域一体化改革。严格执行外商投资法及配套法规，打造国际一流市场环境。

（三）优化企业融资环境，增加普惠金融服务

一是降低民营企业、中小企业的综合融资成本。金融监督管理部门应完善对商业银行等金融机构的监管激励机制，鼓励、引导其增加对民营企业、中小微企业的信贷投放，合理增加中长期贷款和信用贷款支持，提高贷款审批效率。二是支持推动国有大型商业银行创新对中小微企业的信贷服务模式，利用大数据等技术解决“首贷难”“续贷难”等问题。督促金融机构优化普惠型小微企业贷款延期操作程序，做到应延尽延，引导金融机构适当降低利率水平。三是严格限制向小微企业收取财务顾问费、咨询费等费用，减少融资过程中的附加费用，降低融资成本。加强银行服务项目和收费公示，建立健全银行业违规收费投诉举报机制。四是加强水电气、纳税、社保等信用信息归集共享，为增加普惠金融服务创造条件。五是促进多层次资本市场规范健康发展，拓宽融资渠道，支持符合条件的民营企业、中小企业依法发行股票、债券以及其他融资工具，扩大直接融资规模。

（四）降低就业创业门槛，促进人才合理流动

一是建立健全统一开放、竞争有序的人力资源市场体系，打破城乡、地区、行业分割和身份、性别等歧视，促进人力资源有序社会性流动和合理配置。实现专业技术人才职称信息跨地区在线核验，鼓励地区间职称互认。同时引导有需求的企业开展“共享用工”，通过用工余缺调剂提高人力资源配置效率。二是推进企业技能人才自主评价，支持企业依据国家职业技能标准自主开展技能人才评定，对没有国家职业技能标准的可自主开发评价规范。获得企业发放的职业技能相关证书的人才符合相关条件的，可享受职业培训、职业技能鉴定补贴等政策。三是构建人才市场信用体系，形成标准化服务，促进人力资源合理流动；构建劳动力市场供求综合信息系统，引导人才供给与企业需求相匹配。四是加大中西部地区人才引进力度，大力培养高层次人才，引进战略科技人才，加大中青年人才储备；加强不同区域间科研合作，促进人才交流；推进产学研教育模式，对接高校技能教育与企业职业需求。五是各地区可以通过设立创业启动基金等方式，支持高校毕业生等群体创业创新，给予相关政策倾斜，降低就业创业门槛。

（五）发挥法治引领作用，营造良好法治环境

一是进一步落实《优化营商环境条例》，巩固已有改革成果，将行之有效并可长期坚持的做法逐步上升为制度规范，以法治手段维护公平竞争环境，保障各项改革依法有序推进。二是地方政府及有关部门应当整合律师、公证、司法鉴定、调解、仲裁等公共法律服务资源，加快推进公共法律服务体系建设，全面提升公共法律服务能力和水平，为优化营商环境提供全方位法律服务。三是引导市场主体合法经营、依法维护自身合法权益，不断增强全社会的法治意识，为营造法治化营商环境提供基础性支

撑。四是发挥法治引领和保障作用，坚持依法行政、依法办事，加强和改进反垄断和反不正当竞争执法，进一步加强和创新监管，依法保护各类市场主体产权和合法权益等。五是充分利用互联网、大数据等技术，构建以法院公开网、移动微法院等为载体的网上立案通道，实现“立案一次不用跑”的目标。

（六）深化知识产权管理，助力企业创新发展

一是严格知识产权管理，依法规范非正常专利申请行为，及时查处违法使用商标和恶意注册申请商标等行为。实施“互联网+”知识产权保护工作方案，探索建立知识产权侵权快速处理机制，加大侵权违法行为联合惩治力度。二是便利企业获取各类创新资源，加强专利等知识产权信息服务，对专利权人有意愿开放许可的专利，集中公开相关专利基础数据、交易费用等信息，方便企业获取和使用。三是健全大数据、人工智能、基因技术等新领域、新业态知识产权保护制度。完善知识产权市场化定价和交易机制，深化科技成果使用权、处置权和收益权改革，探索建立跨区域知识产权交易服务平台。为知识产权交易提供信息挂牌、交易撮合、资产评估等服务，帮助科技企业快速质押融资。四是赋予科研人员职务科技成果所有权或长期使用权，探索完善科研人员职务发明成果权益分享机制。五是政府及有关部门应当完善政策措施、强化创新服务，鼓励和支持市场主体拓展创新空间，完善创新资源配置方式和管理机制，持续推进产品、技术、商业模式、管理等创新，充分发挥市场主体在推动科技成果转化中的作用，提升市场主体创新力。六是进一步优化要素配置和服务供给，推进对企业各项业务处理、运营方式等的数字化变革，完善促进创新的体制机制，利用数字技术为生产、交易和管理赋能，提升经营效率。

（七）持续推进“放管服”改革，不断优化政务环境

一是借助互联网、区块链、大数据、云计算等数字技术，进一步加快建设“数字经济、数字社会、数字政府”，坚持以创新转型为引领，促进新一代信息技术在营商环境领域的深度应用，将数字技术融入传统营商环境中以及政府监管与服务中。二是全面提升线下线上服务能力。提高线下“一窗综办”和线上“一网通办”水平，优化政务流程，促进政务服务跨地区、跨部门、跨层级数据共享和业务协同。推动实现更多高频事项异地办理、“跨省通办”，同时简化“跨省通办”网上办理环节和流程。三是持续提升投资和建设便利度。推进“一站式”便捷服务，加快实现报装、查询、缴费等业务全程网办。实现标准化、制度化、程序化，提高行政审批效率，建立高效便捷、优质普惠的市场主体全生命周期服务体系。四是取消对微观经济活动造成不必要干预的审批，以及可以由事前审批转为事中事后监管的审批。从放管结合的角度出发，清理不涉及重大项目布局又不触及安全底线的审批，进一步降低准入门槛。五是加强水、电、气、热、通信、有线电视等市政公用服务价格监管，坚决制止强制捆绑搭售等行为。同时规范政府各项收费和罚款，严格规范行政处罚行为，依法依规控制新设涉企收费项目。六是充分尊重市场主体意愿，增强针对性和有效性，不得干扰市场主体正常生产经营活动，不得增加市场主体负担。建立健全常态化政企沟通机制，充分听取各方面意见，对企业诉求“接诉即办”。

主要参考文献

[1] 白洁，李万明 . 创新型城市建设、营商环境与城市创业 [J]. 软科学，2022，（9）：29-36.

[2] 陈艳利，蒋琪 . 营商环境、真实盈余管理与信用风险识别 [J]. 山西财经大学学报，2021，43（9）：98-110.

[3] 陈强，丁玉，敦帅 . 基于解释结构模型的城市营商环境影响因素研究 [J]. 经济体制改革，2021（1）：193-200.

[4] 陈太义，王燕，赵晓松 . 营商环境、企业信心与企业高质量发展 —— 来自 2018 年中国企业综合调查（CEGS）的经验证据 [J]. 宏观质量研究，2020，8（2）：110-128.

[5] 程波辉，陈玲 . 制度性交易成本如何影响企业绩效：一个制度经济学的解释框架 [J]. 学术研究，2020（3）：70-75.

[6] 程虹，张力伟 . 营商环境对企业产品质量影响的实证 [J]. 统计与决策，2021，37（5）：165-169.

[7] 崔鑫生 ."一带一路"沿线国家营商环境对经济发展的影响 —— 基于世界银行营商环境指标体系的分析 [J]. 北京工商大学学报（社会科学版），2020，35（3）：37-48.

[8] 邓慧慧，刘宇佳 . 反腐败影响了地区营商环境吗 ?—— 基于十八大以来反腐行动的经验证据 [J]. 经济科学，2021（4）：84-98.

[9] 邓悦，叶鹏，蒋琬仪 . 营商环境对企业全要素生产率的影响效应 [J]. 兰州财经大学学报，2021，（3）：33-41.

[10] 董志强，魏下海，汤灿晴 . 制度软环境与经济发展 —— 基于 30 个大城市营商环境的经验研究 [J]. 管理世界，2012，（4）：9-20.

[11] 杜运周，刘秋辰，陈凯薇，肖仁桥，李姗姗 . 营商环境生态、全要素生产率与城市高质量发展的多元模式 —— 基于复杂系统观的组态分析 [J]. 管理世界，2022，（9）：127-145.

[12] 丁鼎，高强，李宪翔 . 我国城市营商环境建设历程及评价 —— 以 36 个省会城市、直辖市及计划单列市为例 [J]. 宏观经济管理，2020（1）：55-66.

[13] 杜运周，刘秋辰，程建青 . 什么样的营商环境生态产生城市高创业活跃度？ —— 基于制度组态的分析 [J]. 管理世界，2020，36（9）：141-155.

[14] 冯辉，靳岩岩 . 完善以规则为基础的国际化法治化便利化营商环境 —— 以建立"一带

一路”国际投资仲裁机制为例 [J]. 中国特色社会主义研究，2021（2）：19-27.

[15] 韩书成，梅心怡，杨兰品 . 营商环境、企业家精神与技术创新关系研究 [J]. 科技进步与对策，2022，（9），12-22.

[16] 何地，林木西 . 数字经济、营商环境与产业结构升级 [J]. 经济体制改革，2021（5）：99-105.

[17] 霍春辉，张银丹 . 水深则鱼悦：营商环境对企业创新质量的影响研究 [J]. 中国科技论坛，2022（3）：42-51.

[18] 后小仙，马融，南永清 . 地方官员任期与营商环境优化 [J]. 经济与管理评论，2020，36（6）：136-149.

[19] 黄恒学，史大宁，冯向阳 . 政府服务企业方式变革与创新研究 [J]. 行政管理改革，2021（2）：28-34.

[20] 姜爱华，辛婷，张艳梅 . 基于供应商主体感知的政府采购营商环境研究：指标构建与综合评价 [J]. 经济与管理评论，2021，37（6）：89-101.

[21] 姜扬 . 新时代东北地区优化营商环境的现实困境与路径选择 —— 基于市场主体的视角 [J]. 吉林大学社会科学学报，2022，62（2）：117-126+237-238.

[22] 金环，魏佳丽，于立宏 . 网络基础设施建设能否助力企业转型升级 —— 来自“宽带中国”战略的准自然实验 [J]. 产业经济研究，2021（6）：73-86.

[23] 康金红，戴翔 . 营商环境优化与全球价值链参与 [J]. 首都经济贸易大学学报，2021，23（2）：79-91.

[24] 赖先进 . 改善优化营商环境的举措、成效与展望 —— 基于世界银行《营商环境报告 2020》的分析 [J]. 宏观经济管理，2020（4）：20-26+30.

[25] 赖先进 . 改善营商环境会扩大收入差距吗 ?—— 基于跨国面板数据的实证分析 [J]. 云南财经大学学报，2021，37（1）：38-50.

[26] 赖先进 . 哪些优化营商环境政策对经济增长影响更有效？ —— 基于全球 162 个经济体的证据 [J]. 中国行政管理，2020（4）：145-152.

[27] 李志军，等 . 中国城市营商环境评价 [M]. 北京：中国发展出版社，2018.

[28] 李志军 . 我国重点城市群营商环境评价及比较研究 [J]. 北京工商大学学报（社会科学版），2021，36（6）：17-28.

[29] 李志军 . 我国城市营商环境的评价指标体系构建及其南北差异分析 [J]. 改革，2022（2）：36-47.

[30] 李志军，张世国，牛志伟，袁文融，刘琪，姜莱 . 中国城市营商环境评价及政策建议 [J]. 发展研究，2021，38（9）：56-62.

[31] 李志军，张世国，李逸飞 . 中国城市营商环境评价及有关建议 [J]. 江苏社会科学，2019

（2）：30-42+257.

[32] 李一平，罗晶晶，张海峰．区域合作发展与国家营商环境 —— 基于中国—东盟“一带一路”共建的研究 [J]. 厦门大学学报（哲学社会科学版），2020（6）：70-82.

[33] 李言，张智．营商环境、企业家精神与经济增长质量 —— 来自中国城市的经验证据 [J]. 宏观质量研究，2021，9（4）：48-63.

[34] 李本灿．法治化营商环境建设的合规机制 —— 以刑事合规为中心 [J]. 法学研究，2021，43（1）：173-190.

[35] 李国强，马晓白．构建中国特色营商环境评价体系恰逢其时 [N]. 中国经济时报，2018-9-26（5）.

[36] 林涛，魏下海．营商环境与外来移民的企业家精神 [J]. 宏观质量研究，2020，（1）：57-68.

[37] 刘英奎，吴文军，李媛．中国营商环境建设及其评价研究 [J]. 区域经济评论，2020（1）：70-78.

[38] 刘帷韬．我国国家中心城市营商环境评价 [J]. 中国流通经济，2020，34（9）：79-88.

[39] 廖福崇．政务能力如何提升营商环境质量？—— 来自中国私营企业调查的证据 [J]. 宏观质量研究，2022，10（2）：113-128.

[40] 廖福崇．营商环境建设何以成功？—— 基于制度性交易成本的组态比较 [J]. 经济社会体制比较，2021，（2）：181-191.

[41] 廖福崇．治理现代化、审批改革与营商环境：改革成效与政策启示 [J]. 经济体制改革，2020（1）：5-12.

[42] 廖福崇．“放管服”改革优化了营商环境吗？—— 基于 6144 家民营企业数据的统计分析 [J]. 当代经济管理，2020，42（7）：74-82.

[43] 刘军，王长春．优化营商环境与外资企业 FDI 动机 —— 市场寻求抑或效率寻求 [J]. 财贸经济，2020，41（1）：65-79.

[44] 卢鉄玲．营商环境与区域经济增长耦合协调分析 —— 基于辽宁省的实证研究 [J]. 科技和产业，2022，（8）：348-351.

[45] 牛鹏，郑明波，郭继文．营商环境如何影响企业投资 [J]. 当代财经，2022（1）：90-101.

[46] 潘思蔚，徐越倩．数字营商环境及其评价 [J]. 浙江社会科学，2022，（11）：73-79+72+157-158.

[47] 邱康权，陈静，吕雁琴．中国营商环境综合发展水平的测度、地区差异与动态演变研究 [J]. 数量经济技术经济研究，2022，39（2）：121-143.

[48] 钱佳慧，罗晶钰，韩滨阳，徐滔．我国营商环境评价现状研究 [J]. 中国市场，2020（26）：59-60.

[49] 钱玉文 . 我国法治化营商环境构建路径探析 —— 以江苏省经验为研究样本 [J]. 上海财经大学学报，2020，22（3）：138-152.

[50] 邵传林 . 地区营商环境与民营企业高质量发展：来自中国的经验证据 [J]. 经济与管理研究，2021，42（9）：42-61.

[51] 尚炜伦 . 营商环境对民营企业创新绩效的影响 [J]. 国际经济合作，2020（5）：127-134.

[52] 申烁，李雪松，党琳 . 营商环境与企业全要素生产率 [J]. 经济与管理研究，2021，42（6）：124-144.

[53] 史新杰，卫龙宝，方师乐，高叙文 . 中国收入分配中的机会不平等 [J]. 管理世界，2018，（3）：27-37.

[54] 苏小方，张方方 . 企业失信行为的制度经济学分析及治理思路 [J]. 经济社会体制比较，2020（2）：174-181.

[55] 唐贺强 . 优化营商环境视角下非税收入的法律规制 —— 以地方政府罚没收入为例 [J]. 中国行政管理，2021（9）：19-25.

[56] 滕月 . 市场化改革背景下营商环境与流通效率 —— 基于内外双循环资源配置视角 [J]. 商业经济研究，2022，（21）：10-13.

[57] 王兴，魏佳仪 . 在职培训、营商环境与民营企业创新绩效 [J]. 产经评论，2021，12（2）：44-57.

[58] 王小鲁，樊纲，马光荣 . 中国分省企业经营环境指数 [M]. 北京：社会科学文献出版社，2017.

[59] 王刚，韦东明，王克明，欧阳帅 . 营商环境便利化对“走出去”模式选择的作用机制与影响效应研究 —— 基于中国企业大型投资数据库的经验证据 [J]. 国际经贸探索，2021，37（8）：83-98.

[60] 王彦东，马一先，乔光华 . 国家审计能促进区域营商环境优化吗？ —— 基于 2008—2016 年省级面板数据的证据 [J]. 审计研究，2021（1）：31-39.

[61] 王光荣 . 营商环境提升：补齐社会环境短板 [J]. 重庆社会科学，2019（2）：26-34.

[62] 王磊，景诗龙，邓芳芳 . 营商环境优化对企业创新效率的影响研究 [J/OL]. 系统工程理论与实践：1-20[2022-04-23].

[63] 王雨飞，张睿嘉，王光辉 . 营商环境、“五通”合作与亚欧国家经济增长 [J]. 中国行政管理，2020（9）：114-120.

[64] 王法硕，张桓朋 .“互联网 + 政务服务”优化地方营商环境了吗？ —— 基于我国地级市面板数据的实证研究 [J]. 电子政务，2022（1）：88-97.

[65] 王丛虎，王晓鹏，余寅同 . 公共资源交易改革与营商环境优化 [J]. 经济体制改革，2020（3）：5-11.

[66] 王鹏，钟敏．营商环境优化对全要素生产率的影响 [J]. 统计与决策，2022，(13)，165-169.

[67] 吴汉洪，张崇圣．营商环境与产业生态：激发市场主体活力的重要着力点 [J]. 学习与探索，2021（3）：86-94+180.

[68] 魏泊宁．口岸营商环境对我国产品出口的影响 —— 基于“一带一路”沿线国家的实证研究 [J]. 经济经纬，2020，37（2）：77-85.

[69] 魏下海，董志强，张永璟．营商制度环境为何如此重要 ?—— 来自民营企业家“内治外攘”的经验证据 [J]. 经济科学，2015，(2)：105-116.

[70] 吴义爽，柏林．中国省际营商环境改善推动地方产业结构升级了吗 ?—— 基于政府效率和互联网发展视角 [J]. 经济问题探索，2021（4）：110-122.

[71] 吴俊，刘枚莲，袁胜军，徐正丽．目标国营商环境对中国对外直接投资的促进效应与影响机理分析 [J]. 世界经济研究，2020（12）：118-131.

[72] 吴韶华，胡振华．营商环境对经济增长的影响研究 [J]. 新经济，2022，(9)：86-91.

[73] 席龙胜，万园园．营商环境优化促进创新的机制及其异质性研究 [J]. 经济纵横，2021（11）：52-60.

[74] 夏后学，谭清美，白俊红．营商环境、企业寻租与市场创新 —— 来自中国企业营商环境调查的经验证据 [J]. 经济研究，2019，54（4）：84-98.

[75] 谢智敏，王霞，杜运周，谢玲敏．创业生态系统如何促进城市创业质量 —— 基于模糊集定性比较分析 [J]. 科学学与科学技术管理，2020，(11)：68-82.

[76] 许坚，沙添越．营商环境、技术创新与全要素生产率 [J]. 调研世界，2022，(4)：49-57.

[77] 杨畅，曾津，沙宸冰．营商环境优化推动了金融支持实体经济吗 —— 基于中国民营制造企业的研究 [J]. 财经科学，2022（2）：60-73.

[78] 于扬，夏德峰．智慧城市建设对营商环境的影响研究 [J]. 经济经纬，2022，39（1）：24-35.

[79] 闫永生，邵传林，刘慧侠．营商环境与民营企业创新 —— 基于行政审批中心设立的准自然实验 [J]. 财经论丛，2021（9）：93-103.

[80] 阮舟一龙，许志端．县域营商环境竞争的空间溢出效应研究 —— 来自贵州省的经验证据 [J]. 经济管理，2020，42（7）：75-92.

[81] 熊文瑾．新媒体时代法治传播优化路径 —— 以构建良性互动营商法治环境为目的 [J]. 社会科学家，2021（9）：134-138.

[82] 杨畅，白雪洁，赵洋．营商环境、债务来源与融资歧视 —— 基于契约异质性视角的实证研究 [J]. 当代财经，2020（6）：101-113.

[83] 杨畅，白雪洁，赵洋．营商法治环境、融资歧视与债务“期限悖论”—— 基于中国制

造业企业的研究 [J]. 山西财经大学学报，2020，42（8）：102-113.

[84] 杨兰品，韩学影 . 营商环境优化对创业质量的影响效应 —— 基于 SDM 模型的实证研究 [J]. 华东经济管理，2021，35（7）：56-65.

[85] 杨传开，蒋程虹 . 全球城市营商环境测度及对北京和上海的政策启示 [J]. 经济体制改革，2019（4）.

[86] 杨枝煌，刘泽黎，李斐 . 构建有中国特色的营商环境评价体系 [J]. 国际经济合作，2020（5）：96-107.

[87] 原东良，周建，秦蓉，李建莹 . 私营企业创新投资：基于营商环境视角的分析 [J]. 经济学家，2021（8）：89-98.

[88] 张道涵，马述忠 . 从传统营商环境到数字营商环境：内涵、评估与影响 [J]. 上海商学院学报，2022，（5），3-16.

[89] 张三保，康璧成，张志学 . 中国省份营商环境评价：指标体系与量化分析 [J]. 经济管理，2020，42（4）：5-19.

[90] 张曾莲，孟苗苗 . 营商环境、科技创新与经济高质量发展 —— 基于对外开放调节效应的省级面板数据实证分析 [J]. 宏观质量研究，2022，10（2）：100-112.

[91] 张美莎，徐浩 . 营商环境优化对中小企业创新的影响 —— 基于 7069 项贷款事件的实证检验 [J]. 软科学，2021，35（3）：83-88+95.

[92] 张一林，龚强，荣昭 . 技术创新、股权融资与金融结构转型 [J]. 管理世界，2016（11）.

[93] 张敏 . 营商制度环境对企业家精神的影响研究 —— 以中国地方行政审批改革为例 [J]. 中央财经大学学报，2021（6）：90-103.

[94] 张应武，刘凌博 . 营商环境改善能否促进外商直接投资 [J]. 国际商务（对外经济贸易大学学报），2020（1）：59-70.

[95] 祝树金，张凤霖，王梓瑄 . 营商环境质量如何影响制造业服务化？ —— 来自微观企业层面的证据 [J]. 宏观质量研究，2021，9（5）：37-51.

[96] 赵天骄，李成 . 营商环境对企业税收不确定性的影响研究 —— 基于企业生命周期的视角 [J]. 财政研究，2021（9）：85-101.

[97] 赵德森，窦垚，张建民 . 营商环境与绿色经济增长 —— 基于企业家精神的中介效应与遮掩效应 [J]. 经济问题探索，2021，（2）：66-77.

[98]“中国城市营商环境评价研究”课题组，李志军，张世国，牛志伟，袁文融，刘琪 . 中国城市营商环境评价的理论逻辑、比较分析及对策建议 [J]. 管理世界，2021，37（5）：98-112+8.

[99] 郑国楠，刘诚 . 营商环境与资源配置效率 [J]. 财经问题研究，2021（2）：3-12.

[100] 郑方辉，王正，魏红征 . 营商法治环境指数：评价体系与广东实证 [J]. 广东社会科学，

2019（5）.

[101] 周泽将，高雅萍，张世国 . 营商环境影响企业信贷成本吗 [J]. 财贸经济，2020，41（12）：117-131.

[102] 周泽将，胡梦菡，王浩然 . 优化营商环境与抑制民营企业高管职务消费实证研究 [J]. 中央财经大学学报，2022（1）：99-109.

[103] 周泽将，雷玲，伞子瑶 . 营商环境与企业高质量发展 —— 基于公司治理视角的机制分析 [J]. 财政研究，2022，（5）：111-129.

[104] 张卫东，夏蕾 . 营商环境对大众创业的影响效应 —— 来自商事制度改革的证据 [J]. 改革，2020（9）：94-103.

[105] 张蕊，余进韬 . 数字金融、营商环境与经济增长 [J]. 现代经济探讨，2021，（7）：1-9.

[106] 朱光顺，张莉，徐现祥 . 行政审批改革与经济发展质量 [J]. 经济学（季刊），2020，19（3）：1059-1080.

[107] 许宪春，郑正喜，张钟文 . 中国平衡发展状况及对策研究 —— 基于"清华大学中国平衡发展指数"的综合分析 [J]. 管理世界，2019，35（5）：15-28.

[108] Adner，R. and Kapoor，R.，2010，"Value Creation in Innovation Ecosystems：How the Structure of Technological Interdependence Affects Firm Performance in New Technology Generations"，Strategic Management Journal，31（3），pp.306-333.

[109] Aterido，Reyes，Hallward-D riemeier，et al. Big Constraints to Small Firms Growth? Business Environment and Employment Growth across Firms[J]. Economic Development & Cultural Change，2011.

[110] Bah E，Fang L.Impact of the business environment on output and productivity in Africa[J]. Journal of Development Economics，2015，114（1）：159-171.

[111] Bjklund M. Influence from the business environment on environmental purchasing — Drivers and hinders of purchasing green transportation services[J]. Journal of Purchasing & Supply Management，2011，17（1）：11-22.

[112] Belas J，Ján Dvorsk，Zdeněk Strnád，et al. Improvement of the Quality of Business Environment Model：Case of the SME Segment[J]. *Engineering Economics*，2019，30（5）：601-611.

[113] Branstetter L，Lima F，Taylor L J，et al. Do entry regulations deter entrepreneurship and job creation? Evidence from recent reforms in Portugal[J]. *The Economic Journal*，2014，124（577）：805-832.

[114] Chavis L W，Klapper L F，Love I. The Impact of the Business Environment on Young Firm Financing[J]. The World Bank Economic Review，2010，25（3）：486-507.

[115] Ciftci，M. and Cready，W. M.，2011，“Scale Effects of R&D as Reflected in Earnings and Returns”，Journal of Accounting and Economics，2011，52（1），pp.62-80.

[116] Cohen，B.，2006，“Sustainable Valley Entrepreneurial Ecosystems”，Business Strategy and the Environment，15（1），pp.1-14.

[117] Contractor F J，Dangol R，Nuruzzaman N，et al. How do country regulations and business environment impact foreign direct investment（FDI）inflows?[J]. *International Business Review*，2019，29（2）：101640.

[118] Demirguc -Kunt A，Love I，Maksimovic V.Business environment and the incorporation decision[M]. The World Bank，2004.

[119] Demirguc-Kunt A，Love I，Maksimovic V. Business Environment and the Incorporation Decision[J]. Journal of Banking & Finance，2010，30（11）：2967-2993.

[120] Estevo J，Lopes J D，Penela D . The importance of the business environment for the informal economy：Evidence from the Doing Business ranking[J]. *Technological Forecasting and Social Change*，2022，174.

[121] Gabriel S A，Rosenthal S S. Quality of the Business Environment Versus Quality of Life：Do Firms and Households Like the Same Cities?[J]. *Review of Economics & Statistics*，2004，86（1）：438-444.

[122] Gogokhia T，Berulava G. Business environment reforms，innovation and firm productivity in transition economies[J]. *Eurasian Business Review*，2020：1-25.

[123] Khazaei M，Azizi M. How financial performance of world's top companies are related to business environment?[J]. *Applied Economics*，2020（1）：1-15.

[124] Klapper L F，Laeven L A，Rajan R G. Business Environment and Firm Entry：Evidence from International Data[J]. *Ssrn Electronic Journal*，2004.

[125] Klapper L，Love I. The impact of business environment reforms on new firm registration[J]. *Policy Research Working Paper Series*，2010.

[126] Klapper L，Delgado J. The Impact of the Business Environment on the Business Creation Process[J]. *Policy Research Working Paper*，2011.

[127] Li D，Ferreira M P. Institutional environment and firms' sources of financial capital in Central and Eastern Europe[J]. *Journal of Business Research*，2011，64（4）：371-376.

[128] Nam V H，Bao Tram H. Business environment and innovation persistence：the case of small-and medium-sized enterprises in Vietnam[J]. *Economics of Innovation and New Technology*，2019：1-23.

[129] Peng Benhong et al.Does the business environment improve the competitiveness of

start ups? The moderating effect of cross - border ability and the mediating effect of entrepreneurship[J].*Corporate Social Responsibility and Environmental Management*, 2022, 29 (5), 1173-1185.

[130] Poon S. Business environment and internet commerce benefit—a small business perspective[J]. *European Journal of Information Systems*, 2000.

[131] Tansley, A. G., 1935, "The Use and Abuse of Vegetational Concepts and Terms", Ecology, 16 (3), pp.284-307.

[132] The Economist Intelligence Unit. Business Environment Ranking and Index 2014[R]. The Economist Intelligence Unit, 2014.

[133] World Bank Group. Doing Business 2020[R]. The World Bank, 2019.

附 录

附录一

各分项指标评价结果

附表 1-1　　2021—2022 年城市公共服务指数及其排名

城市		标准化值		同类型城市排名		近 1 年排名变化	全国排名
		2021 年	2022 年	2021 年	2022 年		
直辖市	上海市	73.0865	75.1077	1	1	0	1
	重庆市	58.9412	61.0331	2	2	0	2
	北京市	60.4740	59.2849	3	3	0	3
	天津市	34.8987	36.2851	4	4	0	8
计划单列市	深圳市	37.2331	39.5373	1	1	0	7
	宁波市	23.9434	24.9069	2	2	0	14
	青岛市	19.4577	20.4393	3	3	0	21
	大连市	16.8379	16.3501	4	4	0	33
	厦门市	9.5914	10.0314	5	5	0	66
省会城市	广州市	47.1642	49.3542	1	1	0	4
	成都市	39.0699	40.9611	2	2	0	6
	杭州市	30.5237	32.8061	4	3	1	10
	武汉市	33.2064	31.0042	3	4	-1	11
	南京市	26.5843	27.2370	5	5	0	13
	郑州市	21.2675	23.0459	7	6	1	17
	西安市	21.9471	22.9720	6	7	-1	18
	沈阳市	20.0410	21.1720	8	8	0	20
	长沙市	19.4757	19.6202	9	9	0	22
	济南市	17.9151	18.9972	11	10	1	24
	合肥市	17.9094	18.9783	12	11	1	25
	石家庄市	17.7986	18.1263	13	12	1	27
	昆明市	16.8451	17.4959	15	13	2	28
	哈尔滨市	18.0296	17.4328	10	14	-4	29
	乌鲁木齐市	17.0042	16.1509	14	15	-1	35
	福州市	14.8545	15.5638	16	16	0	38
	长春市	14.2742	15.3514	17	17	0	39

续表

城市		标准化值		同类型城市排名		近1年排名变化	全国排名
		2021年	2022年	2021年	2022年		
省会城市	西宁市	13.7492	14.6732	18	18	0	43
	太原市	12.7092	13.5329	20	19	1	49
	南宁市	12.8694	13.2070	19	20	-1	50
	南昌市	11.2075	12.5007	24	21	3	51
	兰州市	12.2339	12.5001	22	22	0	52
	银川市	12.5571	12.3970	21	23	-2	54
	贵阳市	11.8756	12.3464	23	24	-1	55
	呼和浩特市	8.9156	8.4847	25	25	0	81
	海口市	4.6476	4.5871	26	26	0	174
	拉萨市	1.2719	1.3844	27	27	0	279
地级市	苏州市	40.8068	41.2912	1	1	0	5
	东莞市	31.6260	33.3295	2	2	0	9
	滨州市	26.8196	28.3824	3	3	0	12
	唐山市	22.5623	23.3071	5	4	1	15
	无锡市	22.7362	23.2857	4	5	-1	16
	佛山市	21.0152	22.0524	6	6	0	19
	潍坊市	17.3647	19.1849	8	7	1	23
	包头市	18.3372	18.8184	7	8	-1	26
	鄂尔多斯市	16.0560	17.1407	9	9	0	30
	聊城市	9.4265	16.5187	33	10	23	31
	常州市	15.5737	16.4461	11	11	0	32
	临沂市	15.8157	16.2744	10	12	-2	34
	烟台市	15.3582	15.9237	12	13	-1	36
	绍兴市	14.9559	15.7728	13	14	-1	37
	南通市	14.3324	15.3172	15	15	0	40
	淄博市	12.3722	15.3111	21	16	5	41
	洛阳市	14.4115	14.9062	14	17	-3	42
	邯郸市	13.3429	14.0383	19	18	1	44
	徐州市	13.5949	13.9750	16	19	-3	45
	嘉兴市	13.5393	13.9152	18	20	-2	46
	温州市	13.5714	13.6953	17	21	-4	47
	泉州市	12.9040	13.6044	20	22	-2	48
	保定市	12.3055	12.4791	22	23	-1	53

续表

城市		标准化值		同类型城市排名		近1年排名变化	全国排名
		2021年	2022年	2021年	2022年		
地级市	乌兰察布市	11.1954	12.2260	25	24	1	56
	济宁市	11.5127	12.1974	23	25	-2	57
	惠州市	11.0112	12.1238	26	26	0	58
	南阳市	11.2171	11.4938	24	27	-3	59
	金华市	10.6364	10.7225	27	28	-1	60
	沧州市	10.3092	10.6776	28	29	-1	61
	盐城市	9.6717	10.6723	32	30	2	62
	百色市	9.3565	10.2949	34	31	3	63
	台州市	9.8814	10.2822	30	32	-2	64
	曲靖市	9.2296	10.1323	36	33	3	65
	遵义市	9.6734	9.8556	31	34	-3	67
	鞍山市	9.2954	9.6517	35	35	0	68
	江门市	9.1545	9.5097	37	36	1	69
	东营市	8.7592	9.1997	40	37	3	70
	赣州市	8.1585	9.1168	48	38	10	71
	泰州市	8.7623	9.1089	39	39	0	72
	新乡市	8.4661	9.0531	44	40	4	73
	邢台市	8.6763	8.9479	41	41	0	74
	菏泽市	9.0644	8.9178	38	42	-4	75
	大庆市	8.6278	8.8780	42	43	-1	76
	运城市	8.4348	8.8472	45	44	1	77
	芜湖市	7.4068	8.7204	58	45	13	78
	中山市	7.1067	8.6499	66	46	20	79
	衡阳市	8.3611	8.5696	46	47	-1	80
	宿迁市	7.8753	8.3980	52	48	4	82
	榆林市	8.4669	8.3766	43	49	-6	83
	营口市	8.1993	8.3354	47	50	-3	84
	扬州市	7.9771	8.2712	51	51	0	85
	湖州市	7.9894	8.1728	50	52	-2	86
	湛江市	7.7908	8.0221	53	53	0	87
	安阳市	7.5958	7.7849	55	54	1	88
	乐山市	7.1423	7.6985	65	55	10	89
	吉林市	7.6880	7.6941	54	56	-2	90

续表

城市		标准化值		同类型城市排名		近1年排名变化	全国排名
		2021年	2022年	2021年	2022年		
地级市	珠海市	7.2508	7.6895	62	57	5	91
	廊坊市	7.0813	7.6729	67	58	9	92
	阜阳市	6.9987	7.6208	68	59	9	93
	平顶山市	7.4143	7.6116	57	60	-3	94
	驻马店市	6.6818	7.5283	76	61	15	95
	柳州市	7.2196	7.5269	63	62	1	96
	泰安市	7.3584	7.4932	59	63	-4	97
	汕头市	7.3470	7.4788	60	64	-4	98
	九江市	6.8031	7.4759	70	65	5	99
	通辽市	9.9045	7.4369	29	66	-37	100
	镇江市	7.4507	7.4173	56	67	-11	101
	宜昌市	8.1019	7.3195	49	68	-19	102
	日照市	6.7599	7.2239	72	69	3	103
	达州市	6.7644	7.1924	71	70	1	104
	上饶市	6.5541	7.0834	78	71	7	105
	襄阳市	7.2711	7.0706	61	72	-11	106
	清远市	6.0377	7.0021	90	73	17	107
	绵阳市	6.7581	7.0011	73	74	-1	108
	滁州市	5.9169	6.9349	96	75	21	109
	嘉峪关市	6.0942	6.8783	89	76	13	110
	德州市	6.6893	6.8579	74	77	-3	111
	淮安市	6.6864	6.8496	75	78	-3	112
	岳阳市	6.0145	6.7718	92	79	13	113
	南充市	6.3133	6.7279	85	80	5	114
	焦作市	7.2018	6.7147	64	81	-17	115
	宜春市	6.3683	6.6824	82	82	0	116
	周口市	6.3373	6.5983	84	83	1	117
	连云港市	6.3412	6.5704	83	84	-1	118
	赤峰市	6.3861	6.5125	81	85	-4	119
	肇庆市	5.9419	6.3848	94	86	8	120
	临汾市	5.9353	6.3461	95	87	8	121
	商丘市	6.1972	6.2864	87	88	-1	122
	咸阳市	6.0296	6.2690	91	89	2	123

续表

城市		标准化值		同类型城市排名		近 1 年排名变化	全国排名
		2021 年	2022 年	2021 年	2022 年		
地级市	宜宾市	5.9148	6.2598	97	90	7	124
	马鞍山市	5.8017	6.2558	100	91	9	125
	邵阳市	6.1672	6.2411	88	92	-4	126
	泸州市	6.4977	6.1949	79	93	-14	127
	郴州市	6.3984	6.1852	80	94	-14	128
	永州市	5.9121	6.0624	98	95	3	129
	石嘴山市	6.2113	6.0320	86	96	-10	130
	晋城市	5.4513	5.9919	107	97	10	131
	株洲市	5.8170	5.9912	99	98	1	132
	毕节市	6.9769	5.9699	69	99	-30	133
	长治市	5.2140	5.9021	117	100	17	134
	承德市	5.6560	5.8998	103	101	2	135
	常德市	5.6842	5.8993	102	102	0	136
	齐齐哈尔市	5.9468	5.8948	93	103	-10	137
	漳州市	6.6807	5.8580	77	104	-27	138
	开封市	5.7591	5.8016	101	105	-4	139
	晋中市	5.5146	5.7705	105	106	-1	140
	中卫市	5.2640	5.7555	115	107	8	141
	娄底市	5.3361	5.6398	112	108	4	142
	大同市	5.3637	5.6031	110	109	1	143
	枣庄市	5.1750	5.5961	121	110	11	144
	渭南市	5.1806	5.5862	120	111	9	145
	昭通市	5.3903	5.5859	109	112	-3	146
	秦皇岛市	5.6405	5.5209	104	113	-9	147
	衢州市	5.3054	5.5094	113	114	-1	148
	怀化市	5.2900	5.4773	114	115	-1	149
	张家口市	5.4269	5.4659	108	116	-8	150
	宁德市	5.0562	5.3767	123	117	6	151
	桂林市	5.2321	5.3576	116	118	-2	152
	德阳市	5.3470	5.3564	111	119	-8	153
	吕梁市	4.8729	5.3240	127	120	7	154
	安庆市	4.6607	5.1987	135	121	14	155
	荆州市	5.4762	5.1839	106	122	-16	156

续表

城市		标准化值		同类型城市排名		近1年排名变化	全国排名
		2021年	2022年	2021年	2022年		
地级市	信阳市	4.2600	5.0931	145	123	22	157
	乌海市	4.9977	5.0587	125	124	1	158
	蚌埠市	4.5730	5.0521	139	125	14	159
	十堰市	5.2008	5.0395	119	126	-7	160
	攀枝花市	4.7036	5.0134	134	127	7	161
	揭阳市	4.6146	5.0110	137	128	9	162
	茂名市	5.0305	4.9985	124	129	-5	163
	湘潭市	4.8481	4.9479	128	130	-2	164
	宝鸡市	4.7703	4.9247	130	131	-1	165
	黄冈市	4.9535	4.8663	126	132	-6	166
	龙岩市	4.6558	4.8512	136	133	3	167
	阳江市	4.4769	4.8316	141	134	7	168
	许昌市	4.7501	4.7998	132	135	-3	169
	黄石市	5.2008	4.7709	118	136	-18	170
	韶关市	4.7696	4.7684	131	137	-6	171
	抚顺市	5.1725	4.7166	122	138	-16	172
	本溪市	4.4655	4.6015	142	139	3	173
	威海市	4.5970	4.5249	138	140	-2	175
	衡水市	4.5562	4.5101	140	141	-1	176
	莆田市	4.7729	4.4478	129	142	-13	177
	三明市	4.1330	4.4403	149	143	6	178
	吉安市	4.2964	4.3989	144	144	0	179
	孝感市	4.7199	4.3832	133	145	-12	180
	广安市	4.1635	4.3792	147	146	1	181
	吴忠市	3.8811	4.3347	158	147	11	182
	六安市	3.4877	4.3292	176	148	28	183
	玉林市	4.0410	4.3206	152	149	3	184
	海东市	3.5149	4.3095	173	150	23	185
	益阳市	4.1279	4.3044	150	151	-1	186
	宿州市	3.5009	4.2713	174	152	22	187
	朝阳市	3.8633	4.2529	160	153	7	188
	汉中市	4.1811	4.2437	146	154	-8	189
	宣城市	3.8441	4.2410	161	155	6	190

续表

城市		标准化值		同类型城市排名		近 1 年排名变化	全国排名
		2021 年	2022 年	2021 年	2022 年		
地级市	眉山市	3.9728	4.2108	156	156	0	191
	辽阳市	4.4019	4.1866	143	157	-14	192
	内江市	3.6250	4.1594	165	158	7	193
	淮南市	4.0488	4.0884	151	159	-8	194
	锦州市	4.0409	4.0841	153	160	-7	195
	玉溪市	3.9969	4.0621	154	161	-7	196
	濮阳市	4.1445	3.9993	148	162	-14	197
	贵港市	3.4752	3.8679	177	163	14	198
	潮州市	3.5925	3.8532	170	164	6	199
	丹东市	3.4105	3.8170	179	165	14	200
	葫芦岛市	3.6053	3.7981	169	166	3	201
	雅安市	3.5244	3.7872	172	167	5	202
	六盘水市	3.5888	3.7826	171	168	3	203
	来宾市	3.2171	3.7333	186	169	17	204
	抚州市	3.4936	3.7114	175	170	5	205
	三门峡市	3.6075	3.7039	167	171	-4	206
	河池市	3.7704	3.7038	163	172	-9	207
	自贡市	3.9079	3.6552	157	173	-16	208
	巴彦淖尔市	3.6063	3.6503	168	174	-6	209
	延安市	3.6669	3.6326	164	175	-11	210
	荆门市	3.9891	3.6021	155	176	-21	211
	钦州市	3.2750	3.5975	184	177	7	212
	铜仁市	3.7831	3.5933	162	178	-16	213
	丽水市	3.6235	3.5465	166	179	-13	214
	广元市	3.4710	3.5337	178	180	-2	215
	亳州市	3.0355	3.4733	195	181	14	216
	梧州市	3.1401	3.4451	189	182	7	217
	铜陵市	3.3688	3.4420	182	183	-1	218
	绥化市	3.2616	3.4301	185	184	1	219
	呼伦贝尔市	3.3981	3.4102	180	185	-5	220
	北海市	2.4632	3.4085	211	186	25	221
	遂宁市	3.2066	3.3763	187	187	0	222
	梅州市	3.3057	3.3733	183	188	-5	223

续表

城市		标准化值		同类型城市排名		近1年排名变化	全国排名
		2021年	2022年	2021年	2022年		
地级市	盘锦市	3.3933	3.3634	181	189	-8	224
	忻州市	3.0957	3.2658	191	190	1	225
	白银市	2.8773	3.1608	196	191	5	226
	南平市	3.2019	3.1271	188	192	-4	227
	河源市	2.8738	3.0256	197	193	4	228
	牡丹江市	3.1186	3.0120	190	194	-4	229
	漯河市	2.8299	2.8799	199	195	4	230
	保山市	2.6837	2.8765	201	196	5	231
	咸宁市	3.0949	2.8412	192	197	-5	232
	铁岭市	2.8510	2.8367	198	198	0	233
	淮北市	2.7043	2.8340	200	199	1	234
	萍乡市	2.6303	2.8164	203	200	3	235
	新余市	2.6080	2.7731	205	201	4	236
	朔州市	2.5219	2.6736	207	202	5	237
	阜新市	2.4922	2.6447	209	203	6	238
	阳泉市	3.8701	2.5972	159	204	-45	239
	景德镇市	2.4792	2.5794	210	205	5	240
	天水市	2.6086	2.5508	204	206	-2	241
	克拉玛依市	3.0727	2.5449	193	207	-14	242
	定西市	1.7561	2.5181	233	208	25	243
	松原市	2.3637	2.5166	214	209	5	244
	巴中市	2.5125	2.4977	208	210	-2	245
	佳木斯市	2.6331	2.4892	202	211	-9	246
	舟山市	1.5970	2.4301	239	212	27	247
	池州市	2.1689	2.3957	218	213	5	248
	普洱市	2.1934	2.3884	217	214	3	249
	安顺市	2.4592	2.3648	212	215	-3	250
	鸡西市	2.2787	2.2425	216	216	0	251
	防城港市	2.0297	2.2249	221	217	4	252
	贺州市	1.9846	2.2193	224	218	6	253
	四平市	3.0575	2.1975	194	219	-25	254
	资阳市	2.0869	2.1409	220	220	0	255
	崇左市	1.9242	2.1266	225	221	4	256

续表

城市		标准化值		同类型城市排名		近 1 年排名变化	全国排名
		2021 年	2022 年	2021 年	2022 年		
地级市	通化市	2.4032	2.1232	213	222	-9	257
	鹤壁市	2.0909	2.0701	219	223	-4	258
	云浮市	2.0106	2.0561	222	224	-2	259
	双鸭山市	2.0098	1.9466	223	225	-2	260
	商洛市	2.5622	1.9429	206	226	-20	261
	汕尾市	1.7426	1.9031	234	227	7	262
	安康市	1.9113	1.8971	226	228	-2	263
	庆阳市	1.7077	1.8678	235	229	6	264
	三亚市	1.8302	1.8249	229	230	-1	265
	武威市	1.7831	1.8080	231	231	0	266
	鹤岗市	1.8629	1.7933	227	232	-5	267
	金昌市	1.6393	1.7923	236	233	3	268
	平凉市	2.3416	1.7720	215	234	-19	269
	随州市	1.7799	1.6590	232	235	-3	270
	鹰潭市	1.6117	1.6135	238	236	2	271
	鄂州市	1.8378	1.6099	228	237	-9	272
	临沧市	1.5157	1.6088	241	238	3	273
	黄山市	1.5174	1.5692	240	239	1	274
	张掖市	1.8231	1.5494	230	240	-10	275
	陇南市	1.6212	1.5023	237	241	-4	276
	白山市	1.4236	1.4907	242	242	0	277
	铜川市	1.4040	1.4183	244	243	1	278
	白城市	1.4138	1.3795	243	244	-1	280
	辽源市	1.3457	1.2270	245	245	0	281
	伊春市	1.3317	1.2154	246	246	0	282
	黑河市	1.2947	1.2004	247	247	0	283
	张家界市	1.1510	1.1462	249	248	1	284
	固原市	1.0931	1.1431	250	249	1	285
	丽江市	1.1825	1.1247	248	250	-2	286
	七台河市	1.0058	1.0482	251	251	0	287
	酒泉市	0.8738	0.8273	252	252	0	288
	儋州市	0.4881	0.4522	253	253	0	289

附表 1-2　　2021—2022 年城市人力资源指数及其排名

城市		标准化值		同类型城市排名		近 1 年排名变化	全国排名
		2021 年	2022 年	2021 年	2022 年		
直辖市	北京	75.0150	65.9887	1	1	0	1
	上海	69.1035	64.9766	1	2	0	3
	重庆市	61.6085	62.4814	2	3	0	5
	天津	43.6656	43.9845	3	4	0	10
计划单列市	深圳市	41.6919	43.3883	1	1	0	12
	青岛市	34.7910	37.3209	2	2	0	17
	大连市	27.1308	29.7385	4	3	1	27
	宁波市	28.9619	29.5372	3	4	-1	28
	厦门市	23.4387	26.7570	5	5	0	31
省会城市	广州市	65.0263	65.1758	1	1	1	2
	成都市	61.4273	64.5939	2	2	1	4
	南京市	52.8365	51.9197	3	3	0	6
	郑州市	49.3337	50.4391	5	4	1	7
	武汉市	49.9965	50.2492	4	5	-1	8
	西安市	46.2928	45.8247	6	6	0	9
	杭州市	43.2349	43.4457	7	7	0	11
	济南市	37.8309	42.2375	9	8	1	13
	长沙市	39.0395	40.6650	8	9	-1	14
	合肥市	36.1498	38.8316	10	10	0	15
	昆明市	35.3085	38.4311	11	11	0	16
	南昌市	34.3570	36.9149	12	12	1	18
	石家庄市	32.9108	36.4359	13	13	1	19
	南宁市	32.5845	36.2145	15	14	2	20
	哈尔滨市	32.8163	34.6142	14	15	-1	22
	沈阳市	29.8746	32.7275	16	16	0	23
	贵阳市	28.8872	32.1353	18	17	2	24
	福州市	29.8196	32.0619	17	18	-1	25
	太原市	28.3945	30.2776	19	19	1	26
	兰州市	24.9412	28.4160	20	20	0	30
	长春市	24.4872	26.4523	21	21	-4	35
	乌鲁木齐市	21.4413	25.3552	23	22	4	42
	呼和浩特市	19.8393	23.3501	24	23	2	54
	拉萨市	22.6423	23.1256	22	24	-23	59

续表

城市		标准化值		同类型城市排名		近1年排名变化	全国排名
		2021年	2022年	2021年	2022年		
省会城市	银川市	18.7044	23.0159	25	25	3	61
	海口市	17.6056	21.5719	26	26	-3	80
	西宁市	16.8949	21.0271	27	27	1	90
地级市	苏州市	34.5198	35.4309	1	1	-3	21
	无锡市	25.5755	28.4759	2	2	0	29
	潍坊市	22.1294	26.5984	10	3	9	32
	常州市	23.2826	26.5220	4	4	1	33
	徐州市	22.0221	26.4657	11	5	8	34
	南通市	23.1910	26.2876	5	6	-1	36
	湛江市	20.8371	26.2781	17	7	12	37
	保定市	22.1308	26.1367	9	8	2	38
	烟台市	22.6199	26.0764	6	9	-2	39
	温州市	23.3369	25.5190	3	10	-7	40
	佛山市	21.9485	25.5035	12	11	2	41
	临沂市	21.0012	25.1431	16	12	5	43
	济宁市	20.2012	25.1026	22	13	10	44
	珠海市	21.6715	24.4969	14	14	0	45
	泉州市	20.6809	24.3724	18	15	4	46
	唐山市	20.2230	24.2653	21	16	6	47
	嘉兴市	20.5729	24.2159	19	17	3	48
	衢州市	21.8059	24.1161	13	18	-5	49
	桂林市	19.6673	24.0946	24	19	7	50
	东莞市	21.3689	23.9780	15	20	-4	51
	克拉玛依市	22.2022	23.6101	7	21	-14	52
	盐城市	19.6385	23.4087	25	22	5	53
	金华市	19.4288	23.3099	27	23	5	55
	廊坊市	20.4271	23.2956	20	24	-4	56
	毕节市	18.6611	23.2768	32	25	9	57
	茂名市	16.8178	23.1967	56	26	34	58
	赣州市	18.5504	23.1046	33	27	7	60
	洛阳市	19.0755	22.6920	28	28	-1	62
	肇庆市	16.7923	22.6749	57	29	30	63
	丽水市	20.1385	22.6453	23	30	-9	64

续表

城市		标准化值		同类型城市排名		近1年排名变化	全国排名
		2021年	2022年	2021年	2022年		
地级市	阜阳市	17.9726	22.5898	39	31	8	65
	邯郸市	17.5814	22.3403	43	32	12	66
	南阳市	17.3056	22.3231	48	33	16	67
	绍兴市	18.4653	22.2985	34	34	0	68
	台州市	18.6721	22.2783	31	35	-4	69
	沧州市	18.7084	22.2720	30	36	-7	70
	芜湖市	17.1964	22.2052	50	37	14	71
	遵义市	22.1841	22.0749	8	38	-33	72
	扬州市	18.0198	22.0704	38	39	-1	73
	绵阳市	17.4920	22.0515	46	40	7	74
	漳州市	18.8399	21.9488	29	41	-13	75
	惠州市	17.6925	21.7478	42	42	0	76
	连云港市	17.5642	21.6337	44	43	2	77
	南充市	17.9307	21.6270	40	44	-4	78
	东营市	18.1784	21.5885	37	45	-8	79
	昭通市	17.4418	21.5123	47	46	1	81
	淮南市	17.7112	21.4810	41	47	-7	82
	淄博市	17.2867	21.4559	49	48	1	83
	泰州市	17.5019	21.4128	45	49	-4	84
	衡阳市	16.5372	21.3417	58	50	9	85
	曲靖市	16.1032	21.3271	67	51	17	86
	德阳市	17.1552	21.1744	51	52	-1	87
	九江市	16.4562	21.1410	61	53	9	88
	柳州市	16.1907	21.0877	65	54	12	89
	菏泽市	15.8006	20.9697	73	55	18	91
	韶关市	15.9372	20.9643	71	56	15	92
	商丘市	16.4311	20.9163	62	57	5	93
	襄阳市	15.5257	20.9099	76	58	18	94
	中山市	16.4588	20.8246	60	59	1	95
	周口市	15.9440	20.8070	70	60	10	96
	六安市	18.2849	20.7619	36	61	-27	97
	固原市	12.0424	20.7294	158	62	96	98
	株洲市	16.9275	20.7138	55	63	-9	99

续表

城市		标准化值		同类型城市排名		近 1 年排名变化	全国排名
		2021 年	2022 年	2021 年	2022 年		
地级市	镇江市	17.0350	20.6938	53	64	-12	100
	大庆市	19.5534	20.6207	26	65	-42	101
	舟山市	18.3083	20.6073	35	66	-33	102
	晋中市	15.6701	20.5773	75	67	8	103
	湖州市	16.3288	20.5684	64	68	-4	104
	新乡市	15.8671	20.4701	72	69	3	105
	泰安市	15.5226	20.4553	77	70	7	106
	江门市	15.7530	20.4306	74	71	3	107
	清远市	16.0232	20.3462	68	72	-4	108
	宜宾市	16.9349	20.3461	54	73	-20	109
	汕头市	15.3111	20.1944	81	74	7	110
	百色市	14.5041	20.1618	97	75	22	111
	淮安市	16.4702	20.1444	59	76	-17	112
	聊城市	14.3300	20.0838	100	77	23	113
	鄂尔多斯市	17.0507	19.9830	52	78	-27	114
	梅州市	15.2922	19.8119	82	79	3	115
	马鞍山市	14.9530	19.6761	85	80	5	116
	临沧市	14.6668	19.6107	94	81	13	117
	上饶市	14.9194	19.5795	86	82	4	118
	德州市	14.8464	19.5222	88	83	5	119
	滁州市	14.6359	19.4675	95	84	11	120
	邢台市	14.7671	19.4529	92	85	7	121
	玉溪市	15.9686	19.4520	69	86	-17	122
	秦皇岛市	15.1673	19.4476	83	87	-4	123
	三明市	15.3366	19.4027	80	88	-8	124
	宁德市	14.4305	19.3985	99	89	10	125
	丽江市	16.1647	19.2737	66	90	-24	126
	咸阳市	13.7471	19.2481	115	91	24	127
	宿迁市	13.9704	19.2318	111	92	19	128
	玉林市	14.4511	19.2071	98	93	5	129
	安庆市	13.8769	19.1535	113	94	19	130
	安阳市	14.0245	19.1387	107	95	12	131
	榆林市	14.8290	19.1367	89	96	-7	132

续表

城市		标准化值		同类型城市排名		近1年排名变化	全国排名
		2021年	2022年	2021年	2022年		
地级市	邵阳市	14.0933	19.0596	105	97	8	133
	包头市	14.8803	19.0543	87	98	-11	134
	乐山市	14.7910	19.0479	91	99	-8	135
	普洱市	15.0318	19.0080	84	100	-16	136
	六盘水市	15.5118	19.0071	78	101	-23	137
	信阳市	14.8100	19.0032	90	102	-12	138
	河池市	14.2440	18.9710	102	103	-1	139
	吴忠市	11.7840	18.9290	171	104	67	140
	中卫市	13.2422	18.9214	126	105	21	141
	驻马店市	14.0679	18.8694	106	106	0	142
	常德市	14.7302	18.8316	93	107	-14	143
	宜昌市	11.5996	18.6881	173	108	65	144
	滨州市	13.7587	18.6492	114	109	5	145
	蚌埠市	14.1168	18.6458	104	110	-6	146
	三亚市	14.3007	18.5872	101	111	-10	147
	宿州市	13.1423	18.5815	129	112	17	148
	威海市	13.5600	18.4733	119	113	6	149
	黄冈市	10.8239	18.4054	189	114	75	150
	日照市	13.6769	18.3824	116	115	1	151
	湘潭市	14.0065	18.3476	109	116	-7	152
	宜春市	13.2551	18.3080	125	117	8	153
	汕尾市	12.5176	18.2872	142	118	24	154
	自贡市	13.5649	18.2266	118	119	-1	155
	吉林市	14.0086	18.2070	108	120	-12	156
	十堰市	10.6639	18.1869	194	121	73	157
	攀枝花市	14.1350	18.1841	103	122	-19	158
	河源市	11.4922	18.1818	176	123	53	159
	云浮市	12.8253	18.1482	136	124	12	160
	阳江市	12.4070	18.1139	145	125	20	161
	怀化市	13.4398	18.0329	122	126	-4	162
	崇左市	12.3362	18.0307	149	127	22	163
	贵港市	13.2149	18.0199	127	128	-1	164
	揭阳市	12.7006	17.9928	138	129	9	165

续表

城市		标准化值		同类型城市排名		近 1 年排名变化	全国排名
		2021 年	2022 年	2021 年	2022 年		
地级市	南平市	12.9570	17.9081	133	130	3	166
	张家口市	13.3138	17.9033	123	131	-8	167
	平顶山市	13.0021	17.8911	131	132	-1	168
	淮北市	13.0634	17.8567	130	133	-3	169
	郴州市	12.3859	17.8505	147	134	13	170
	亳州市	12.4950	17.8208	143	135	8	171
	龙岩市	13.4472	17.8139	121	136	-15	172
	荆州市	14.5709	17.7715	96	137	-41	173
	贺州市	12.0061	17.7136	161	138	23	174
	赤峰市	13.5728	17.6845	117	139	-22	175
	枣庄市	12.8786	17.6806	134	140	-6	176
	岳阳市	12.8540	17.6372	135	141	-6	177
	泸州市	15.4751	17.5986	79	142	-63	178
	安顺市	13.9100	17.5188	112	143	-31	179
	眉山市	9.4743	17.5075	221	144	77	180
	吉安市	13.1945	17.5026	128	145	-17	181
	平凉市	11.5483	17.4665	175	146	29	182
	荆门市	8.0923	17.4372	236	147	89	183
	铜陵市	12.0030	17.3683	162	148	14	184
	通辽市	12.4666	17.3501	144	149	-5	185
	开封市	12.6089	17.3494	140	150	-10	186
	孝感市	9.9936	17.3268	212	151	61	187
	保山市	13.2691	17.3187	124	152	-28	188
	永州市	12.9639	17.3072	132	153	-21	189
	益阳市	12.6453	17.2676	139	154	-15	190
	莆田市	12.3095	17.2399	150	155	-5	191
	许昌市	12.1191	17.2309	155	156	-1	192
	新余市	12.0447	17.2194	157	157	0	193
	齐齐哈尔市	11.9400	17.1891	166	158	8	194
	石嘴山市	9.2105	17.1192	223	159	64	195
	宝鸡市	12.0389	17.0880	159	160	-1	196
	池州市	12.3921	17.0802	146	161	-15	197
	钦州市	11.4189	17.0613	177	162	15	198

续表

城市		标准化值		同类型城市排名		近1年排名变化	全国排名
		2021年	2022年	2021年	2022年		
地级市	承德市	12.1350	17.0605	154	163	-9	199
	吕梁市	11.9194	17.0520	167	164	3	200
	咸宁市	7.8762	17.0289	237	165	72	201
	濮阳市	12.3551	16.9813	148	166	-18	202
	焦作市	12.0692	16.9135	156	167	-11	203
	抚州市	11.8956	16.9026	169	168	1	204
	宣城市	12.1907	16.8822	151	169	-18	205
	庆阳市	11.5548	16.8581	174	170	4	206
	北海市	12.0218	16.8270	160	171	-11	207
	锦州市	11.3016	16.8093	180	172	8	208
	临汾市	11.8497	16.7734	170	173	-3	209
	延安市	12.1777	16.7448	152	174	-22	210
	梧州市	11.3695	16.7329	178	175	3	211
	萍乡市	12.1428	16.7085	153	176	-23	212
	张掖市	11.1582	16.6734	183	177	6	213
	防城港市	11.0459	16.6551	186	178	8	214
	汉中市	12.0015	16.6116	163	179	-16	215
	广元市	13.4728	16.6075	120	180	-60	216
	乌兰察布市	11.9923	16.6000	164	181	-17	217
	黄石市	8.5648	16.5641	230	182	48	218
	长治市	11.0913	16.5364	185	183	2	219
	娄底市	11.1537	16.4880	184	184	0	220
	大同市	11.6803	16.4670	172	185	-13	221
	黄山市	11.9068	16.4375	168	186	-18	222
	资阳市	10.5003	16.4365	198	187	11	223
	铜仁市	16.3389	16.3993	63	188	-125	224
	巴彦淖尔市	11.2257	16.3976	181	189	-8	225
	乌海市	12.5843	16.3646	141	190	-49	226
	儋州市	12.7271	16.3015	137	191	-54	227
	内江市	10.1792	16.2980	206	192	14	228
	来宾市	10.6657	16.2127	192	193	-1	229
	天水市	10.7027	16.1950	191	194	-3	230
	雅安市	10.4135	16.1650	199	195	4	231

续表

城市		标准化值		同类型城市排名		近 1 年排名变化	全国排名
		2021 年	2022 年	2021 年	2022 年		
地级市	巴中市	10.1987	16.1066	205	196	9	232
	呼伦贝尔市	11.9556	16.0893	165	197	-32	233
	鞍山市	9.7039	16.0675	218	198	20	234
	鄂州市	6.5004	16.0436	249	199	50	235
	渭南市	11.1831	15.9910	182	200	-18	236
	嘉峪关市	10.9953	15.9551	187	201	-14	237
	衡水市	10.6022	15.8804	196	202	-6	238
	金昌市	10.8594	15.8737	188	203	-15	239
	潮州市	10.2531	15.8484	204	204	0	240
	抚顺市	10.0466	15.8481	210	205	5	241
	张家界市	10.2915	15.7443	202	206	-4	242
	定西市	10.3397	15.7360	200	207	-7	243
	酒泉市	10.0430	15.5386	211	208	3	244
	鹰潭市	11.3064	15.5057	179	209	-30	245
	松原市	10.5532	15.5023	197	210	-13	246
	铁岭市	8.6011	15.4654	229	211	18	247
	武威市	9.7506	15.3655	216	212	4	248
	达州市	10.6655	15.3070	193	213	-20	249
	朔州市	9.8475	15.2643	214	214	0	250
	营口市	9.4350	15.2414	222	215	7	251
	晋城市	10.1096	15.1419	208	216	-8	252
	广安市	10.2715	15.1026	203	217	-14	253
	忻州市	9.9819	15.0953	213	218	-5	254
	白银市	10.7216	15.0899	190	219	-29	255
	遂宁市	8.8342	15.0622	226	220	6	256
	四平市	10.1788	14.9558	207	221	-14	257
	辽阳市	9.8063	14.9515	215	222	-7	258
	安康市	10.2915	14.8985	201	223	-22	259
	景德镇市	10.6282	14.8200	195	224	-29	260
	朝阳市	9.5829	14.8001	219	225	-6	261
	三门峡市	9.7237	14.7928	217	226	-9	262
	牡丹江市	10.0837	14.6957	209	227	-18	263
	陇南市	8.8498	14.6774	225	228	-3	264

续表

城市		标准化值		同类型城市排名		近1年排名变化	全国排名
		2021年	2022年	2021年	2022年		
地级市	漯河市	9.4954	14.6274	220	229	-9	265
	随州市	9.1282	14.5961	224	230	-6	266
	葫芦岛市	8.6460	14.3597	228	231	-3	267
	白城市	8.2182	14.2518	232	232	0	268
	海东市	13.9822	13.9725	110	233	-123	269
	盘锦市	6.7439	13.8859	247	234	13	270
	阳泉市	8.7210	13.7625	227	235	-8	271
	阜新市	8.1642	13.7571	234	236	-2	272
	本溪市	7.0904	13.6037	246	237	9	273
	丹东市	7.6155	13.5526	240	238	2	274
	通化市	7.7915	13.4766	238	239	-1	275
	商洛市	8.1660	13.2912	233	240	-7	276
	佳木斯市	6.6375	13.2632	248	241	7	277
	铜川市	8.2705	13.2127	231	242	-11	278
	辽源市	7.7196	12.9541	239	243	-4	279
	双鸭山市	7.5884	12.6993	241	244	-3	280
	黑河市	5.8553	12.5922	251	245	6	281
	鸡西市	8.1117	12.5614	235	246	-11	282
	鹤壁市	7.5835	12.4303	242	247	-5	283
	运城市	7.3493	12.3870	244	248	-4	284
	白山市	6.4107	12.2485	250	249	1	285
	七台河市	7.4939	11.9583	243	250	-7	286
	绥化市	7.2749	11.5597	245	251	-6	287
	鹤岗市	4.0670	10.8310	252	252	0	288
	伊春市	3.2510	9.9480	253	253	0	289

附表 1-3　　2021—2022 年城市市场环境指数及其排名

城市		标准化值		同类型城市排名		近 1 年排名变化	全国排名
		2021 年	2022 年	2021 年	2022 年		
直辖市	上海市	72.0008	50.3686	1	1	0	1
	北京市	43.8054	36.9054	3	2	1	3
	重庆市	52.0621	34.8072	2	3	-1	4
	天津市	27.8874	17.7886	4	4	0	26
计划单列市	深圳市	73.1986	38.8572	1	1	0	2
	青岛市	30.7282	22.5914	3	2	1	17
	厦门市	26.7100	20.0977	4	3	1	20
	宁波市	42.2494	19.8948	2	4	-2	21
	大连市	18.6109	13.5994	5	5	0	47
省会城市	成都市	44.2649	34.2830	3	1	2	5
	武汉市	44.7252	33.7137	2	2	0	6
	广州市	52.0243	33.4823	1	3	-2	7
	南京市	31.7627	26.1905	5	4	1	11
	西安市	29.9812	25.9004	8	5	3	12
	杭州市	40.0882	25.2248	4	6	-2	14
	郑州市	30.6397	23.0962	6	7	-1	16
	长沙市	30.5191	22.0967	7	8	-1	19
	合肥市	21.7946	16.8689	10	9	1	30
	福州市	21.8051	16.6811	9	10	-1	31
	济南市	20.0060	16.1072	11	11	0	33
	南昌市	18.4664	14.7875	12	12	0	44
	石家庄市	18.3321	11.7770	13	13	0	56
	呼和浩特市	12.2206	11.4180	17	14	3	61
	沈阳市	15.5203	11.0155	14	15	-1	66
	银川市	9.9192	10.6504	22	16	6	70
	长春市	12.1602	10.2337	18	17	1	74
	昆明市	13.5943	10.1445	15	18	-3	75
	贵阳市	12.3419	9.7377	16	19	-3	84
	乌鲁木齐市	11.5156	9.5640	20	20	0	88
	太原市	11.1926	9.1717	21	21	0	96
	拉萨市	9.4873	9.1657	24	22	2	97
	海口市	9.7230	8.8812	23	23	0	101
	兰州市	8.6913	7.3376	26	24	2	130

续表

城市		标准化值		同类型城市排名		近1年排名变化	全国排名
		2021年	2022年	2021年	2022年		
省会城市	南宁市	9.1865	5.9719	25	25	0	163
	哈尔滨市	11.5875	5.9391	19	26	-7	167
	西宁市	5.9043	5.5229	27	27	0	181
地级市	苏州市	57.0448	27.4603	1	1	0	8
	珠海市	29.7176	26.5410	8	2	6	9
	鄂尔多斯市	26.0119	26.3280	11	3	8	10
	无锡市	42.0361	25.7522	3	4	-1	13
	克拉玛依市	22.3270	24.0049	15	5	10	15
	常州市	33.8434	22.2883	6	6	0	18
	南通市	30.8897	19.3408	7	7	0	22
	扬州市	24.2911	18.4769	12	8	4	23
	唐山市	21.0554	18.3230	19	9	10	24
	佛山市	41.2884	18.2915	4	10	-6	25
	东营市	17.4413	17.6948	28	11	17	27
	镇江市	20.6156	17.6705	21	12	9	28
	舟山市	14.5413	17.0085	39	13	26	29
	泰州市	20.7656	16.3571	20	14	6	32
	烟台市	19.6920	15.9589	24	15	9	34
	包头市	14.5777	15.9221	38	16	22	35
	洛阳市	19.8599	15.8690	23	17	6	36
	榆林市	17.9159	15.6958	26	18	8	37
	泉州市	27.5627	15.5283	9	19	-10	38
	嘉兴市	34.4653	15.4039	5	20	-15	39
	芜湖市	17.9667	15.3157	25	21	4	40
	绍兴市	26.7465	15.2054	10	22	-12	41
	东莞市	45.8861	14.9952	2	23	-21	42
	马鞍山市	15.1127	14.8304	37	24	13	43
	宜昌市	17.4821	14.5138	27	25	2	45
	威海市	15.7554	14.2576	33	26	7	46
	三明市	15.6694	13.4141	34	27	7	48
	龙岩市	14.1703	13.0508	41	28	13	49
	湖州市	23.2455	12.8281	14	29	-15	50
	乌海市	11.0442	12.5195	67	30	37	51

续表

城市		标准化值		同类型城市排名		近 1 年排名变化	全国排名
		2021 年	2022 年	2021 年	2022 年		
地级市	许昌市	13.6955	12.3036	43	31	12	52
	鄂州市	14.1312	12.1363	42	32	10	53
	盘锦市	11.0145	12.0593	69	33	36	54
	襄阳市	16.2119	12.0583	31	34	-3	55
	徐州市	15.5751	11.5914	35	35	0	57
	盐城市	17.1933	11.5754	29	36	-7	58
	湘潭市	12.4073	11.5682	53	37	16	59
	宝鸡市	11.9082	11.5136	56	38	18	60
	淮安市	13.4215	11.3644	47	39	8	62
	惠州市	19.9494	11.1850	22	40	-18	63
	三门峡市	10.3205	11.1684	77	41	36	64
	漳州市	16.7546	11.1637	30	42	-12	65
	攀枝花市	10.2929	10.9473	79	43	36	67
	玉溪市	9.6399	10.8636	94	44	50	68
	嘉峪关市	12.4840	10.8057	52	45	7	69
	株洲市	13.4298	10.6487	46	46	0	71
	新余市	10.1474	10.3138	82	47	35	72
	鹰潭市	9.6069	10.3064	95	48	47	73
	九江市	13.5300	10.1002	45	49	-4	76
	滁州市	13.1448	10.0805	49	50	-1	77
	中山市	21.5615	10.0520	17	51	-34	78
	大庆市	11.3214	9.9580	63	52	11	79
	廊坊市	13.2250	9.8870	48	53	-5	80
	江门市	15.8908	9.8045	32	54	-22	81
	莆田市	12.7914	9.7930	51	55	-4	82
	宁德市	11.7105	9.7582	58	56	2	83
	岳阳市	10.9435	9.6582	71	57	14	85
	台州市	21.1427	9.6205	18	58	-40	86
	荆门市	12.1695	9.6027	54	59	-5	87
	漯河市	9.3556	9.4719	98	60	38	89
	金昌市	7.6428	9.4350	123	61	62	90
	焦作市	14.3060	9.3823	40	62	-22	91
	淄博市	12.9169	9.3695	50	63	-13	92

续表

城市		标准化值		同类型城市排名		近1年排名变化	全国排名
		2021年	2022年	2021年	2022年		
地级市	沧州市	13.6909	9.3339	44	64	-20	93
	德阳市	11.5993	9.2100	60	65	-5	94
	常德市	11.1081	9.2083	64	66	-2	95
	铜陵市	7.1650	8.9673	131	67	64	98
	北海市	8.7149	8.9163	106	68	38	99
	柳州市	10.5647	8.8978	73	69	4	100
	黄石市	11.0054	8.7002	70	70	0	102
	延安市	9.2002	8.6940	99	71	28	103
	连云港市	10.1893	8.6413	81	72	9	104
	三亚市	10.3092	8.6332	78	73	5	105
	宜宾市	9.4744	8.5366	96	74	22	106
	南平市	10.4432	8.5290	76	75	1	107
	鹤壁市	8.6231	8.4748	109	76	33	108
	温州市	24.2177	8.4603	13	77	-64	109
	乐山市	8.4352	8.3440	111	78	33	110
	邯郸市	11.3919	8.3081	62	79	-17	111
	绵阳市	10.1256	8.2826	83	80	3	112
	衢州市	10.0419	8.1207	84	81	3	113
	新乡市	11.6160	8.1162	59	82	-23	114
	金华市	21.6472	8.1021	16	83	-67	115
	宣城市	10.5171	8.0631	75	84	-9	116
	石嘴山市	6.9469	8.0370	138	85	53	117
	南阳市	11.7249	7.9862	57	86	-29	118
	防城港市	7.8643	7.8941	120	87	33	119
	蚌埠市	9.6755	7.8156	91	88	3	120
	宿迁市	11.4416	7.6602	61	89	-28	121
	日照市	8.6834	7.6057	108	90	18	122
	潍坊市	15.2765	7.4818	36	91	-55	123
	咸宁市	10.5494	7.4344	74	92	-18	124
	泸州市	8.4350	7.4322	112	93	19	125
	郴州市	9.7178	7.4192	90	94	-4	126
	池州市	7.2019	7.3837	130	95	35	127
	十堰市	9.9639	7.3687	85	96	-11	128

续表

城市		标准化值		同类型城市排名		近 1 年排名变化	全国排名
		2021 年	2022 年	2021 年	2022 年		
地级市	秦皇岛市	7.6266	7.3605	124	97	27	129
	肇庆市	11.0481	7.2990	66	98	-32	131
	平顶山市	8.8462	7.2826	104	99	5	132
	晋城市	6.6273	7.2623	145	100	45	133
	保定市	10.2324	7.2612	80	101	-21	134
	信阳市	9.1283	7.1933	102	102	0	135
	开封市	9.8991	7.1368	86	103	-17	136
	滨州市	9.6614	7.0727	93	104	-11	137
	黄山市	7.1084	7.0594	134	105	29	138
	自贡市	6.7954	7.0429	140	106	34	139
	孝感市	9.6706	6.8930	92	107	-15	140
	巴彦淖尔市	6.3791	6.7777	150	108	42	141
	衡阳市	8.3361	6.7180	114	109	5	142
	咸阳市	7.4391	6.6339	127	110	17	143
	丽水市	9.7426	6.6218	88	111	-23	144
	酒泉市	5.5440	6.5810	168	112	56	145
	眉山市	7.6030	6.5278	125	113	12	146
	本溪市	4.7682	6.5135	184	114	70	147
	宜春市	9.7533	6.4825	87	115	-28	148
	遂宁市	6.6538	6.4790	144	116	28	149
	随州市	8.0136	6.4744	118	117	1	150
	安庆市	9.1964	6.3927	100	118	-18	151
	朔州市	6.5111	6.3736	148	119	29	152
	景德镇市	6.3398	6.3706	152	120	32	153
	濮阳市	7.8885	6.3009	119	121	-2	154
	营口市	7.2978	6.2556	128	122	6	155
	茂名市	7.7454	6.2087	122	123	-1	156
	遵义市	8.0532	6.1479	116	124	-8	157
	承德市	6.0740	6.1430	159	125	34	158
	安阳市	8.0252	6.1186	117	126	-9	159
	汉中市	7.1560	6.0987	132	127	5	160
	淮北市	6.0260	6.0521	160	128	32	161
	驻马店市	8.3876	5.9863	113	129	-16	162

续表

城市		标准化值		同类型城市排名		近1年排名变化	全国排名
		2021年	2022年	2021年	2022年		
地级市	南充市	6.9066	5.9561	139	130	9	164
	汕头市	10.9073	5.9544	72	131	-59	165
	阳江市	6.2113	5.9513	155	132	23	166
	渭南市	6.7869	5.9322	141	133	8	168
	吉安市	9.0066	5.9296	103	134	-31	169
	济宁市	11.0439	5.8655	68	135	-67	170
	商丘市	9.7422	5.8138	89	136	-47	171
	铜川市	4.9049	5.7896	178	137	41	172
	萍乡市	6.2452	5.7489	154	138	16	173
	荆州市	9.4329	5.7462	97	139	-42	174
	阳泉市	5.0383	5.7451	176	140	36	175
	长治市	5.6556	5.7184	164	141	23	176
	德州市	8.6850	5.6951	107	142	-35	177
	周口市	9.1292	5.5510	101	143	-42	178
	赤峰市	5.5768	5.5472	167	144	23	179
	雅安市	5.3556	5.5353	174	145	29	180
	赣州市	11.0748	5.4311	65	146	-81	182
	泰安市	7.1385	5.3711	133	147	-14	183
	鞍山市	6.3417	5.3541	151	148	3	184
	湛江市	7.0959	5.3179	135	149	-14	185
	辽阳市	4.6793	5.2419	185	150	35	186
	韶关市	5.7654	5.2293	162	151	11	187
	乌兰察布市	4.3862	5.2010	190	152	38	188
	内江市	4.8417	5.1278	182	153	29	189
	呼伦贝尔市	5.4075	5.0995	171	154	17	190
	达州市	6.5773	5.0980	147	155	-8	191
	广安市	6.1490	5.0782	158	156	2	192
	安康市	7.0694	5.0755	136	157	-21	193
	通辽市	5.5189	5.0738	169	158	11	194
	张家口市	5.5884	5.0660	166	159	7	195
	曲靖市	5.2695	4.9748	175	160	15	196
	益阳市	6.6884	4.8273	143	161	-18	197
	清远市	6.7044	4.8269	142	162	-20	198

续表

城市		标准化值		同类型城市排名		近 1 年排名变化	全国排名
		2021 年	2022 年	2021 年	2022 年		
地级市	上饶市	8.4675	4.7243	110	163	-53	199
	广元市	4.7701	4.6893	183	164	19	200
	娄底市	6.4895	4.4852	149	165	-16	201
	云浮市	4.5583	4.4595	188	166	22	202
	衡水市	6.3046	4.4223	153	167	-14	203
	邢台市	8.1646	4.4211	115	168	-53	204
	临沂市	12.1464	4.4137	55	169	-114	205
	黄冈市	8.7167	4.4063	105	170	-65	206
	永州市	7.0112	4.3685	137	171	-34	207
	汕尾市	4.8641	4.3362	179	172	7	208
	揭阳市	7.5986	4.2990	126	173	-47	209
	抚州市	5.6363	4.2770	165	174	-9	210
	枣庄市	5.3938	4.2730	172	175	-3	211
	淮南市	5.0063	4.1731	177	176	1	212
	抚顺市	4.2739	4.1157	193	177	16	213
	晋中市	5.6971	4.0732	163	178	-15	214
	潮州市	6.1809	4.0674	156	179	-23	215
	宿州市	5.9469	4.0437	161	180	-19	216
	吴忠市	4.2803	4.0244	192	181	11	217
	六盘水市	4.6593	4.0010	186	182	4	218
	大同市	3.8894	3.9532	199	183	16	219
	儋州市	3.6304	3.9271	203	184	19	220
	吕梁市	4.4102	3.9184	189	185	4	221
	白山市	4.1052	3.9113	198	186	12	222
	河源市	4.8459	3.8690	181	187	-6	223
	钦州市	4.2945	3.8104	191	188	3	224
	桂林市	4.8630	3.8049	180	189	-9	225
	保山市	3.4433	3.7955	207	190	17	226
	商洛市	4.5923	3.7902	187	191	-4	227
	六安市	5.3835	3.5774	173	192	-19	228
	中卫市	3.2644	3.5267	213	193	20	229
	锦州市	3.7954	3.5157	200	194	6	230
	菏泽市	7.8346	3.5038	121	195	-74	231

续表

城市		标准化值		同类型城市排名		近1年排名变化	全国排名
		2021年	2022年	2021年	2022年		
地级市	张掖市	3.1762	3.4932	216	196	20	232
	丽江市	2.8762	3.4697	225	197	28	233
	铜仁市	4.2505	3.3852	195	198	-3	234
	安顺市	4.2543	3.3358	194	199	-5	235
	聊城市	6.1547	3.2850	157	200	-43	236
	崇左市	3.5980	3.2249	204	201	3	237
	普洱市	2.6979	3.2014	230	202	28	238
	黑河市	3.0074	3.1975	222	203	19	239
	亳州市	5.4597	3.1399	170	204	-34	240
	梧州市	3.3798	3.1250	209	205	4	241
	通化市	3.7029	3.0936	201	206	-5	242
	百色市	3.4530	3.0017	206	207	-1	243
	贺州市	3.0278	2.9966	220	208	12	244
	张家界市	3.3311	2.9735	211	209	2	245
	资阳市	3.0350	2.9634	219	210	9	246
	阜阳市	7.2626	2.9542	129	211	-82	247
	辽源市	2.7750	2.9023	228	212	16	248
	怀化市	4.1461	2.8657	197	213	-16	249
	丹东市	3.3868	2.8300	208	214	-6	250
	海东市	2.5354	2.8216	232	215	17	251
	邵阳市	6.6060	2.8175	146	216	-70	252
	巴中市	3.0197	2.7656	221	217	4	253
	临沧市	2.3499	2.7647	237	218	19	254
	吉林市	3.6325	2.7248	202	219	-17	255
	忻州市	3.2495	2.6817	215	220	-5	256
	贵港市	4.2120	2.6816	196	221	-25	257
	武威市	1.9503	2.6696	242	222	20	258
	双鸭山市	2.8158	2.6408	226	223	3	259
	佳木斯市	2.9799	2.6129	223	224	-1	260
	鹤岗市	2.7331	2.5526	229	225	4	261
	梅州市	3.5635	2.5438	205	226	-21	262
	庆阳市	2.5038	2.5351	234	227	7	263
	运城市	3.2896	2.5328	212	228	-16	264

续表

城市		标准化值		同类型城市排名		近1年排名变化	全国排名
		2021年	2022年	2021年	2022年		
地级市	来宾市	2.4096	2.4656	235	229	6	265
	鸡西市	2.6686	2.4436	231	230	1	266
	牡丹江市	2.9496	2.3935	224	231	-7	267
	葫芦岛市	3.1007	2.3620	218	232	-14	268
	白银市	2.1274	2.3157	239	233	6	269
	临汾市	3.3599	2.2406	210	234	-24	270
	朝阳市	2.7790	2.2322	227	235	-8	271
	阜新市	2.4035	2.0858	236	236	0	272
	玉林市	3.2539	1.9971	214	237	-23	273
	松原市	2.5186	1.8659	233	238	-5	274
	毕节市	3.1761	1.7854	217	239	-22	275
	固原市	1.4858	1.7702	248	240	8	276
	铁岭市	1.9643	1.6016	241	241	0	277
	河池市	1.8306	1.4558	244	242	2	278
	白城市	1.7795	1.4440	245	243	2	279
	七台河市	2.1078	1.4053	240	244	-4	280
	伊春市	1.5880	1.3331	247	245	2	281
	平凉市	1.0077	1.2324	250	246	4	282
	昭通市	1.1395	1.1529	249	247	2	283
	四平市	2.2306	1.1502	238	248	-10	284
	齐齐哈尔市	1.9173	1.1213	243	249	-6	285
	天水市	0.8834	0.7232	251	250	1	286
	绥化市	1.6329	0.7114	246	251	-5	287
	陇南市	0.4282	0.2080	252	252	0	288
	定西市	0.2899	0.0307	253	253	0	289

附表 1-4　　2021—2022 年城市创新环境指数及其排名

城市		标准化值		同类型城市排名		近 1 年排名变化	全国排名
		2021 年	2022 年	2021 年	2022 年		
直辖市	北京市	89.5128	100.0000	1	1	0	1
	上海市	56.9084	68.5516	2	2	0	2
	天津市	14.7459	18.5285	3	3	0	11
	重庆市	13.7920	16.1100	4	4	0	14
计划单列市	深圳市	74.5172	65.5634	1	1	0	3
	宁波市	16.0879	17.9044	2	2	0	12
	青岛市	13.3354	12.5147	3	3	0	15
	厦门市	6.0095	7.4294	4	4	0	27
	大连市	5.1420	5.1427	5	5	0	36
省会城市	武汉市	47.3263	45.9406	1	1	0	4
	广州市	33.7375	39.1798	2	2	0	5
	杭州市	24.5596	31.2464	3	3	0	7
	合肥市	17.5029	25.8659	7	4	3	8
	南京市	20.5546	24.0369	4	5	-1	9
	成都市	18.2739	21.9309	6	6	0	10
	长沙市	9.3994	12.3645	9	7	2	16
	郑州市	19.2156	11.7554	5	8	-3	17
	西安市	11.6491	11.5677	8	9	-1	18
	济南市	8.4853	8.9983	10	10	0	24
	福州市	5.8051	7.9586	11	11	0	25
	太原市	3.7616	6.0122	16	12	4	30
	南昌市	4.2395	5.8430	15	13	2	31
	沈阳市	4.9587	5.5784	12	14	-2	34
	长春市	4.6704	5.0194	13	15	-2	38
	哈尔滨市	4.6437	4.4956	14	16	-2	43
	贵阳市	3.4999	4.1370	17	17	0	47
	昆明市	3.3706	3.6104	18	18	0	51
	石家庄市	2.3632	3.1944	19	19	0	54
	南宁市	1.6320	2.7206	20	20	0	59
	兰州市	1.5006	1.8364	21	21	0	84
	乌鲁木齐市	1.4131	1.5355	22	22	0	101
	银川市	1.2039	0.9323	23	23	0	135
	海口市	0.5423	0.7080	26	24	2	159

续表

城市		标准化值		同类型城市排名		近1年排名变化	全国排名
		2021年	2022年	2021年	2022年		
省会城市	呼和浩特市	0.7603	0.6464	24	25	-1	161
	西宁市	0.5506	0.5059	25	26	-1	175
	拉萨市	0.2038	0.3109	27	27	0	208
地级市	苏州市	24.3961	34.1397	1	1	0	6
	佛山市	13.2530	16.8151	2	2	0	13
	东莞市	9.8369	11.0406	4	3	1	19
	珠海市	7.5792	9.7047	6	4	2	20
	无锡市	9.0697	9.3905	5	5	0	21
	温州市	5.7836	9.0511	10	6	4	22
	芜湖市	7.0591	9.0092	8	7	1	23
	嘉兴市	5.1798	7.8689	12	8	4	26
	南通市	5.1310	6.9096	13	9	4	28
	绍兴市	7.3654	6.5593	7	10	-3	29
	金华市	4.0345	5.6334	17	11	6	32
	台州市	5.5055	5.6016	11	12	-1	33
	株洲市	6.0381	5.4644	9	13	-4	35
	徐州市	4.6550	5.1336	15	14	1	37
	烟台市	4.0368	5.0146	16	15	1	39
	常州市	4.8567	4.9078	14	16	-2	40
	潍坊市	3.5053	4.8233	21	17	4	41
	盐城市	3.7878	4.5260	19	18	1	42
	赣州市	2.9194	4.3748	24	19	5	44
	洛阳市	3.3910	4.3321	22	20	2	45
	惠州市	3.7851	4.3267	20	21	-1	46
	泉州市	3.1003	3.9361	23	22	1	48
	镇江市	3.8085	3.7916	18	23	-5	49
	中山市	10.3778	3.7174	3	24	-21	50
	湖州市	2.8788	3.4318	25	25	0	52
	宜春市	2.4538	3.2537	29	26	3	53
	衡阳市	0.7956	2.9345	98	27	71	55
	襄阳市	2.7995	2.8849	27	28	-1	56
	滁州市	2.1154	2.8602	33	29	4	57
	马鞍山市	2.1088	2.7551	34	30	4	58

续表

城市		标准化值		同类型城市排名		近1年排名变化	全国排名
		2021年	2022年	2021年	2022年		
地级市	扬州市	2.8372	2.6848	26	31	-5	60
	滨州市	1.4847	2.6224	47	32	15	61
	湘潭市	1.5806	2.5791	44	33	11	62
	蚌埠市	2.0115	2.5692	35	34	1	63
	江门市	2.0033	2.5191	36	35	1	64
	泰州市	2.5584	2.5140	28	36	-8	65
	宜昌市	2.1531	2.4414	32	37	-5	66
	宣城市	1.9317	2.3631	38	38	0	67
	衢州市	1.9335	2.3345	37	39	-2	68
	驻马店市	0.6958	2.2681	107	40	67	69
	毕节市	1.7062	2.2305	41	41	0	70
	绵阳市	2.4523	2.1305	30	42	-12	71
	宿迁市	1.5420	2.1227	45	43	2	72
	淄博市	2.3363	2.1128	31	44	-13	73
	唐山市	1.6603	2.1116	43	45	-2	74
	阜阳市	1.3119	2.1057	61	46	15	75
	九江市	1.7212	2.0523	40	47	-7	76
	抚州市	1.3138	2.0448	59	48	11	77
	南阳市	1.3711	1.9660	52	49	3	78
	吉安市	1.2811	1.9606	65	50	15	79
	安庆市	1.3363	1.9474	57	51	6	80
	上饶市	1.3394	1.9216	56	52	4	81
	岳阳市	1.2095	1.8811	69	53	16	82
	三亚市	1.3993	1.8537	49	54	-5	83
	遵义市	1.4746	1.7879	48	55	-7	85
	宁德市	1.2330	1.7723	66	56	10	86
	临沂市	0.9760	1.7282	81	57	24	87
	丽水市	1.2913	1.7252	64	58	6	88
	新乡市	1.5036	1.7174	46	59	-13	89
	六安市	1.3729	1.7020	51	60	-9	90
	日照市	1.0476	1.7011	76	61	15	91
	常德市	1.1439	1.6919	70	62	8	92
	怀化市	0.8642	1.6718	95	63	32	93

续表

城市		标准化值		同类型城市排名		近 1 年排名变化	全国排名
		2021 年	2022 年	2021 年	2022 年		
地级市	信阳市	0.6241	1.6404	112	64	48	94
	廊坊市	1.0797	1.6309	73	65	8	95
	郴州市	0.9625	1.6239	86	66	20	96
	济宁市	1.2958	1.5801	63	67	-4	97
	淮安市	1.3095	1.5607	62	68	-6	98
	舟山市	1.2164	1.5495	67	69	-2	99
	宿州市	0.6251	1.5378	111	70	41	100
	肇庆市	1.0750	1.5303	74	71	3	102
	铜陵市	1.1367	1.5250	71	72	-1	103
	孝感市	1.3403	1.5039	55	73	-18	104
	许昌市	1.1044	1.4595	72	74	-2	105
	德州市	1.3123	1.4543	60	75	-15	106
	连云港市	1.7541	1.4506	39	76	-37	107
	威海市	1.6730	1.4278	42	77	-35	108
	黄冈市	0.9889	1.3703	80	78	2	109
	商丘市	0.9202	1.3658	90	79	11	110
	亳州市	0.9893	1.3580	79	80	-1	111
	荆门市	1.0107	1.3362	78	81	-3	112
	永州市	0.7318	1.3331	105	82	23	113
	保定市	1.3211	1.3107	58	83	-25	114
	东营市	0.9647	1.3019	83	84	-1	115
	开封市	0.7739	1.2805	100	85	15	116
	荆州市	1.0566	1.2664	75	86	-11	117
	龙岩市	1.3757	1.2311	50	87	-37	118
	濮阳市	0.5994	1.2281	116	88	28	119
	秦皇岛市	0.9302	1.1720	88	89	-1	120
	平顶山市	0.8395	1.1570	96	90	6	121
	清远市	0.9548	1.1470	87	91	-4	122
	梅州市	0.9626	1.1380	85	92	-7	123
	萍乡市	0.7618	1.0904	103	93	10	124
	邯郸市	0.8905	1.0902	93	94	-1	125
	宜宾市	0.9215	1.0370	89	95	-6	126
	邵阳市	0.4973	0.9945	129	96	33	127

续表

城市		标准化值		同类型城市排名		近1年排名变化	全国排名
		2021年	2022年	2021年	2022年		
地级市	焦作市	0.7975	0.9784	97	97	0	128
	鹰潭市	0.9644	0.9586	84	98	-14	129
	益阳市	0.5797	0.9543	121	99	22	130
	黄山市	0.6330	0.9498	110	100	10	131
	汕头市	0.8837	0.9462	94	101	-7	132
	鄂尔多斯市	0.9183	0.9445	91	102	-11	133
	韶关市	0.9661	0.9345	82	103	-21	134
	铜仁市	0.6442	0.9241	109	104	5	136
	衡水市	0.5952	0.9113	118	105	13	137
	安阳市	0.5986	0.9092	117	106	11	138
	咸宁市	0.6674	0.8982	108	107	1	139
	桂林市	0.7897	0.8943	99	108	-9	140
	沧州市	0.5660	0.8745	123	109	14	141
	周口市	0.4417	0.8690	134	110	24	142
	十堰市	0.6000	0.8571	115	111	4	143
	河源市	0.4265	0.8567	138	112	26	144
	漯河市	0.5676	0.8545	122	113	9	145
	淮南市	0.7648	0.8476	102	114	-12	146
	柳州市	1.0149	0.8433	77	115	-38	147
	黄石市	0.5274	0.8372	127	116	11	148
	泰安市	0.7398	0.8130	104	117	-13	149
	宝鸡市	0.9070	0.7990	92	118	-26	150
	漳州市	0.7704	0.7920	101	119	-18	151
	景德镇市	0.5850	0.7898	119	120	-1	152
	六盘水市	0.5406	0.7883	126	121	5	153
	德阳市	0.5818	0.7707	120	122	-2	154
	安顺市	0.4897	0.7526	130	123	7	155
	聊城市	0.4695	0.7400	131	124	7	156
	榆林市	1.3572	0.7349	53	125	-72	157
	娄底市	0.4012	0.7310	144	126	18	158
	鹤壁市	0.3563	0.6940	150	127	23	160
	三门峡市	0.5060	0.6026	128	128	0	162
	泸州市	0.5556	0.6011	125	129	-4	163

续表

城市		标准化值		同类型城市排名		近 1 年排名变化	全国排名
		2021 年	2022 年	2021 年	2022 年		
地级市	湛江市	0.6207	0.5988	113	130	-17	164
	邢台市	0.4414	0.5974	135	131	4	165
	自贡市	0.7022	0.5869	106	132	-26	166
	淮北市	0.2768	0.5854	168	133	35	167
	包头市	0.4398	0.5834	136	134	2	168
	枣庄市	0.5643	0.5823	124	135	-11	169
	玉溪市	0.4053	0.5773	143	136	7	170
	汕尾市	0.2723	0.5537	170	137	33	171
	张家口市	0.3345	0.5384	152	138	14	172
	鞍山市	0.4690	0.5133	132	139	-7	173
	莆田市	0.3215	0.5068	154	140	14	174
	南平市	0.3866	0.4983	147	141	6	176
	云浮市	0.4146	0.4722	140	142	-2	177
	渭南市	0.4123	0.4651	141	143	-2	178
	大庆市	0.6097	0.4636	114	144	-30	179
	菏泽市	0.3392	0.4585	151	145	6	180
	汉中市	0.3741	0.4557	148	146	2	181
	揭阳市	0.3341	0.4497	153	147	6	182
	晋城市	0.2842	0.4481	165	148	17	183
	运城市	0.2124	0.4433	180	149	31	184
	承德市	0.2621	0.4406	172	150	22	185
	茂名市	0.4163	0.4301	139	151	-12	186
	新余市	0.2913	0.4241	162	152	10	187
	大同市	0.3121	0.4238	156	153	3	188
	鄂州市	0.1892	0.4198	187	154	33	189
	阳江市	0.3879	0.4142	146	155	-9	190
	晋中市	0.3152	0.4086	155	156	-1	191
	池州市	0.2786	0.4058	167	157	10	192
	雅安市	0.2909	0.4022	163	158	5	193
	石嘴山市	0.2757	0.3979	169	159	10	194
	三明市	0.3910	0.3962	145	160	-15	195
	金昌市	0.0604	0.3847	235	161	74	196
	遂宁市	0.2321	0.3839	176	162	14	197

续表

城市		标准化值		同类型城市排名		近1年排名变化	全国排名
		2021年	2022年	2021年	2022年		
地级市	内江市	0.4302	0.3785	137	163	-26	198
	吉林市	0.3604	0.3721	149	164	-15	199
	吴忠市	0.2998	0.3652	158	165	-7	200
	攀枝花市	0.4066	0.3570	142	166	-24	201
	通化市	0.2935	0.3508	161	167	-6	202
	长治市	0.1918	0.3427	185	168	17	203
	盘锦市	0.1817	0.3389	188	169	19	204
	百色市	0.2640	0.3370	171	170	1	205
	资阳市	0.2398	0.3197	174	171	3	206
	贵港市	0.1919	0.3166	184	172	12	207
	齐齐哈尔市	0.2145	0.3036	179	173	6	209
	咸阳市	1.2146	0.2945	68	174	-106	210
	曲靖市	0.2306	0.2886	177	175	2	211
	随州市	0.1700	0.2825	192	176	16	212
	达州市	0.1731	0.2812	191	177	14	213
	延安市	0.2814	0.2760	166	178	-12	214
	梧州市	0.2110	0.2751	182	179	3	215
	广元市	0.2953	0.2742	159	180	-21	216
	玉林市	0.3077	0.2633	157	181	-24	217
	中卫市	0.2268	0.2587	178	182	-4	218
	乌海市	0.1757	0.2561	189	183	6	219
	张家界市	0.1380	0.2550	201	184	17	220
	临沧市	0.0815	0.2496	226	185	41	221
	潮州市	0.2413	0.2433	173	186	-13	222
	安康市	0.1206	0.2241	204	187	17	223
	赤峰市	0.2014	0.2237	183	188	-5	224
	鸡西市	0.0595	0.2198	236	189	47	225
	锦州市	1.3516	0.2149	54	190	-136	226
	佳木斯市	0.0814	0.2068	227	191	36	227
	普洱市	0.1403	0.2047	200	192	8	228
	克拉玛依市	0.1666	0.1995	194	193	1	229
	南充市	0.2376	0.1967	175	194	-19	230
	陇南市	0.0920	0.1947	220	195	25	231

续表

城市		标准化值		同类型城市排名		近 1 年排名变化	全国排名
		2021 年	2022 年	2021 年	2022 年		
地级市	巴彦淖尔市	0.0488	0.1870	241	196	45	232
	吕梁市	0.2112	0.1843	181	197	-16	233
	天水市	0.1405	0.1824	199	198	1	234
	固原市	0.0955	0.1758	216	199	17	235
	阜新市	0.1616	0.1654	195	200	-5	236
	乐山市	0.1901	0.1634	186	201	-15	237
	眉山市	0.1207	0.1624	203	202	1	238
	白银市	0.1027	0.1615	212	203	9	239
	张掖市	0.1078	0.1599	211	204	7	240
	呼伦贝尔市	0.1415	0.1595	198	205	-7	241
	牡丹江市	0.1692	0.1594	193	206	-13	242
	钦州市	0.1739	0.1579	190	207	-17	243
	崇左市	0.1168	0.1419	205	208	-3	244
	营口市	0.1577	0.1418	196	209	-13	245
	忻州市	0.1460	0.1396	197	210	-13	246
	北海市	0.2904	0.1393	164	211	-47	247
	辽阳市	0.0808	0.1376	228	212	16	248
	临汾市	0.1160	0.1367	206	213	-7	249
	抚顺市	0.1100	0.1355	210	214	-4	250
	武威市	0.0945	0.1311	217	215	2	251
	定西市	0.1113	0.1298	209	216	-7	252
	通辽市	0.1132	0.1274	207	217	-10	253
	阳泉市	0.0863	0.1247	223	218	5	254
	铁岭市	0.0883	0.1210	222	219	3	255
	商洛市	0.1024	0.1195	213	220	-7	256
	昭通市	0.0920	0.1176	219	221	-2	257
	河池市	0.1365	0.1159	202	222	-20	258
	庆阳市	0.1114	0.1122	208	223	-15	259
	防城港市	0.0915	0.1069	221	224	-3	260
	平凉市	0.0456	0.1005	244	225	19	261
	白城市	0.0926	0.1005	218	226	-8	262
	酒泉市	0.0639	0.0947	233	227	6	263
	保山市	0.0650	0.0941	230	228	2	264

续表

城市		标准化值		同类型城市排名		近1年排名变化	全国排名
		2021年	2022年	2021年	2022年		
地级市	广安市	0.1018	0.0941	214	229	-15	265
	贺州市	0.1006	0.0931	215	230	-15	266
	丽江市	0.0848	0.0821	224	231	-7	267
	丹东市	0.4519	0.0794	133	232	-99	268
	巴中市	0.0711	0.0789	229	233	-4	269
	四平市	0.2949	0.0786	160	234	-74	270
	铜川市	0.0298	0.0731	249	235	14	271
	嘉峪关市	0.0584	0.0688	237	236	1	272
	乌兰察布市	0.0461	0.0688	243	237	6	273
	来宾市	0.0310	0.0680	248	238	10	274
	黑河市	0.0337	0.0657	247	239	8	275
	本溪市	0.0643	0.0587	232	240	-8	276
	白山市	0.0528	0.0566	239	241	-2	277
	朝阳市	0.0579	0.0543	238	242	-4	278
	朔州市	0.0643	0.0536	231	243	-12	279
	绥化市	0.0215	0.0462	251	244	7	280
	松原市	0.0521	0.0450	240	245	-5	281
	葫芦岛市	0.0615	0.0444	234	246	-12	282
	七台河市	0.0243	0.0382	250	247	3	283
	海东市	0.0468	0.0307	242	248	-6	284
	鹤岗市	0.0398	0.0286	246	249	-3	285
	辽源市	0.0426	0.0247	245	250	-5	286
	双鸭山市	0.0199	0.0244	252	251	1	287
	伊春市	0.0125	0.0219	253	252	1	288
	儋州市	0.0828	0.0174	225	253	-28	289

附表 1-5　　2021—2022 年城市金融服务指数及其排名

城市		标准化值		同类型城市排名		近 1 年排名变化	全国排名
		2021 年	2022 年	2021 年	2022 年		
直辖市	北京市	99.9159	100.0000	1	1	0	1
	上海市	73.1086	75.7080	2	2	0	2
	重庆市	33.9459	34.4602	3	3	0	4
	天津市	31.7268	31.5147	4	4	0	7
计划单列市	深圳市	49.4486	48.1335	1	1	0	3
	宁波市	17.0630	17.7345	3	2	1	15
	青岛市	17.7124	17.4726	2	3	-1	16
	大连市	12.4692	9.4002	4	4	0	31
	厦门市	8.2542	8.6652	5	5	0	33
省会城市	广州市	38.2936	33.5109	1	1	0	5
	杭州市	30.3415	32.4978	2	2	0	6
	成都市	27.0799	28.1052	3	3	0	8
	西安市	22.8906	24.4304	4	4	0	9
	南京市	21.9835	22.3829	5	5	0	10
	长沙市	18.0738	18.6781	7	6	1	12
	武汉市	18.6358	18.5930	6	7	-1	13
	郑州市	16.6687	18.0752	8	8	0	14
	合肥市	10.7292	17.3240	19	9	10	17
	济南市	14.8935	15.8498	10	10	0	18
	福州市	13.2640	13.8512	11	11	0	19
	石家庄市	12.2977	13.0526	14	12	2	20
	太原市	12.4173	12.9051	13	13	0	21
	南宁市	12.5261	12.3492	12	14	-2	22
	昆明市	11.7533	11.9843	16	15	1	23
	南昌市	11.4195	11.9659	17	16	1	24
	长春市	11.8439	11.5219	15	17	-2	25
	沈阳市	15.1937	11.2088	9	18	-9	26
	哈尔滨市	10.8303	10.6774	18	19	-1	27
	贵阳市	9.1420	9.1766	20	20	0	32
	兰州市	7.2276	7.0797	21	21	0	39
	乌鲁木齐市	6.5636	6.1408	22	22	0	47
	呼和浩特市	6.5152	6.0256	23	23	0	49
	海口市	5.2340	5.3744	24	24	0	50

续表

城市		标准化值		同类型城市排名		近1年排名变化	全国排名
		2021年	2022年	2021年	2022年		
省会城市	银川市	4.3835	4.3338	25	25	0	64
	西宁市	3.8926	3.7880	26	26	0	71
	拉萨市	2.3113	2.0928	27	27	0	146
地级市	苏州市	20.5321	21.5357	1	1	0	11
	佛山市	13.2591	10.2719	2	2	0	28
	无锡市	9.9062	10.1208	3	3	0	29
	台州市	9.2452	9.5118	4	4	0	30
	温州市	8.1829	8.6024	5	5	0	34
	东莞市	7.6000	8.4931	6	6	0	35
	金华市	7.1269	7.4530	10	7	3	36
	南通市	6.9841	7.1909	12	8	4	37
	唐山市	7.3805	7.1808	9	9	0	38
	常州市	7.1174	7.0680	11	10	1	40
	烟台市	7.4028	6.7574	8	11	-3	41
	临沂市	4.9445	6.5474	21	12	9	42
	济宁市	5.3316	6.5462	17	13	4	43
	绍兴市	6.1113	6.4755	13	14	-1	44
	保定市	7.5536	6.3277	7	15	-8	45
	嘉兴市	5.7494	6.1797	15	16	-1	46
	潍坊市	5.4570	6.1196	16	17	-1	48
	泉州市	5.2376	5.2657	18	18	0	51
	赣州市	4.8534	5.1760	22	19	3	52
	淄博市	4.2048	5.1448	30	20	10	53
	徐州市	4.7036	4.8667	25	21	4	54
	泰州市	4.8309	4.7752	23	22	1	55
	盐城市	4.7708	4.7592	24	23	1	56
	珠海市	4.5124	4.6869	26	24	2	57
	泰安市	3.5782	4.6309	44	25	19	58
	沧州市	5.1082	4.4880	20	26	-6	59
	遵义市	4.4081	4.4421	27	27	0	60
	常德市	4.0932	4.3713	33	28	5	61
	邯郸市	4.2300	4.3516	29	29	0	62
	湖州市	4.0424	4.3406	34	30	4	63

续表

城市		标准化值		同类型城市排名		近 1 年排名变化	全国排名
		2021 年	2022 年	2021 年	2022 年		
地级市	聊城市	5.1142	4.2147	19	31	-12	65
	廊坊市	4.2526	4.0808	28	32	-4	66
	洛阳市	3.8004	4.0070	37	33	4	67
	运城市	3.6868	3.9780	40	34	6	68
	邢台市	3.4950	3.9210	47	35	12	69
	扬州市	3.8213	3.8532	36	36	0	70
	镇江市	3.6327	3.7830	43	37	6	72
	威海市	2.3491	3.7278	97	38	59	73
	惠州市	5.9132	3.7244	14	39	-25	74
	中山市	3.7188	3.7043	38	40	-2	75
	驻马店市	4.1074	3.6069	32	41	-9	76
	德州市	2.2571	3.4204	104	42	62	77
	岳阳市	3.1485	3.3808	53	43	10	78
	大同市	3.1447	3.3655	54	44	10	79
	吉林市	2.3645	3.3169	95	45	50	80
	临汾市	3.0615	3.2428	57	46	11	81
	连云港市	3.1600	3.2424	52	47	5	82
	晋中市	3.0840	3.2062	56	48	8	83
	邵阳市	2.9643	3.1498	61	49	12	84
	衢州市	2.9550	3.1337	62	50	12	85
	江门市	3.5687	3.1111	45	51	-6	86
	柳州市	3.0338	3.0594	58	52	6	87
	大庆市	3.0266	3.0522	59	53	6	88
	淮安市	3.6699	3.0355	41	54	-13	89
	张家口市	3.5428	3.0271	46	55	-9	90
	南阳市	4.1727	3.0036	31	56	-25	91
	菏泽市	2.6605	2.9836	76	57	19	92
	上饶市	2.7905	2.9687	67	58	9	93
	秦皇岛市	2.8896	2.9384	66	59	7	94
	宜春市	2.7287	2.8899	71	60	11	95
	宜宾市	2.5849	2.8812	81	61	20	96
	包头市	3.1394	2.8586	55	62	-7	97
	漳州市	3.3848	2.8521	49	63	-14	98

续表

城市		标准化值		同类型城市排名		近 1 年排名变化	全国排名
		2021 年	2022 年	2021 年	2022 年		
地级市	丽水市	2.6418	2.8418	77	64	13	99
	九江市	2.6605	2.8292	75	65	10	100
	郴州市	2.6665	2.8276	73	66	7	101
	龙岩市	2.7842	2.8200	69	67	2	102
	桂林市	2.7879	2.8159	68	68	0	103
	阜阳市	3.9872	2.7977	35	69	-34	104
	长治市	2.5859	2.7276	80	70	10	105
	赤峰市	2.7326	2.7202	70	71	-1	106
	黄冈市	3.1810	2.7175	51	72	-21	107
	牡丹江市	2.6732	2.6926	72	73	-1	108
	宁德市	2.6635	2.6908	74	74	0	109
	锦州市	3.2495	2.6801	50	75	-25	110
	湘潭市	2.5103	2.6576	85	76	9	111
	晋城市	2.5079	2.6406	86	77	9	112
	渭南市	2.5596	2.6270	83	78	5	113
	承德市	2.3271	2.6183	98	79	19	114
	襄阳市	2.9532	2.6182	63	80	-17	115
	株洲市	2.4628	2.6103	88	81	7	116
	南充市	2.4251	2.6037	90	82	8	117
	益阳市	2.4070	2.5850	92	83	9	118
	衡水市	1.8351	2.5298	134	84	50	119
	鄂尔多斯市	2.5903	2.5250	79	85	-6	120
	咸阳市	2.4134	2.5202	91	86	5	121
	佳木斯市	2.3917	2.5154	93	87	6	122
	芜湖市	2.9096	2.5132	65	88	-23	123
	滨州市	2.5973	2.4968	78	89	-11	124
	绥化市	2.1265	2.4716	113	90	23	125
	巴彦淖尔市	2.4974	2.4663	87	91	-4	126
	达州市	2.2758	2.4154	102	92	10	127
	东营市	2.5157	2.4123	84	93	-9	128
	宿迁市	2.3091	2.4104	100	94	6	129
	衡阳市	2.2403	2.3663	106	95	11	130
	娄底市	2.2306	2.3609	108	96	12	131

续表

城市		标准化值		同类型城市排名		近1年排名变化	全国排名
		2021年	2022年	2021年	2022年		
地级市	六安市	2.2798	2.3590	101	97	4	132
	三明市	2.2543	2.3420	105	98	7	133
	枣庄市	1.5890	2.3057	153	99	54	134
	眉山市	2.1678	2.2966	111	100	11	135
	湛江市	3.6974	2.2711	39	101	-62	136
	日照市	2.0068	2.2550	123	102	21	137
	平顶山市	2.5788	2.2348	82	103	-21	138
	宝鸡市	2.2258	2.2271	109	104	5	139
	安庆市	2.3563	2.2035	96	105	-9	140
	鞍山市	2.0608	2.1849	116	106	10	141
	宜昌市	2.2644	2.1805	103	107	-4	142
	吉安市	2.0223	2.1487	121	108	13	143
	泸州市	1.9889	2.1366	125	109	16	144
	绵阳市	2.0454	2.1170	118	110	8	145
	汕头市	3.4174	2.0897	48	111	-63	147
	滁州市	2.0294	2.0886	120	112	8	148
	十堰市	2.4522	2.0853	89	113	-24	149
	四平市	3.6462	2.0744	42	114	-72	150
	汉中市	2.0011	2.0207	124	115	9	151
	抚州市	1.8714	2.0161	131	116	15	152
	肇庆市	2.1677	2.0026	112	117	-5	153
	宿州市	2.1243	2.0018	114	118	-4	154
	营口市	3.0111	1.9825	60	119	-59	155
	舟山市	1.9668	1.9824	127	120	7	156
	荆州市	2.2399	1.9745	107	121	-14	157
	吕梁市	1.8702	1.9490	132	122	10	158
	莆田市	1.9444	1.9227	128	123	5	159
	新乡市	1.7044	1.8991	141	124	17	160
	马鞍山市	1.9156	1.8807	130	125	5	161
	自贡市	1.6666	1.8350	145	126	19	162
	榆林市	1.8358	1.8149	133	127	6	163
	德阳市	1.7389	1.8063	138	128	10	164
	辽阳市	1.5433	1.7779	158	129	29	165

续表

城市		标准化值		同类型城市排名		近1年排名变化	全国排名
		2021年	2022年	2021年	2022年		
地级市	许昌市	1.5389	1.7500	160	130	30	166
	齐齐哈尔市	1.6894	1.7388	144	131	13	167
	周口市	1.9432	1.7156	129	132	-3	168
	怀化市	1.5904	1.6959	152	133	19	169
	忻州市	1.6054	1.6901	151	134	17	170
	安康市	1.7400	1.6753	137	135	2	171
	朔州市	1.5475	1.6707	157	136	21	172
	茂名市	2.3125	1.6675	99	137	-38	173
	呼伦贝尔市	1.7051	1.6601	140	138	2	174
	安阳市	1.7005	1.6599	142	139	3	175
	乐山市	1.5590	1.6594	155	140	15	176
	蚌埠市	1.8336	1.6531	135	141	-6	177
	永州市	1.5688	1.6496	154	142	12	178
	铜仁市	1.8049	1.6463	136	143	-7	179
	信阳市	2.0146	1.6011	122	144	-22	180
	南平市	1.6102	1.5984	150	145	5	181
	资阳市	1.4538	1.5947	165	146	19	182
	玉林市	1.5563	1.5906	156	147	9	183
	通化市	1.4613	1.5740	164	148	16	184
	淮南市	2.1222	1.5621	115	149	-34	185
	毕节市	1.5399	1.5565	159	150	9	186
	焦作市	1.5284	1.5525	162	151	11	187
	商丘市	1.7172	1.5483	139	152	-13	188
	六盘水市	1.4732	1.5137	163	153	10	189
	松原市	0.9042	1.5066	205	154	51	190
	曲靖市	1.4427	1.4998	168	155	13	191
	清远市	2.2095	1.4710	110	156	-46	192
	亳州市	1.6117	1.4567	149	157	-8	193
	孝感市	1.6210	1.4491	147	158	-11	194
	白城市	1.2629	1.4457	180	159	21	195
	广安市	1.3511	1.4431	172	160	12	196
	开封市	1.6169	1.4362	148	161	-13	197
	三亚市	1.4501	1.4239	167	162	5	198

续表

城市		标准化值		同类型城市排名		近1年排名变化	全国排名
		2021年	2022年	2021年	2022年		
地级市	黑河市	1.4374	1.4203	169	163	6	199
	梅州市	2.3745	1.4109	94	164	-70	200
	铁岭市	1.1971	1.3978	183	165	18	201
	百色市	1.2856	1.3725	179	166	13	202
	葫芦岛市	1.3142	1.3693	175	167	8	203
	荆门市	1.4515	1.2863	166	168	-2	204
	朝阳市	1.9880	1.2696	126	169	-43	205
	延安市	1.3450	1.2693	174	170	4	206
	阳泉市	1.2211	1.2558	182	171	11	207
	通辽市	1.6952	1.2444	143	172	-29	208
	阳江市	1.0099	1.2271	195	173	22	209
	广元市	1.1457	1.2100	186	174	12	210
	鸡西市	1.1618	1.2012	185	175	10	211
	巴中市	1.1438	1.1878	187	176	11	212
	丹东市	1.3962	1.1734	170	177	-7	213
	酒泉市	1.1102	1.1607	190	178	12	214
	攀枝花市	1.1336	1.1463	189	179	10	215
	咸宁市	1.3074	1.1440	176	180	-4	216
	白山市	0.7735	1.1383	218	181	37	217
	宣城市	1.3477	1.1324	173	182	-9	218
	韶关市	2.0603	1.1248	117	183	-66	219
	抚顺市	1.3552	1.0948	171	184	-13	220
	揭阳市	1.0757	1.0912	192	185	7	221
	本溪市	2.0302	1.0854	119	186	-67	222
	玉溪市	1.1002	1.0814	191	187	4	223
	盘锦市	1.3022	1.0807	177	188	-11	224
	三门峡市	1.3016	1.0491	178	189	-11	225
	乌兰察布市	1.0062	1.0297	196	190	6	226
	梧州市	0.9302	1.0259	200	191	9	227
	河源市	1.5291	1.0208	161	192	-31	228
	安顺市	1.0571	1.0161	193	193	0	229
	武威市	0.9504	1.0133	197	194	3	230
	河池市	0.9267	1.0097	202	195	7	231

续表

城市		标准化值		同类型城市排名		近1年排名变化	全国排名
		2021年	2022年	2021年	2022年		
地级市	贵港市	0.9371	0.9984	198	196	2	232
	内江市	0.9366	0.9978	199	197	2	233
	萍乡市	0.9269	0.9916	201	198	3	234
	景德镇市	0.9121	0.9847	204	199	5	235
	昭通市	0.9132	0.9584	203	200	3	236
	淮北市	1.1625	0.9538	184	201	-17	237
	钦州市	0.8183	0.9144	210	202	8	238
	新余市	0.8614	0.9116	207	203	4	239
	鹰潭市	0.8010	0.8867	212	204	8	240
	阜新市	1.6578	0.8863	146	205	-59	241
	庆阳市	2.9413	0.8721	64	206	-142	242
	天水市	0.7998	0.8625	214	207	7	243
	北海市	0.7749	0.8453	217	208	9	244
	铜陵市	0.8606	0.8443	208	209	-1	245
	漯河市	1.1352	0.8413	188	210	-22	246
	濮阳市	1.0190	0.8407	194	211	-17	247
	雅安市	0.7827	0.8389	215	212	3	248
	七台河市	0.6083	0.8289	230	213	17	249
	保山市	0.8001	0.8254	213	214	-1	250
	平凉市	0.7559	0.8216	219	215	4	251
	黄山市	0.8045	0.7944	211	216	-5	252
	云浮市	1.2583	0.7918	181	217	-36	253
	崇左市	0.7034	0.7869	223	218	5	254
	乌海市	0.8495	0.7842	209	219	-10	255
	池州市	0.8777	0.7775	206	220	-14	256
	定西市	0.7086	0.7759	222	221	1	257
	双鸭山市	0.7797	0.7688	216	222	-6	258
	贺州市	0.6763	0.7296	225	223	2	259
	遂宁市	0.6781	0.7109	224	224	0	260
	黄石市	0.7130	0.7060	221	225	-4	261
	普洱市	0.6220	0.6996	228	226	2	262
	张掖市	0.6419	0.6662	226	227	-1	263
	来宾市	0.5749	0.6562	232	228	4	264

续表

城市		标准化值		同类型城市排名		近 1 年排名变化	全国排名
		2021 年	2022 年	2021 年	2022 年		
地级市	潮州市	0.7226	0.6463	220	229	-9	265
	克拉玛依市	0.6119	0.5870	229	230	-1	266
	商洛市	0.5830	0.5802	231	231	0	267
	随州市	0.6290	0.5771	227	232	-5	268
	汕尾市	0.4426	0.5536	240	233	7	269
	白银市	0.4952	0.5469	235	234	1	270
	鹤岗市	0.4730	0.5241	236	235	1	271
	防城港市	0.4562	0.4976	237	236	1	272
	张家界市	0.4494	0.4801	239	237	2	273
	丽江市	0.4540	0.4761	238	238	0	274
	辽源市	0.4357	0.4756	241	239	2	275
	临沧市	0.4048	0.4639	242	240	2	276
	陇南市	0.5463	0.4474	233	241	-8	277
	鹤壁市	0.5339	0.4067	234	242	-8	278
	鄂州市	0.3955	0.3821	243	243	0	279
	吴忠市	0.3524	0.3788	245	244	1	280
	固原市	0.3697	0.3431	244	245	-1	281
	海东市	0.2598	0.3216	251	246	5	282
	金昌市	0.2973	0.3160	247	247	0	283
	中卫市	0.2822	0.3090	249	248	1	284
	石嘴山市	0.3140	0.2997	246	249	-3	285
	铜川市	0.2780	0.2956	250	250	0	286
	伊春市	0.2907	0.2778	248	251	-3	287
	嘉峪关市	0.2301	0.2273	252	252	0	288
	儋州市	0.0237	0.0252	253	253	0	289

附表 1-6　　2021—2022 年城市法治环境指数及其排名

城市		标准化值		同类型城市排名		近 1 年排名变化	全国排名
		2021 年	2022 年	2021 年	2022 年		
直辖市	北京市	93.7562	99.6505	1	1	0	1
	上海市	80.0684	79.1121	2	2	0	2
	重庆市	63.5669	67.1622	4	3	1	3
	天津市	66.7313	61.2365	3	4	-1	10
计划单列市	青岛市	60.8997	65.3130	1	1	0	4
	深圳市	59.1953	63.8774	2	2	0	6
	厦门市	51.6536	59.7817	5	3	2	15
	宁波市	58.1543	57.0945	3	4	-1	30
	大连市	53.3057	53.1883	4	5	-1	82
省会城市	南京市	62.2758	64.9739	1	1	0	5
	杭州市	58.4832	63.0601	5	2	3	7
	广州市	57.1812	62.2689	6	3	3	8
	合肥市	49.2251	59.3705	18	4	14	16
	太原市	50.3262	59.1329	17	5	12	17
	石家庄市	58.8713	58.8379	2	6	-4	18
	成都市	58.5510	58.8058	3	7	-4	19
	武汉市	52.9033	58.2876	12	8	4	23
	长沙市	55.7064	57.8050	7	9	-2	25
	南昌市	54.7587	57.5102	10	10	0	26
	西安市	53.7024	56.9797	11	11	0	31
	贵阳市	51.4471	56.4655	15	12	3	38
	长春市	58.4872	55.6433	4	13	-9	47
	郑州市	55.5817	55.4324	8	14	-6	50
	海口市	36.8590	55.4236	20	15	5	51
	南宁市	50.4666	55.4151	16	16	0	52
	福州市	55.2824	55.1173	9	17	-8	56
	济南市	52.8536	54.8854	13	18	-5	58
	昆明市	31.2506	54.5213	24	19	5	64
	沈阳市	51.9436	54.1763	14	20	-6	68
	乌鲁木齐市	21.6489	51.9036	27	21	6	88
	拉萨市	40.1237	50.8402	19	22	-3	99
	西宁市	36.6336	41.3732	21	23	-2	176
	哈尔滨市	34.2051	34.4430	23	24	-1	183

续表

城市		标准化值		同类型城市排名		近1年排名变化	全国排名
		2021年	2022年	2021年	2022年		
省会城市	呼和浩特市	34.6487	31.5289	22	25	-3	196
	兰州市	30.2958	31.2210	25	26	-1	202
	银川市	26.2635	29.2887	26	27	-1	240
地级市	金华市	57.7359	61.8096	5	1	4	9
	东营市	56.8722	60.8421	8	2	6	11
	齐齐哈尔市	55.4324	60.5923	21	3	18	12
	淄博市	56.3265	60.5097	14	4	10	13
	云浮市	54.3627	60.0979	32	5	27	14
	清远市	55.1121	58.8057	25	6	19	20
	衢州市	55.3065	58.7443	24	7	17	21
	佛山市	53.5848	58.6823	38	8	30	22
	温州市	57.1878	58.2246	6	9	-3	24
	苏州市	51.9180	57.4409	43	10	33	27
	三亚市	48.7088	57.3904	98	11	87	28
	潮州市	54.2595	57.0949	33	12	21	29
	德州市	55.5116	56.9370	20	13	7	32
	揭阳市	56.6961	56.8142	11	14	-3	33
	连云港市	55.4083	56.7431	22	15	7	34
	周口市	48.3368	56.6789	108	16	92	35
	宜昌市	48.9535	56.6266	91	17	74	36
	廊坊市	57.8971	56.5493	4	18	-14	37
	珠海市	46.3653	56.4314	129	19	110	39
	汕头市	55.3118	56.4099	23	20	3	40
	镇江市	48.8140	56.2605	95	21	74	41
	台州市	57.1067	56.1558	7	22	-15	42
	伊春市	56.6961	56.0762	10	23	-13	43
	开封市	53.7032	55.9712	36	24	12	44
	湘潭市	56.3897	55.9380	13	25	-12	45
	桂林市	56.2247	55.7335	15	26	-11	46
	沧州市	55.9888	55.6225	17	27	-10	48
	烟台市	50.1651	55.6006	59	28	31	49
	潍坊市	52.1913	55.3427	42	29	13	53
	咸宁市	51.1327	55.3330	48	30	18	54

续表

城市		标准化值		同类型城市排名		近1年排名变化	全国排名
		2021年	2022年	2021年	2022年		
地级市	孝感市	53.9579	55.2774	35	31	4	55
	承德市	56.0404	54.9622	16	32	-16	57
	肇庆市	48.7455	54.8449	97	33	64	59
	信阳市	55.0276	54.7456	27	34	-7	60
	舟山市	51.5650	54.6674	44	35	9	61
	郴州市	56.7584	54.5734	9	36	-27	62
	双鸭山市	29.4335	54.5394	199	37	162	63
	邵阳市	54.5799	54.4737	29	38	-9	65
	荆州市	28.6278	54.4623	216	39	177	66
	绍兴市	59.8958	54.4201	1	40	-39	67
	聊城市	55.6751	54.0686	18	41	-23	69
	曲靖市	51.0977	54.0249	49	42	7	70
	蚌埠市	50.8055	54.0184	51	43	8	71
	白山市	47.9346	53.8241	114	44	70	72
	韶关市	48.6572	53.7479	101	45	56	73
	东莞市	42.5164	53.5748	135	46	89	74
	益阳市	47.5754	53.5466	121	47	74	75
	芜湖市	56.4245	53.5096	12	48	-36	76
	宣城市	47.8891	53.4426	115	49	66	77
	忻州市	53.0228	53.3571	39	50	-11	78
	嘉兴市	48.9829	53.2990	90	51	39	79
	金昌市	48.6775	53.2531	100	52	48	80
	中卫市	48.4777	53.2088	103	53	50	81
	张家口市	48.7967	52.8657	96	54	42	83
	大庆市	50.4449	52.7106	53	55	-2	84
	鄂州市	48.4020	52.6032	106	56	50	85
	晋中市	49.4442	52.4717	79	57	22	86
	徐州市	58.2850	52.0857	3	58	-55	87
	梧州市	51.3324	51.7389	46	59	-13	89
	丹东市	50.0984	51.7049	63	60	3	90
	商丘市	49.2565	51.6007	85	61	24	91
	吉安市	52.2091	51.4674	41	62	-21	92
	酒泉市	49.9021	51.3450	68	63	5	93

续表

城市		标准化值		同类型城市排名		近1年排名变化	全国排名
		2021年	2022年	2021年	2022年		
地级市	攀枝花市	54.4573	51.2995	30	64	-34	94
	抚州市	48.6948	51.1730	99	65	34	95
	娄底市	27.9991	51.0389	228	66	162	96
	九江市	50.3276	50.9961	54	67	-13	97
	赤峰市	54.3854	50.8698	31	68	-37	98
	固原市	49.3095	50.7957	80	69	11	100
	济宁市	51.4743	50.7706	45	70	-25	101
	葫芦岛市	58.9549	50.7061	2	71	-69	102
	大同市	48.1853	50.6559	110	72	38	103
	鹰潭市	49.5421	50.6459	77	73	4	104
	鄂尔多斯市	50.0126	50.6006	67	74	-7	105
	通辽市	50.2907	50.5892	57	75	-18	106
	临沂市	29.7670	50.4387	194	76	118	107
	洛阳市	50.0338	50.3273	66	77	-11	108
	河源市	47.8099	50.2899	117	78	39	109
	威海市	49.7906	50.2820	71	79	-8	110
	枣庄市	47.1021	50.2260	124	80	44	111
	三门峡市	48.8275	50.1146	93	81	12	112
	松原市	49.7057	50.0679	73	82	-9	113
	淮安市	54.6575	50.0378	28	83	-55	114
	安阳市	42.8967	50.0102	134	84	50	115
	泸州市	48.1250	49.9874	112	85	27	116
	白城市	50.0569	49.8459	65	86	-21	117
	白银市	48.5863	49.8424	102	87	15	118
	庆阳市	46.8194	49.8424	126	88	38	119
	黄山市	34.0062	49.7925	147	89	58	120
	泉州市	55.1032	49.7896	26	90	-64	121
	海东市	49.8799	49.7098	69	91	-22	122
	保定市	43.2103	49.6779	132	92	40	123
	乌兰察布市	46.1960	49.5956	130	93	37	124
	安庆市	51.1862	49.4879	47	94	-47	125
	宿州市	49.2874	49.3814	81	95	-14	126
	平顶山市	50.4878	49.3262	52	96	-44	127

续表

城市		标准化值		同类型城市排名		近1年排名变化	全国排名
		2021年	2022年	2021年	2022年		
地级市	赣州市	49.0500	49.2887	88	97	-9	128
	日照市	53.6851	49.1606	37	98	-61	129
	榆林市	46.6397	49.0888	127	99	28	130
	达州市	53.9873	49.0383	34	100	-66	131
	株洲市	48.4521	48.8553	104	101	3	132
	岳阳市	49.1841	48.8332	86	102	-16	133
	六安市	48.1371	48.8167	111	103	8	134
	佳木斯市	31.9129	48.7552	165	104	61	135
	玉溪市	41.1210	48.7335	138	105	33	136
	临汾市	50.1279	48.7334	60	106	-46	137
	荆门市	49.2700	48.5987	82	107	-25	138
	广安市	41.0965	48.5498	139	108	31	139
	黑河市	47.0191	48.4886	125	109	16	140
	衡阳市	47.8838	48.1598	116	110	6	141
	鹤壁市	50.1689	48.1556	58	111	-53	142
	雅安市	49.7539	48.0005	72	112	-40	143
	邢台市	50.8444	47.9347	50	113	-63	144
	黄石市	49.0823	47.8840	87	114	-27	145
	吉林市	50.1177	47.7187	61	115	-54	146
	七台河市	55.6645	47.7063	19	116	-97	147
	景德镇市	48.3745	47.6177	107	117	-10	148
	漯河市	49.0461	47.6065	89	118	-29	149
	萍乡市	49.4456	47.5121	78	119	-41	150
	贺州市	42.1073	47.4844	136	120	16	151
	贵港市	47.6719	47.3960	120	121	-1	152
	定西市	48.8222	47.2848	94	122	-28	153
	宝鸡市	50.3189	47.0300	55	123	-68	154
	来宾市	49.2700	46.9852	83	124	-41	155
	吕梁市	49.6714	46.9469	74	125	-51	156
	菏泽市	47.5204	46.7915	122	126	-4	157
	商洛市	47.6787	46.7188	119	127	-8	158
	延安市	50.1105	46.4306	62	128	-66	159
	阜阳市	49.6492	46.0930	75	129	-54	160

续表

城市		标准化值		同类型城市排名		近 1 年排名变化	全国排名
		2021 年	2022 年	2021 年	2022 年		
地级市	绥化市	48.1988	45.8017	109	130	-21	161
	内江市	47.9870	45.7703	113	131	-18	162
	新余市	47.1793	45.5151	123	132	-9	163
	钦州市	50.0743	45.0991	64	133	-69	164
	咸阳市	46.5620	44.7277	128	134	-6	165
	丽江市	41.5220	44.1557	137	135	2	166
	怀化市	49.2632	44.0841	84	136	-52	167
	资阳市	40.5401	43.9514	140	137	3	168
	安康市	49.5542	43.8397	76	138	-62	169
	驻马店市	48.8517	43.5681	92	139	-47	170
	玉林市	48.4227	43.1461	105	140	-35	171
	亳州市	50.3069	42.6472	56	141	-85	172
	铜川市	49.7935	42.5653	70	142	-72	173
	淮北市	52.6274	42.4360	40	143	-103	174
	崇左市	45.8481	41.8369	131	144	-13	175
	莆田市	43.1736	41.1015	133	145	-12	177
	马鞍山市	34.9017	39.1046	144	146	-2	178
	铜陵市	36.8201	38.7993	142	147	-5	179
	宿迁市	34.4337	37.1871	145	148	-3	180
	永州市	40.2794	35.9927	141	149	-8	181
	常州市	34.1044	35.0037	146	150	-4	182
	湛江市	30.8094	34.4227	173	151	22	184
	呼伦贝尔市	30.2847	33.9644	180	152	28	185
	盐城市	29.4292	33.4607	200	153	47	186
	乌海市	30.1930	33.1533	182	154	28	187
	绵阳市	29.5648	32.8991	197	155	42	188
	六盘水市	30.1708	32.5270	185	156	29	189
	淮南市	47.6961	32.2273	118	157	-39	190
	南充市	32.5710	32.0339	156	158	-2	191
	无锡市	29.2025	31.9764	207	159	48	192
	漳州市	29.9214	31.9562	191	160	31	193
	克拉玛依市	30.1923	31.8552	183	161	22	194
	石嘴山市	33.0631	31.7554	153	162	-9	195

续表

城市		标准化值		同类型城市排名		近1年排名变化	全国排名
		2021年	2022年	2021年	2022年		
地级市	河池市	28.8517	31.4951	211	163	48	197
	眉山市	28.0956	31.4284	226	164	62	198
	衡水市	36.0298	31.2389	143	165	-22	199
	龙岩市	32.1145	31.2347	159	166	-7	200
	巴中市	27.6546	31.2338	234	167	67	201
	中山市	23.2445	31.1017	251	168	83	203
	唐山市	31.4977	31.0930	169	169	0	204
	南通市	28.4131	31.0620	222	170	52	205
	梅州市	30.8576	31.0228	172	171	1	206
	泰州市	28.5766	31.0174	218	172	46	207
	辽阳市	29.5542	30.8124	198	173	25	208
	扬州市	27.2884	30.7786	238	174	64	209
	秦皇岛市	30.4965	30.7669	175	175	0	210
	柳州市	31.7599	30.6480	166	176	-10	211
	濮阳市	31.6702	30.5947	167	177	-10	212
	包头市	28.3904	30.5675	223	178	45	213
	泰安市	28.4990	30.5482	219	179	40	214
	鸡西市	28.6104	30.4739	217	180	37	215
	遂宁市	31.1206	30.4574	171	181	-10	216
	许昌市	28.6466	30.2687	215	182	33	217
	武威市	26.3233	30.2334	246	183	63	218
	鞍山市	33.0791	30.1209	152	184	-32	219
	自贡市	27.2604	30.0979	239	185	54	220
	鹤岗市	26.0753	30.0669	248	186	62	221
	遵义市	30.1385	30.0492	186	187	-1	222
	滨州市	33.8781	30.0431	148	188	-40	223
	茂名市	27.7255	29.9929	233	189	44	224
	儋州市	27.7612	29.9806	231	190	41	225
	陇南市	31.1688	29.8924	170	191	-21	226
	阳江市	27.5996	29.8758	235	192	43	227
	湖州市	29.2927	29.8375	204	193	11	228
	十堰市	29.0755	29.8373	208	194	14	229
	滁州市	27.8770	29.7542	230	195	35	230

续表

城市		标准化值		同类型城市排名		近 1 年排名变化	全国排名
		2021 年	2022 年	2021 年	2022 年		
地级市	嘉峪关市	24.0208	29.7425	250	196	54	231
	宁德市	30.4362	29.7100	177	197	-20	232
	巴彦淖尔市	26.1598	29.7010	247	198	49	233
	乐山市	28.7846	29.6488	213	199	14	234
	平凉市	27.0312	29.4983	243	200	43	235
	张掖市	27.0432	29.4817	241	201	40	236
	安顺市	30.0743	29.4700	187	202	-15	237
	德阳市	28.2162	29.4434	224	203	21	238
	江门市	28.8743	29.3664	210	204	6	239
	牡丹江市	27.0418	29.2439	242	205	37	241
	广元市	29.2391	29.0382	206	206	0	242
	吴忠市	29.7781	28.9382	193	207	-14	243
	上饶市	28.1009	28.9221	225	208	17	244
	天水市	27.3154	28.8771	237	209	28	245
	保山市	25.0151	28.8660	249	210	39	246
	晋城市	31.6494	28.7665	168	211	-43	247
	宜春市	31.9490	28.6213	164	212	-48	248
	长治市	29.3925	28.5893	203	213	-10	249
	丽水市	31.9852	28.5335	161	214	-53	250
	三明市	30.1916	28.5004	184	215	-31	251
	常德市	28.0888	28.0788	227	216	11	252
	邯郸市	30.2229	28.0242	181	217	-36	253
	黄冈市	27.5499	28.0013	236	218	18	254
	惠州市	29.4152	27.9187	201	219	-18	255
	南阳市	28.4319	27.8632	221	220	1	256
	铜仁市	28.6640	27.7624	214	221	-7	257
	宜宾市	30.0005	27.6629	189	222	-33	258
	汉中市	32.2279	27.6502	157	223	-66	259
	盘锦市	27.7390	27.6288	232	224	8	260
	营口市	30.3103	27.5957	179	225	-46	261
	新乡市	29.7095	27.5799	195	226	-31	262
	池州市	27.1465	27.5731	240	227	13	263
	南平市	30.6205	27.5623	174	228	-54	264

续表

城市		标准化值		同类型城市排名		近1年排名变化	全国排名
		2021年	2022年	2021年	2022年		
地级市	焦作市	28.4589	26.8189	220	229	-9	265
	运城市	30.3604	26.6923	178	230	-52	266
	襄阳市	29.2685	26.4644	205	231	-26	267
	阳泉市	31.9833	26.4636	162	232	-70	268
	昭通市	33.3010	26.2812	151	233	-82	269
	毕节市	32.1662	26.0650	158	234	-76	270
	阜新市	29.6420	25.9423	196	235	-39	271
	辽源市	29.9329	25.7589	190	236	-46	272
	渭南市	29.8557	25.7375	192	237	-45	273
	张家界市	32.0711	25.7035	160	238	-78	274
	百色市	28.7880	25.5654	212	239	-27	275
	四平市	30.0347	25.3766	188	240	-52	276
	通化市	33.8279	25.2269	149	241	-92	277
	朝阳市	30.4516	25.1883	176	242	-66	278
	锦州市	32.7085	24.9939	154	243	-89	279
	随州市	29.3974	24.9822	202	244	-42	280
	北海市	26.5921	24.9604	244	245	-1	281
	汕尾市	28.9274	24.1617	209	246	-37	282
	本溪市	32.6549	23.6175	155	247	-92	283
	朔州市	27.9059	22.1528	229	248	-19	284
	防城港市	26.4255	20.1445	245	249	-4	285
	抚顺市	31.9698	20.0556	163	250	-87	286
	普洱市	17.2728	20.0331	252	251	1	287
	铁岭市	33.6470	19.5456	150	252	-102	288
	临沧市	0.3739	12.7274	253	253	0	289

附表 1-7　　2021—2022 年城市政务环境指数及其排名

城市		标准化值		同类型城市排名		近 1 年排名变化	全国排名
		2021 年	2022 年	2021 年	2022 年		
直辖市	上海市	90.9200	90.9150	1	1	0	1
	北京市	88.4332	83.5438	2	2	0	2
	天津市	52.7021	50.7682	3	3	0	6
	重庆市	51.8742	48.1607	4	4	0	7
计划单列市	深圳市	77.7442	75.6949	1	1	0	3
	青岛市	44.4811	43.7701	2	2	0	11
	宁波市	36.8138	37.0052	4	3	1	16
	厦门市	39.6873	34.4911	3	4	-1	20
	大连市	23.7913	18.2915	5	5	0	95
省会城市	广州市	58.9037	59.9526	1	1	0	4
	武汉市	43.5483	52.2382	5	2	3	5
	杭州市	44.2539	46.3489	4	3	1	8
	成都市	45.3009	45.7052	3	4	-1	9
	济南市	47.6323	41.6478	2	5	-3	13
	南京市	42.1249	38.1528	6	6	0	15
	西安市	39.3923	36.4169	7	7	0	17
	贵阳市	32.8908	35.3809	10	8	2	19
	郑州市	38.9151	32.7645	8	9	-1	25
	福州市	29.6381	30.7432	13	10	3	28
	哈尔滨市	28.2471	27.7040	18	11	7	35
	南宁市	29.1877	27.6435	14	12	2	36
	长沙市	33.3556	27.3385	9	13	-4	37
	拉萨市	25.1770	27.3164	21	14	7	38
	银川市	30.6757	26.6642	12	15	-3	42
	昆明市	24.7370	26.1253	22	16	6	44
	沈阳市	28.5988	24.8528	17	17	0	47
	合肥市	32.3242	24.6920	11	18	-7	49
	长春市	20.7933	24.1153	25	19	6	53
	海口市	26.5211	23.6227	19	20	-1	56
	南昌市	29.1233	22.5619	15	21	-6	61
	石家庄市	25.3767	22.0850	20	22	-2	63
	兰州市	21.0370	21.9923	24	23	1	64
	太原市	28.7864	21.1851	16	24	-8	69

续表

城市		标准化值		同类型城市排名		近1年排名变化	全国排名
		2021年	2022年	2021年	2022年		
省会城市	呼和浩特市	21.5092	20.6220	23	25	-2	72
	西宁市	17.2376	19.6116	27	26	1	80
	乌鲁木齐市	20.3411	18.0509	26	27	-1	97
地级市	东莞市	42.7707	44.0152	2	1	1	10
	苏州市	43.7264	41.7695	1	2	-1	12
	无锡市	41.5326	41.2659	3	3	0	14
	珠海市	39.7832	36.3475	4	4	0	18
	佛山市	34.1613	34.0780	6	5	1	21
	烟台市	31.7178	33.5166	9	6	3	22
	温州市	28.2826	33.3774	17	7	10	23
	金华市	36.1864	32.9723	5	8	-3	24
	中山市	33.7512	31.4322	7	9	-2	26
	潍坊市	30.5834	31.3415	11	10	1	27
	威海市	32.3054	30.4811	8	11	-3	29
	淄博市	27.6513	29.3236	19	12	7	30
	常州市	28.4392	28.5991	16	13	3	31
	绍兴市	25.9974	28.3178	27	14	13	32
	四平市	10.3091	28.2493	219	15	204	33
	湖州市	28.2746	28.0710	18	16	2	34
	台州市	25.0619	27.3070	30	17	13	39
	东营市	29.9235	26.8488	12	18	-6	40
	临沂市	21.6966	26.7543	52	19	33	41
	济宁市	28.4996	26.4645	15	20	-5	43
	惠州市	26.7382	25.0633	24	21	3	45
	舟山市	29.4939	24.9374	13	22	-9	46
	镇江市	25.7208	24.7557	28	23	5	48
	嘉兴市	30.9108	24.3966	10	24	-14	50
	泰安市	24.5385	24.3686	32	25	7	51
	聊城市	27.1254	24.3569	21	26	-5	52
	南通市	23.4485	24.0235	39	27	12	54
	滨州市	19.9326	23.9124	79	28	51	55
	衢州市	21.1750	23.4426	58	29	29	57
	徐州市	22.7685	23.2702	44	30	14	58

续表

城市		标准化值		同类型城市排名		近1年排名变化	全国排名
		2021年	2022年	2021年	2022年		
地级市	江门市	25.5146	22.8656	29	31	-2	59
	枣庄市	26.7339	22.7144	25	32	-7	60
	乐山市	22.7106	22.3915	46	33	13	62
	泰州市	22.5013	21.7774	47	34	13	65
	日照市	15.0258	21.3108	155	35	120	66
	丽水市	20.9955	21.2753	61	36	25	67
	梅州市	26.9783	21.2287	22	37	-15	68
	保定市	14.7911	21.1145	159	38	121	70
	桂林市	26.7215	21.0036	26	39	-13	71
	铜陵市	22.9911	20.5260	42	40	2	73
	扬州市	24.4399	20.3048	34	41	-7	74
	清远市	19.3652	20.2965	85	42	43	75
	河源市	19.0093	20.0263	87	43	44	76
	汕头市	21.8516	19.8570	51	44	7	77
	绵阳市	24.4471	19.8400	33	45	-12	78
	营口市	18.3713	19.7352	99	46	53	79
	汕尾市	21.5362	19.5764	53	47	6	81
	宿迁市	26.9231	19.5664	23	48	-25	82
	肇庆市	21.2025	19.4726	57	49	8	83
	内江市	17.7240	19.4636	107	50	57	84
	德州市	21.0585	19.3411	60	51	9	85
	三亚市	27.4713	19.3075	20	52	-32	86
	泉州市	23.9191	19.2299	37	53	-16	87
	菏泽市	18.5582	19.0323	95	54	41	88
	铜仁市	15.0661	19.0016	154	55	99	89
	南充市	22.3966	18.9906	49	56	-7	90
	赣州市	25.0070	18.9302	31	57	-26	91
	遵义市	28.7116	18.8403	14	58	-44	92
	韶关市	21.1173	18.7481	59	59	0	93
	黄山市	24.0723	18.5431	35	60	-25	94
	盐城市	20.5797	18.1407	67	61	6	96
	六安市	23.6683	17.9209	38	62	-24	98
	芜湖市	20.2981	17.8135	73	63	10	99

续表

城市		标准化值		同类型城市排名		近1年排名变化	全国排名
		2021年	2022年	2021年	2022年		
地级市	眉山市	16.6509	17.7873	131	64	67	100
	襄阳市	23.0425	17.6771	41	65	-24	101
	滁州市	20.1425	17.5630	74	66	8	102
	六盘水市	18.9063	17.5224	89	67	22	103
	资阳市	15.1509	17.5101	151	68	83	104
	马鞍山市	23.9291	17.3660	36	69	-33	105
	郴州市	22.7680	17.3523	45	70	-25	106
	宜昌市	19.8781	17.2674	81	71	10	107
	雅安市	20.3583	17.2563	72	72	0	108
	抚州市	20.6637	17.1024	66	73	-7	109
	邢台市	9.5177	16.9498	226	74	152	110
	漳州市	20.0774	16.9476	76	75	1	111
	阳江市	19.4267	16.8582	84	76	8	112
	连云港市	20.4694	16.7280	71	77	-6	113
	邯郸市	15.6982	16.6638	141	78	63	114
	牡丹江市	16.2509	16.6446	136	79	57	115
	蚌埠市	20.7458	16.6295	64	80	-16	116
	九江市	20.7395	16.6052	65	81	-16	117
	揭阳市	21.4105	16.6051	55	82	-27	118
	柳州市	22.2226	16.5641	50	83	-33	119
	广元市	20.8645	16.4040	63	84	-21	120
	唐山市	17.1937	16.3524	121	85	36	121
	攀枝花市	21.2122	16.1506	56	86	-30	122
	南平市	22.4294	16.0267	48	87	-39	123
	贵港市	20.5081	16.0266	69	88	-19	124
	衡水市	14.8991	15.9911	157	89	68	125
	淮安市	17.7318	15.9402	106	90	16	126
	梧州市	23.3516	15.8923	40	91	-51	127
	玉林市	19.4569	15.8668	82	92	-10	128
	黄冈市	20.1087	15.8499	75	93	-18	129
	云浮市	13.3207	15.8253	181	94	87	130
	定西市	18.5261	15.7142	96	95	1	131
	茂名市	18.6259	15.6013	94	96	-2	132

续表

城市		标准化值		同类型城市排名		近 1 年排名变化	全国排名
		2021 年	2022 年	2021 年	2022 年		
地级市	齐齐哈尔市	12.5760	15.5916	190	97	93	133
	宿州市	20.9202	15.5358	62	98	-36	134
	泸州市	18.0887	15.4982	102	99	3	135
	佳木斯市	13.1028	15.3126	184	100	84	136
	防城港市	17.8208	15.2718	104	101	3	137
	开封市	13.5702	15.2138	176	102	74	138
	乌海市	20.0164	15.1820	77	103	-26	139
	宣城市	17.5729	15.0625	110	104	6	140
	新余市	20.0073	15.0303	78	105	-27	141
	十堰市	17.7319	14.9250	105	106	-1	142
	河池市	13.7746	14.8851	174	107	67	143
	张家界市	15.7979	14.7966	140	108	32	144
	辽阳市	16.8627	14.6968	129	109	20	145
	达州市	13.5568	14.6802	177	110	67	146
	遂宁市	18.7646	14.5708	92	111	-19	147
	景德镇市	17.3489	14.5467	116	112	4	148
	阜阳市	18.4059	14.5237	97	113	-16	149
	自贡市	17.0518	14.4693	127	114	13	150
	毕节市	20.5543	14.4556	68	115	-47	151
	本溪市	13.2259	14.4281	182	116	66	152
	庆阳市	9.4399	14.4044	228	117	111	153
	潮州市	15.5194	14.3908	147	118	29	154
	池州市	19.0096	14.3689	86	119	-33	155
	许昌市	15.6236	14.3202	142	120	22	156
	酒泉市	10.8966	14.2635	212	121	91	157
	天水市	17.1006	14.2454	124	122	2	158
	白银市	13.8868	14.2055	173	123	50	159
	宜春市	16.9238	14.1989	128	124	4	160
	邵阳市	18.9742	14.0013	88	125	-37	161
	巴中市	22.8677	13.9398	43	126	-83	162
	德阳市	17.3981	13.9279	114	127	-13	163
	吉林市	16.4657	13.8730	132	128	4	164
	钦州市	18.8165	13.8148	91	129	-38	165

续表

城市		标准化值		同类型城市排名		近1年排名变化	全国排名
		2021年	2022年	2021年	2022年		
地级市	焦作市	17.2258	13.6953	120	130	-10	166
	洛阳市	15.5286	13.6832	145	131	14	167
	廊坊市	16.1857	13.6532	138	132	6	168
	常德市	17.4540	13.5034	113	133	-20	169
	安康市	13.9623	13.3790	169	134	35	170
	承德市	6.7582	13.2526	246	135	111	171
	荆州市	15.5289	13.1657	144	136	8	172
	安顺市	17.5686	13.0438	111	137	-26	173
	萍乡市	17.5820	12.9432	109	138	-29	174
	赤峰市	15.5205	12.7965	146	139	7	175
	信阳市	7.2259	12.7394	245	140	105	176
	宁德市	17.4776	12.7173	112	141	-29	177
	湘潭市	17.8323	12.7029	103	142	-39	178
	衡阳市	17.1917	12.6876	122	143	-21	179
	南阳市	14.1102	12.6668	166	144	22	180
	百色市	12.6374	12.6620	189	145	44	181
	保山市	9.7521	12.6388	224	146	78	182
	莆田市	18.9019	12.6030	90	147	-57	183
	临沧市	7.9617	12.4556	239	148	91	184
	七台河市	16.3778	12.3800	134	149	-15	185
	荆门市	17.0767	12.2939	126	150	-24	186
	鄂尔多斯市	19.8853	12.2612	80	151	-71	187
	玉溪市	14.4307	12.2336	163	152	11	188
	广安市	20.4852	12.1876	70	153	-83	189
	包头市	13.7116	12.0901	175	154	21	190
	安庆市	18.6444	12.0769	93	155	-62	191
	大同市	18.3344	12.0399	100	156	-56	192
	岳阳市	17.3670	11.9875	115	157	-42	193
	沧州市	12.7612	11.9832	186	158	28	194
	三门峡市	9.6541	11.9542	225	159	66	195
	丹东市	16.4051	11.9102	133	160	-27	196
	儋州市	11.9261	11.8737	198	161	37	197
	宜宾市	17.0797	11.8162	125	162	-37	198

续表

城市		标准化值		同类型城市排名		近 1 年排名变化	全国排名
		2021 年	2022 年	2021 年	2022 年		
地级市	龙岩市	19.4372	11.8089	83	163	-80	199
	松原市	12.5294	11.6727	191	164	27	200
	湛江市	13.1570	11.6515	183	165	18	201
	孝感市	11.8435	11.5546	200	166	34	202
	北海市	17.6003	11.4840	108	167	-59	203
	秦皇岛市	11.6056	11.4033	203	168	35	204
	株洲市	13.0764	11.3505	185	169	16	205
	贺州市	18.2303	11.1705	101	170	-69	206
	亳州市	15.5759	11.1122	143	171	-28	207
	丽江市	13.9810	11.1034	167	172	-5	208
	葫芦岛市	14.4787	11.0973	162	173	-11	209
	上饶市	12.3313	11.0344	194	174	20	210
	随州市	11.4590	11.0334	204	175	29	211
	黄石市	16.2699	11.0242	135	176	-41	212
	锦州市	13.9248	10.7952	170	177	-7	213
	晋城市	14.9192	10.7647	156	178	-22	214
	新乡市	7.9813	10.7010	238	179	59	215
	白城市	7.6136	10.6920	242	180	62	216
	运城市	13.9808	10.6675	168	181	-13	217
	通化市	8.1698	10.5822	237	182	55	218
	铁岭市	11.7642	10.5030	201	183	18	219
	三明市	15.9573	10.3071	139	184	-45	220
	吉安市	21.5054	10.2722	54	185	-131	221
	渭南市	17.2396	10.2021	119	186	-67	222
	呼伦贝尔市	12.6712	10.1920	188	187	1	223
	海东市	7.5948	10.1597	243	188	55	224
	来宾市	17.3118	10.0650	117	189	-72	225
	延安市	10.7337	10.0200	215	190	25	226
	张家口市	13.9194	9.9836	171	191	-20	227
	中卫市	8.3805	9.9510	235	192	43	228
	张掖市	10.9775	9.9130	210	193	17	229
	盘锦市	18.3738	9.8630	98	194	-96	230
	平凉市	7.6483	9.6630	241	195	46	231

续表

城市		标准化值		同类型城市排名		近1年排名变化	全国排名
		2021年	2022年	2021年	2022年		
地级市	白山市	11.7007	9.5981	202	196	6	232
	晋中市	12.6816	9.5891	187	197	-10	233
	娄底市	11.9236	9.5567	199	198	1	234
	咸阳市	17.1573	9.4990	123	199	-76	235
	朝阳市	12.0190	9.3919	197	200	-3	236
	克拉玛依市	9.1213	9.3432	230	201	29	237
	宝鸡市	9.5037	9.3363	227	202	25	238
	陇南市	7.4088	9.3204	244	203	41	239
	汉中市	13.4104	9.1159	180	204	-24	240
	绥化市	14.1997	9.0976	165	205	-40	241
	双鸭山市	5.2087	9.0233	251	206	45	242
	淮南市	15.1229	9.0052	152	207	-55	243
	固原市	16.2116	8.9867	137	208	-71	244
	淮北市	14.8355	8.9639	158	209	-51	245
	咸宁市	15.2794	8.8998	150	210	-60	246
	金昌市	5.1364	8.7784	252	211	41	247
	安阳市	11.2070	8.7759	207	212	-5	248
	永州市	13.4245	8.6902	179	213	-34	249
	商丘市	13.4783	8.5089	178	214	-36	250
	濮阳市	9.8971	8.4239	223	215	8	251
	鸡西市	6.3841	8.3245	249	216	33	252
	辽源市	12.4663	8.2654	193	217	-24	253
	朔州市	16.7534	8.1939	130	218	-88	254
	铜川市	11.0829	8.1418	208	219	-11	255
	伊春市	10.3788	7.9006	218	220	-2	256
	鄂州市	15.3835	7.8549	148	221	-73	257
	乌兰察布市	10.8125	7.7766	214	222	-8	258
	鹤壁市	12.3312	7.6929	195	223	-28	259
	鞍山市	10.2911	7.4663	220	224	-4	260
	长治市	14.7301	7.4639	160	225	-65	261
	黑河市	6.5444	7.4587	247	226	21	262
	通辽市	10.6372	7.4212	216	227	-11	263
	鹰潭市	17.2511	7.3912	118	228	-110	264

续表

城市		标准化值		同类型城市排名		近1年排名变化	全国排名
		2021年	2022年	2021年	2022年		
地级市	石嘴山市	12.5202	7.1874	192	229	-37	265
	驻马店市	8.4080	7.1310	234	230	4	266
	平顶山市	11.3382	7.0879	206	231	-25	267
	吴忠市	9.9855	7.0525	222	232	-10	268
	周口市	8.9516	6.9813	231	233	-2	269
	普洱市	10.0643	6.8547	221	234	-13	270
	益阳市	13.9113	6.7417	172	235	-63	271
	嘉峪关市	12.0800	6.7050	196	236	-40	272
	商洛市	6.1268	6.6851	250	237	13	273
	大庆市	10.8432	6.6824	213	238	-25	274
	阜新市	15.3279	6.6507	149	239	-90	275
	阳泉市	11.0512	6.6484	209	240	-31	276
	榆林市	8.8374	6.6115	233	241	-8	277
	临汾市	14.4280	6.5219	164	242	-78	278
	昭通市	11.4060	6.4973	205	243	-38	279
	武威市	15.0701	6.3401	153	244	-91	280
	怀化市	8.8557	5.7893	232	245	-13	281
	抚顺市	8.2618	5.4460	236	246	-10	282
	鹤岗市	7.9468	4.0182	240	247	-7	283
	崇左市	14.4996	3.8441	161	248	-87	284
	漯河市	10.6098	3.7388	217	249	-32	285
	曲靖市	3.1281	3.1172	253	250	3	286
	吕梁市	10.9124	2.8068	211	251	-40	287
	巴彦淖尔市	9.1336	2.6220	229	252	-23	288
	忻州市	6.4763	2.5831	248	253	-5	289

附录二
有关文件

国务院办公厅关于复制推广营商环境创新试点改革举措的通知

（国办发〔2022〕35 号）

优化营商环境是培育和激发市场主体活力、增强发展内生动力的关键之举，党中央、国务院对此高度重视。2021 年，国务院部署在北京、上海、重庆、杭州、广州、深圳 6 个城市开展营商环境创新试点。相关地方和部门认真落实各项试点改革任务，积极探索创新，着力为市场主体减负担、破堵点、解难题，取得明显成效，形成了一批可复制推广的试点经验。为进一步扩大改革效果，推动全国营商环境整体改善，经国务院同意，决定在全国范围内复制推广一批营商环境创新试点改革举措。现就有关事项通知如下：

一、复制推广的改革举措

（一）进一步破除区域分割和地方保护等不合理限制（4 项）。“开展‘一照多址’改革”、“便利企业分支机构、连锁门店信息变更”、“清除招投标和政府采购领域对外地企业设置的隐性门槛和壁垒”、“推进客货运输电子证照跨区域互认与核验”等。

（二）健全更加开放透明、规范高效的市场主体准入和退出机制（9 项）。“拓展企业开办‘一网通办’业务范围”、“进一步便利企业开立银行账户”、“优化律师事务所核名管理”、“企业住所（经营场所）标准化登记”、“推行企业登记信息变更网上办理”、“推行企业年度报告‘多报合一’改革”、“探索建立市场主体除名制度”、“进一步便利破产管理人查询破产企业财产信息”、“进一步完善破产管理人选任制度”等。

（三）持续提升投资和建设便利度（7 项）。“推进社会投资项目‘用地清单制’改革”、“分阶段整合相关测绘测量事项”、“推行水电气暖等市政接入工程涉及的行政审批在线并联办理”、“开展联合验收‘一口受理’”、“进一步优化工程建设项目联合验收方式”、“简化实行联合验收的工程建设项目竣工验收备案手续”、“对已满足使用功能的单位工程开展单独竣工验收”等。

（四）更好支持市场主体创新发展（2 项）。“健全知识产权质押融资风险分担机制和质物处置机制”、“优化科技企业孵化器及众创空间信息变更管理模式”等。

（五）持续提升跨境贸易便利化水平（5 项）。“优化进出口货物查询服务”、“加强铁路信息系统与海关信息系统的数据交换共享”、“推进水铁空公多式联运信息共享”、“进一步深化进出口货物‘提前申报’、‘两步申报’、‘船边直提’、‘抵港直装’等改革”、“探索开展科研设备、耗材跨境自由流动，简化研发用途设备和样本样品进出口手续”等。

（六）维护公平竞争秩序（3 项）。“清理设置非必要条件排斥潜在竞争者行为”、“推进招投标全流程电子化改革”、“优化水利工程招投标手续”等。

（七）进一步加强和创新监管（5 项）。“在部分领域建立完善综合监管机制”、“建立市场主体全生命周期监管链”、“在部分重点领域建立事前事中事后全流程监管机制”、“在税务监管领域建立‘信用 + 风险’监管体系”、“实行特种设备作业人员证书电子化管理”等。

（八）依法保护各类市场主体产权和合法权益（2 项）。“建立健全政务诚信诉讼执行协调机制”、“畅通知识产权领域信息交换渠道”等。

（九）优化经常性涉企服务（13 项）。“简化检验检测机构人员信息变更办理程序”、“简化不动产非公证继承手续”、“对个人存量房交易开放电子发票功能”、“实施不动产登记、交易和缴纳税费‘一网通办’”、“开展不动产登记信息及地籍图可视化查询”、“推行非接触式发放税务 UKey”、“深化‘多税合一’申报改革”、“推行全国车船税缴纳信息联网查询与核验”、“进一步拓展企业涉税数据开放维度”、“对代征税款试行实时电子缴税入库的开具电子完税证明”、“推行公安服务‘一窗通办’”、“推行企业办事‘一照通办’”、“进一步扩大电子证照、电子签章等应用范围”等。

二、切实抓好复制推广工作的组织实施

（一）高度重视复制推广工作。各地区要将复制推广工作作为进一步打造市场化法治化国际化营商环境的重要举措，主动对标先进，加强学习借鉴，细化改革举措，确保复制推广工作取得实效。国务院各有关部门要结合自身职责，及时出台改革配套政策，支持指导地方做好复制推广工作；涉及调整部门规章和行政规范性文件，以及向地方开放系统接口和授权数据使用的，要抓紧按程序办理，确保2022年底前落实到位。

（二）用足用好营商环境创新试点机制。各试点城市要围绕推动有效市场和有为政府更好结合，持续一体推进“放管服”改革，进一步对标高标准国际经贸规则，聚焦市场主体所需所盼，加大先行先试力度，为全国优化营商环境工作积累更多创新经验。国务院办公厅要加强统筹协调和跟踪督促，及时总结推广典型经验做法，推动全国营商环境持续改善。

（三）完善改革配套监管措施。各地区、各有关部门要结合实际稳步推进复制推广工作，对于涉及管理方式、管理权限、管理层级调整的相关改革事项，要夯实监管责任，逐项明确监管措施，完善监管机制，实现事前事中事后全链条全领域监管，确保改革平稳有序推进。

复制推广工作中的重要情况，各地区、各有关部门要及时向国务院请示报告。

2022年9月28日

附件

首批在全国复制推广的营商环境创新试点改革举措清单

序号	改革事项	主要内容	主管单位	备注
一、进一步破除区域分割和地方保护等不合理限制				
1	开展“一照多址”改革	除直接涉及公共安全和人民群众生命健康的领域外，对于市场主体在住所以外开展经营活动、属于同一县级登记机关管辖的，允许在营业执照上加载新设立住所（经营场所）的地址，免于分支机构登记，实现“一张营业执照、多个经营地址”。鼓励有条件的地区在同一地级及以上城市范围内，探索开展企业跨县（市、区、旗）“一照多址”。改革后，相关部门加强事后核查和监管。	市场监管总局等国务院相关部门	非试点地区可参考借鉴
2	便利企业分支机构、连锁门店信息变更	大型企业分支机构办理人员、经营范围等不涉及新办许可证的信息变更时，在同一地级及以上城市范围内可实行集中统一办理。	市场监管总局	非试点地区可参考借鉴
3	清除招投标和政府采购领域对外地企业设置的隐性门槛和壁垒	清理取消要求投标单位必须在项目所在地或采购人所在地设立分公司或办事处等排斥外地投标人的行为，同步完善与统一开放的招投标和政府采购市场相适应的监管模式。	国家发展改革委、财政部、市场监管总局等国务院相关部门	在全国推行
4	推进客货运输电子证照跨区域互认与核验	推进各地制作和发放的道路运输从业人员从业资格证（道路客、货运）、道路运输经营许可证（道路客、货运）、道路运输证（道路客、货运）等 3 类电子证照全国互认，执法检查部门通过电子证照二维码在线核验、网站查询等方式核验电子证照真伪。	交通运输部	在全国推行

续表

序号	改革事项	主要内容	主管单位	备注
二、健全更加开放透明、规范高效的市场主体准入和退出机制				
5	拓展企业开办“一网通办”业务范围	将员工社保登记、住房公积金企业缴存登记等环节纳入“一网通办”平台，实现申请人一次身份认证后即可“一网通办”企业开办全部服务事项，并在设立登记完成后可随时通过“一网通办”平台办理任一企业开办服务事项。推进电子营业执照、电子发票、电子签章同步发放及应用，方便企业网上办事。	市场监管总局、人力资源社会保障部、住房城乡建设部、税务总局	在全国推行
6	进一步便利企业开立银行账户	探索整合企业开办实名验证信息、企业登记信息和银行开户备案信息，自然人、法人等通过线上平台申请营业执照时，经企业授权同意后，线上平台将有关基本信息和银行开户预约信息实时推送给申请人选定的开户银行，开户银行生成企业账户预约账号，并通过线上平台推送给税务、人力资源社会保障、住房公积金管理部门。开户银行根据预约需求，按规定为企业开立账户后，及时将相关信息通过线上平台推送至相关部门。	市场监管总局、人民银行、公安部、人力资源社会保障部、住房城乡建设部、税务总局	在全国推行
7	优化律师事务所核名管理	允许省级司法行政部门律师管理系统同司法部全国律师综合管理信息系统律师事务所名称数据库进行对接，对申请人申请的律师事务所名称，由省级司法行政部门作出名称预核准决定并报司法部备案，缩短核名时限。	司法部	在全国推行
8	企业住所（经营场所）标准化登记	通过相关部门数据共享，建立标准化住所（经营场所）数据库，实现房屋产权证明、不动产权证书编号、路名等信息在线比对核验；建立健全住所（经营场所）负面清单管理制度，在便利住所登记的同时，防范虚假住所等突出风险。	市场监管总局等国务院相关部门	非试点地区可参考借鉴
9	推行企业登记信息变更网上办理	通过企业开办“一网通办”平台完成登记注册的企业，可通过平台实现全程网上办理变更手续，企业登记的变更信息同步推送至相关部门，相关部门在办理后续业务时不再要求企业重复提交。	市场监管总局等国务院相关部门	非试点地区可参考借鉴

续表

序号	改革事项	主要内容	主管单位	备注
10	推行企业年度报告“多报合一”改革	相关部门可依法依规共享企业年度报告有关信息，企业只需填报一次年度报告，无需再向多个部门重复报送相关信息，实现涉及市场监管、社保、税务、海关等事项年度报告的“多报合一”。	市场监管总局、人力资源社会保障部、海关总署、税务总局	非试点地区可参考借鉴
11	探索建立市场主体除名制度	对被列入经营异常名录或者被标记为经营异常状态满两年，且近两年未申报纳税的市场主体，商事登记机关可对其作出除名决定。除名后，市场主体应当依法完成清算、办理注销登记，且不得从事与清算和注销无关的活动。被除名期间市场主体存续，并可对除名决定申请行政复议或提起行政诉讼。	市场监管总局	非试点地区可参考借鉴
12	进一步便利破产管理人查询破产企业财产信息	允许破产管理人通过线上注册登录等方式，经身份核验后，依法查询有关机构（包括土地管理、房产管理、车辆管理、税务、市场监管、社保等部门和单位）掌握的破产企业财产相关信息，提高破产办理效率。	最高人民法院，公安部、人力资源社会保障部、自然资源部、住房城乡建设部、税务总局、市场监管总局等国务院相关部门	在全国推行
13	进一步完善破产管理人选任制度	允许破产企业的相关权利人推荐破产管理人，并由人民法院指定。	最高人民法院	非试点地区可参考借鉴

续表

序号	改革事项	主要内容	主管单位	备注
三、持续提升投资和建设便利度				
14	推进社会投资项目“用地清单制”改革	在土地供应前，可开展地质灾害、地震安全、压覆矿产、气候可行性、水资源论证、防洪、考古调查勘探发掘等评估，并对文物、历史建筑保护对象、古树名木、人防工程、地下管线等进行现状普查，形成评估结果和普查意见清单，在土地供应时一并交付用地单位。相关单位在项目后续报建或验收环节，原则上不得增加清单外的要求。改革后，相关单位提升评估的科学性、精准性及论证深度，避免企业拿地后需重复论证。同时，当项目外部条件发生变化，相关单位及时对评估报告等进行调整完善。	国家发展改革委、自然资源部、住房城乡建设部、水利部、中国气象局、国家林草局、国家文物局、中国地震局、国家人防办等	非试点地区可参考借鉴
15	分阶段整合相关测绘测量事项	按照同一标的物只测一次原则，分阶段整合优化测绘事项，推动将立项用地规划许可阶段勘测定界测绘，宗地测绘合并为一个测绘事项；将工程建设许可与施工许可阶段房产预测绘、人防面积预测绘、定位测量、建设工程规划验线、正负零检测等事项，在具备条件的情况下进行整合；将竣工验收阶段竣工规划测量、用地复核测量、房产测量、机动车停车场（库）测量、绿地测量、人防测量、地下管线湍量等事项，在具备条件的情况下进行整合。加快统一相关测绘测量技术标准，实现同一阶段“一次委托、成果共享”，避免对同一标的物重复测绘测量。	自然资源部、住房城乡建设部、交通运输部、国家人防办	非试点地区可参考借鉴
16	推行水电气暖等市政接入工程涉及的行政审批在线并联办理	对供电、供水、供气、供暖等市政接入工程涉及的建设工程规划许可、绿化许可、涉路施工许可等实行全程在线并联办理，对符合条件的市政接入工程审批实行告知承诺管理。改革后，有关行政审批部门加强抽查核验力度，对虚假承诺、违反承诺等行为实行惩戒。	住房城乡建设部、公安部、自然资源部、交通运输部、国家电网有限公司、中国南方电网有限责任公司	非试点地区可参考借鉴

续表

序号	改革事项	主要内容	主管单位	备注
17	开展联合验收“一口受理”	对实行联合验收的工程建设项目，由住房城乡建设主管部门“一口受理”建设单位申请，并牵头协调相关部门限时开展联合验收，避免建设单位反复与多个政府部门沟通协调。	住房城乡建设部、自然资源部、国家人防办	在全国推行
18	进一步优化工程建设项目联合验收方式	对实行联合验收的工程建设项目，根据项目类别科学合理确定纳入联合验收的事项，原则上未经验收不得投入使用的事项（如规划核实、人防备案、消防验收、消防备案、竣工备案、档案验收等）应当纳入联合验收，其他验收事项可根据实际情况纳入，并综合运用承诺制等多种方式灵活办理验收手续，提高验收效率，减少企业等待时间，加快项目投产使用。改革后，相关主管部门和单位对未纳入联合验收的事项也要依申请及时进行验收，并优化验收流程，对验收时发现的问题及时督促建设单位整改。	住房城乡建设部、自然资源部、国家人防办	在全国推行
19	简化实行联合验收的工程建设项目竣工验收备案手续	对实行联合验收的工程建设项目，现场出具竣工联合验收意见书即视为完成竣工验收备案，不动产登记等相关部门在线获取验收结果，企业无需再单独办理竣工验收备案。	住房城乡建设部、自然资源部、国家人防办	非试点地区可参考借鉴
20	对已满足使用功能的单位工程开展单独竣工验收	对办理了一张建设工程规划许可证但涉及多个单位工程的工程建设项目，在符合项目整体质量安全要求、达到安全使用条件的前提下，对已满足使用功能的单位工程可采用单独竣工验收方式，单位工程验收合格后，可单独投入使用。改革后，有关部门建立完善单位工程竣工验收标准，加强风险管控，确保项目整体符合规划要求和质量安全。	住房城乡建设部、自然资源部、国家人防办	在全国推行
四、更好支持市场主体创新发展				
21	健全知识产权质押融资风险分担机制和质物处置机制	健全政府引导的知识产权质押融资风险分担和补偿机制，综合运用担保、风险补偿等方式降低信贷风险。探索担保机构等通过质权转股权、反向许可、拍卖等方式快速进行质物处置，保障金融机构的融资债权。	国家知识产权局、人民银行、国家版权局、银保监会	在全国推行

续表

序号	改革事项	主要内容	主管单位	备注
22	优化科技企业孵化器及众创空间信息变更管理模式	在科技部门线上信息服务系统中增设国家备案科技企业孵化器及众创空间信息变更申请、审批和修改功能，增设科技企业孵化器及众创空间所属区域变更修改功能。对于名称、场地面积、经营场所等信息变更，由省级科技主管部门审批同意后即可变更，并将变更信息推送至国家科技主管部门。国家科技主管部门对相关信息变更的情况开展抽查检查和事中事后监管。	科技部	在全国推行
五、持续提升跨境贸易便利化水平				
23	优化进出口货物查询服务	利用国际贸易“单一窗口”为企业提供本企业进出口货物全流程查询服务。经企业授权和“单一窗口”平台认证，企业申报信息及海关部门处理结果信息可为金融机构开展融资、保险和收付汇等服务提供信用参考。	海关总署、商务部	在全国推行
24	加强铁路信息系统与海关信息系统的数据交换共享	加强铁路信息系统与海关信息系统的数据交换共享，实现相关单证电子化流转，大力推广铁路口岸“快速通关”业务模式，压缩列车停留时间，提高通关效率。	海关总署、国家铁路局、中国国家铁路集团有限公司	在全国推行
25	推进水铁空公多式联运信息共享	打破制约多式联运发展的信息壁垒，推进铁路、公路、水路、航空等运输环节信息对接共享，实现运力信息可查、货物全程实时追踪等，促进多种运输方式协同联动。	交通运输部、海关总署、国家铁路局、中国民航局、国家邮政局、中国国家铁路集团有限公司	在全国推行
26	进一步深化进出口货物“提前申报”、“两步申报”、“船边直提”、“抵港直装”等改革	推行进出口货物“提前申报”、“两步申报”措施。在有条件的港口推进进口货物“船边直提”和出口货物“抵港直装”。	海关总署	在全国推行

续表

序号	改革事项	主要内容	主管单位	备注
27	探索开展科研设备、耗材跨境自由流动，简化研发用途设备和样本样品进出口手续	探索制定跨境科研用物资正面清单，对正面清单列明的科研设备、科研样本、实验试剂、耗材等科研物资（纳入出入境特殊物品风险管理的除外）实行单位事先承诺申报、海关便利化通关的管理模式，简化报关单申报、检疫审批、监管证件管理等环节。对国外已上市但国内未注册的研发用医疗器械，准许企业在强化自主管理、确保安全的前提下进口，海关根据相关部门意见办理通关手续。	科技部、商务部、国家卫生健康委、海关总署、市场监管总局	非试点地区可参考借鉴
六、维护公平竞争秩序				
28	清理设置非必要条件排斥潜在竞争者行为	清理取消企业在资质资格获取、招投标、政府采购、权益保护等方面存在的差别化待遇，清理通过划分企业等级、增设证明事项、设立项目库、注册、认证、认定等非必要条件排除和限制竞争的行为。	国家发展改革委、财政部、市场监管总局等国务院相关部门	在全国推行
29	推进招投标全流程电子化改革	拓展电子招投标交易平台功能，推动平台与预算管理一体化系统信息共享，实行在线提交发票和工程款支付网上查询；加快推进开标评标、合同签订和变更等事项网上办理，实现招标投标及合同管理全线上办理，全环节留痕。	国家发展改革委、财政部等国务院相关部门	非试点地区可参考借鉴
30	优化水利工程招投标手续	推行水利工程在发布招标公告时同步发售或者下载资格预审文件（或招标文件）。取消水利工程施工招标条件中“监理单位已确定”的条件。	国家发展改革委、水利部	在全国推行
七、进一步加强和创新监管				
31	在部分领域建立完善综合监管机制	理顺成品油、农产品等领域监管机制，明确监管责任部门，统一行业监管标准。	商务部、农业农村部、市场监管总局等国务院相关部门	在全国推行

续表

序号	改革事项	主要内容	主管单位	备注
32	建立市场主体全生命周期监管链	在市场主体办理注册登记、资质审核、行政许可及接受日常监管、公共服务过程中，及时全面记录市场主体行为及信用信息。在此基础上推进分级分类“信用＋智慧”监管，实现企业信用信息全方位公示、多场景应用、全流程追溯。	市场监管总局、国家发展改革委、人民银行等国务院相关部门	非试点地区可参考借鉴
33	在部分重点领域建立事前事中事后全流程监管机制	在食品药品、环境保护、水土保持、医疗卫生等重点领域，建立完善全链条、全流程监管体系，提高监管效能。	国家发展改革委、生态环境部、住房城乡建设部、水利部、国家卫生健康委、市场监管总局、国家疾控局、国家药监局等国务院相关部门	在全国推行
34	在税务监管领域建立“信用＋风险”监管体系	探索推进动态“信用＋风险”税务监控，简化无风险和低风险企业的涉税业务办理流程，提醒预警或直接阻断高风险企业的涉税业务办理，努力实现从“以票管税”向“以数治税”分类精准监管转变，全方位提高税务执法、服务和监管能力。	税务总局	非试点地区可参考借鉴
35	实行特种设备作业人员证书电子化管理	制定特种设备作业人员电子证书，在纸质证书样式基础上加载聘用、违规行为等从业信息，实现与纸质证书并行使用。通过数据交换等方式将相关信息汇聚到地方市场监管部门平台并在线公示，加强对从业人员的管理。	市场监管总局	非试点地区可参考借鉴
八、依法保护各类市场主体产权和合法权益				
36	建立健全政务诚信诉讼执行协调机制	探索建立政务诚信诉讼执行协调机制，由地方人民法院定期将涉及政府部门、事业单位失信被执行人信息定向推送给政务诚信牵头部门。政务诚信牵头部门负责协调推动有关单位执行人民法院判决结果，保障市场主体合法权益。	最高人民法院，国务院办公厅、国家发展改革委、司法部	在全国推行

续表

序号	改革事项	主要内容	主管单位	备注
37	畅通知识产权领域信息交换渠道	建立商标恶意注册和非正常专利申请的快速处置联动机制，开展商标专利巡回评审和远程评审。	国家知识产权局	在全国推行
九、优化经常性涉企服务				
38	简化检验检测机构人员信息变更办理程序	检验检测机构变更法定代表人、最高管理者、技术负责人，由检验检测机构自行修改资质认定系统人员信息，不需再到资质认定部门申请办理。	市场监管总局	在全国推行
39	简化不动产非公证继承手续	法定继承人或受遗赠人到不动产登记机构进行登记材料查验，有第一顺序继承人的，第二顺序继承人无需到场，无需提交第二顺序继承人材料。登记申请人应承诺提交的申请材料真实有效，因承诺不实给他人造成损失的，承担相应法律责任。	自然资源部	在全国推行
40	对个人存量房交易开放电子发票功能	推行个人存量房交易代开增值税电子普通发票服务，允许自然人网上缴税后获取增值税电子普通发票，推动实现全业务流程网上办理。	税务总局、自然资源部	非试点地区可参考借鉴
41	实施不动产登记、交易和缴纳税费“一网通办”	推进全业务类型“互联网 + 不动产登记”，实施不动产登记、交易和缴纳税费“一窗受理、并行办理”。加快实施网上缴纳税费，推行税费、登记费线上一次收缴、后台自动清分入账（库）。	自然资源部、财政部、住房城乡建设部、人民银行、税务总局	非试点地区可参考借鉴
42	开展不动产登记信息及地籍图可视化查询	依托互联网拓展不动产登记信息在线可视化检索和查询服务，任何人经身份验证后可在电子地图上依法查询不动产自然状况、权利限制状况、地籍图等信息，更大便利不动产转移登记，提高土地管理质量水平。	自然资源部	非试点地区可参考借鉴
43	推行非接触式发放税务UKey	探索向新办纳税人非接触式发放税务UKey，纳税人可以向税务机关免费申领税务UKey。	税务总局、市场监管总局	在全国推行

续表

序号	改革事项	主要内容	主管单位	备注
44	深化“多税合一”申报改革	探索整合企业所得税和财产行为税综合申报表，尽可能统一不同税种征期，实现多税种“一个入口、一张报表、一次申报、一次缴款、一张凭证”，进一步压减纳税人申报和缴税的次数。	税务总局	非试点地区可参考借鉴
45	推行全国车船税缴纳信息联网查询与核验	向保险机构依法依规开放全国车船税缴纳情况免费查询或核验接口，便于车辆异地办理保险及缴税。	税务总局、银保监会	在全国推行
46	进一步拓展企业涉税数据开放维度	推动地方税务局的欠税公告信息、非正常户信息和骗取退税、虚开发票等高风险纳税人名单信息，以及税务总局的行政处罚类信息等共享共用，进一步提高征管效能。	税务总局	在全国推行
47	对代征税款试行实时电子缴税入库的开具电子完税证明	允许各地在实现代征税款逐笔电子缴税且实时入库的前提下，向纳税人提供电子完税证明。	税务总局	非试点地区可参考借鉴
48	推行公安服务“一窗通办”	建设涉及治安、户政、交管等公安服务综合窗口，实行“前台综合收件、后台分类审批、统一窗口出件”，推进更多事项实现在线办理。	公安部	非试点地区可参考借鉴
49	推行企业办事“一照通办”	通过政府部门内部数据共享等方式归集或核验企业基本信息，探索实行企业仅凭营业执照即可办理部分高频审批服务事项，无需提交政府部门通过信息共享可以获取的其他材料。	市场监管总局等国务院相关部门	非试点地区可参考借鉴

续表

序号	改革事项	主要内容	主管单位	备注
50	进一步扩大电子证照、电子签章等应用范围	在货物报关、银行贷款、项目申报、招投标、政府采购等业务领域推广在线身份认证、电子证照、电子签章应用，逐步实现在政务服务中互通互认，满足企业、个人在网上办事时对于身份认证、电子证照、加盖电子签章文档的业务需求。依托全国一体化政务数据共享枢纽，支撑系统互联互通，推动政务数据有序共享。鼓励认证机构在认证证书等领域推广使用电子签章。支持水电气暖等公用事业企业通过政务服务平台，在线获取企业、个人办理业务所需的证照信息。	国务院办公厅、国家发展改革委、公安部、财政部、人民银行、海关总署、市场监管总局、银保监会等国务院相关部门	非试点地区可参考借鉴

国务院办公厅关于进一步优化营商环境降低市场主体制度性交易成本的意见

（国办发〔2022〕30号）

优化营商环境、降低制度性交易成本是减轻市场主体负担、激发市场活力的重要举措。当前，经济运行面临一些突出矛盾和问题，市场主体特别是中小微企业、个体工商户生产经营困难依然较多，要积极运用改革创新办法，帮助市场主体解难题、渡难关、复元气、增活力，加力巩固经济恢复发展基础。为深入贯彻党中央、国务院决策部署，打造市场化法治化国际化营商环境，降低制度性交易成本，提振市场主体信心，助力市场主体发展，为稳定宏观经济大盘提供有力支撑，经国务院同意，现提出以下意见。

一、进一步破除隐性门槛，推动降低市场主体准入成本

（一）全面实施市场准入负面清单管理。健全市场准入负面清单管理及动态调整机制，抓紧完善与之相适应的审批机制、监管机制，推动清单事项全部实现网上办理。稳步扩大市场准入效能评估范围，2022年10月底前，各地区各部门对带有市场准入限制的显性和隐性壁垒开展清理，并建立长效排查机制。深入实施外商投资准入前国民待遇加负面清单管理制度，推动出台全国版跨境服务贸易负面清单。（国家发展改革委、商务部牵头，国务院相关部门及各地区按职责分工负责）

（二）着力优化工业产品管理制度。规范工业产品生产、流通、使用等环节涉及的行政许可、强制性认证管理。推行工业产品系族管理，结合开发设计新产品的具体情形，取消或优化不必要的行政许可、检验检测和认证。2022年10月底前，选择部分领域探索开展企业自检自证试点。推动各地区完善工业生产许可证审批管理系统，建设一批标准、计量、检验检测、认证、产品鉴定等质量基础设施一站式服务平台，实现相关审批系统与质量监督管理平台互联互通、相关质量技术服务结果通用互认，推动工业产品快速投产上市。开展工业产品质量安全信用分类监管，2022年底前，研究制定生产企业质量信用评价规范。（市场监管总局牵头，工业和信息化部等国务院相关部门及各地区按职责分工负责）

（三）规范实施行政许可和行政备案。2022 年底前，国务院有关部门逐项制定中央层面设定的行政许可事项实施规范，省、市、县级编制完成本级行政许可事项清单及办事指南。深入推进告知承诺等改革，积极探索“一业一证”改革，推动行政许可减环节、减材料、减时限、减费用。在部分地区探索开展审管联动试点，强化事前事中事后全链条监管。深入开展行政备案规范管理改革试点，研究制定关于行政备案规范管理的政策措施。（国务院办公厅牵头，国务院相关部门及各地区按职责分工负责）

（四）切实规范政府采购和招投标。持续规范招投标主体行为，加强招投标全链条监管。2022 年 10 月底前，推动工程建设领域招标、投标、开标等业务全流程在线办理和招投标领域数字证书跨地区、跨平台互认。支持地方探索电子营业执照在招投标平台登录、签名、在线签订合同等业务中的应用。取消各地区违规设置的供应商预选库、资格库、名录库等，不得将在本地注册企业或建设生产线、采购本地供应商产品、进入本地扶持名录等与中标结果挂钩，着力破除所有制歧视、地方保护等不合理限制。政府采购和招投标不得限制保证金形式，不得指定出具保函的金融机构或担保机构。督促相关招标人、招标代理机构、公共资源交易中心等及时清退应退未退的沉淀保证金。（国家发展改革委、财政部、市场监管总局等国务院相关部门及各地区按职责分工负责）

（五）持续便利市场主体登记。2022 年 10 月底前，编制全国统一的企业设立、变更登记规范和审查标准，逐步实现内外资一体化服务，有序推动外资企业设立、变更登记网上办理。全面清理各地区非法设置的企业跨区域经营和迁移限制。简化企业跨区域迁移涉税涉费等事项办理程序，2022 年底前，研究制定企业异地迁移档案移交规则。健全市场主体歇业制度，研究制定税务、社保等配套政策。进一步提升企业注销“一网服务”水平，优化简易注销和普通注销办理程序。（人力资源社会保障部、税务总局、市场监管总局、国家档案局等国务院相关部门及各地区按职责分工负责）

二、进一步规范涉企收费，推动减轻市场主体经营负担

（六）严格规范政府收费和罚款。严格落实行政事业性收费和政府性基金目录清单，依法依规从严控制新设涉企收费项目，严厉查处强制摊派、征收过头税费、截留减税降费红利、违规设置罚款项目、擅自提高罚款标准等行为。严格规范行政处罚行

为，进一步清理调整违反法定权限设定、过罚不当等不合理罚款事项，抓紧制定规范罚款设定和实施的政策文件，坚决防止以罚增收、以罚代管、逐利执法等行为。2022年底前，完成涉企违规收费专项整治，重点查处落实降费减负政策不到位、不按要求执行惠企收费政策等行为。（国家发展改革委、工业和信息化部、司法部、财政部、税务总局、市场监管总局等国务院相关部门及各地区按职责分工负责）

（七）推动规范市政公用服务价外收费。加强水、电、气、热、通信、有线电视等市政公用服务价格监管，坚决制止强制捆绑搭售等行为，对实行政府定价、政府指导价的服务和收费项目一律实行清单管理。2022年底前，在全国范围内全面推行居民用户和用电报装容量160千瓦及以下的小微企业用电报装“零投资”。全面公示非电网直供电价格，严厉整治在电费中违规加收其他费用的行为，对符合条件的终端用户尽快实现直供到户和“一户一表”。督促商务楼宇管理人等及时公示宽带接入市场领域收费项目，严肃查处限制进场、未经公示收费等违法违规行为。（国家发展改革委、工业和信息化部、住房城乡建设部、市场监管总局、国家能源局、国家电网有限公司等相关部门和单位及各地区按职责分工负责）

（八）着力规范金融服务收费。加快健全银行收费监管长效机制，规范银行服务市场调节价管理，加强服务外包与服务合作管理，设定服务价格行为监管红线，加快修订《商业银行服务价格管理办法》。鼓励银行等金融机构对小微企业等予以合理优惠，适当减免账户管理服务等收费。坚决查处银行未按照规定进行服务价格信息披露以及在融资服务中不落实小微企业收费优惠政策、转嫁成本、强制捆绑搭售保险或理财产品等行为。鼓励证券、基金、担保等机构进一步降低服务收费，推动金融基础设施合理降低交易、托管、登记、清算等费用。（国家发展改革委、人民银行、市场监管总局、银保监会、证监会等国务院相关部门及各地区按职责分工负责）

（九）清理规范行业协会商会收费。加大对行业协会商会收费行为的监督检查力度，进一步推动各级各类行业协会商会公示收费信息，严禁行业协会商会强制企业到特定机构检测、认证、培训等并获取利益分成，或以评比、表彰等名义违规向企业收费。研究制定关于促进行业协会商会健康规范发展的政策措施，加强行业协会商会收费等规范管理，发挥好行业协会商会在政策制定、行业自治、企业权益维护中的积极作用。2022年10月底前，完成对行业协会商会违规收费清理整治情况“回头看”。（国家发展改革委、民政部、市场监管总局等国务院相关部门及各地区按职责分工负责）

（十）推动降低物流服务收费。强化口岸、货场、专用线等货运领域收费监管，依法规范船公司、船代公司、货代公司等收费行为。明确铁路、公路、水路、航空等运输环节的口岸物流作业时限及流程，加快推动大宗货物和集装箱中长距离运输“公转铁”、“公转水”等多式联运改革，推进运输运载工具和相关单证标准化，在确保安全规范的前提下，推动建立集装箱、托盘等标准化装载器具循环共用体系。2022 年 11 月底前，开展不少于 100 个多式联运示范工程建设，减少企业重复投入，持续降低综合运价水平。（国家发展改革委、交通运输部、商务部、市场监管总局、国家铁路局、中国民航局、中国国家铁路集团有限公司等相关部门和单位及各地区按职责分工负责）

三、进一步优化涉企服务，推动降低市场主体办事成本

（十一）全面提升线上线下服务能力。加快建立高效便捷、优质普惠的市场主体全生命周期服务体系，全面提高线下“一窗综办”和线上“一网通办”水平。聚焦企业和群众“办好一件事”，积极推行企业开办注销、不动产登记、招工用工等高频事项集成化办理，进一步减少办事环节。依托全国一体化政务服务平台，加快构建统一的电子证照库，明确各类电子证照信息标准，推广和扩大电子营业执照、电子合同、电子签章等应用，推动实现更多高频事项异地办理、“跨省通办”。（国务院办公厅牵头，国务院相关部门及各地区按职责分工负责）

（十二）持续优化投资和建设项目审批服务。优化压覆矿产、气候可行性、水资源论证、防洪、考古等评估流程，支持有条件的地方开展区域综合评估。探索利用市场机制推动城镇低效用地再开发，更好盘活存量土地资源。分阶段整合各类测量测绘事项，推动统一测绘标准和成果形式，实现同一阶段“一次委托、成果共享”。探索建立部门集中联合办公、手续并联办理机制，依法优化重大投资项目审批流程，对用地、环评等投资审批有关事项，推动地方政府根据职责权限试行承诺制，提高审批效能。2022 年 10 月底前，建立投资主管部门与金融机构投融资信息对接机制，为重点项目快速落地投产提供综合金融服务。2022 年 11 月底前，制定工程建设项目审批标准化规范化管理措施。2022 年底前，实现各地区工程建设项目审批管理系统与市政公用服务企业系统互联、信息共享，提升水、电、气、热接入服务质量。（国家发展改革委、自然资源部、生态环境部、住房城乡建设部、水利部、人民银行、银保监会、国家能源局、国家文物局、国家电网有限公司等相关部门和单位及各地区按职责

分工负责）

（十三）着力优化跨境贸易服务。进一步完善自贸协定综合服务平台功能，助力企业用好区域全面经济伙伴关系协定等规则。拓展“单一窗口”的“通关＋物流”、“外贸＋金融”功能，为企业提供通关物流信息查询、出口信用保险办理、跨境结算融资等服务。支持有关地区搭建跨境电商一站式服务平台，为企业提供优惠政策申报、物流信息跟踪、争端解决等服务。探索解决跨境电商退换货难问题，优化跨境电商零售进口工作流程，推动便捷快速通关。2022 年底前，在国内主要口岸实现进出口通关业务网上办理。（交通运输部、商务部、人民银行、海关总署、国家外汇局等国务院相关部门及各地区按职责分工负责）

（十四）切实提升办税缴费服务水平。全面推行电子非税收入一般缴款书，推动非税收入全领域电子收缴、“跨省通缴”，便利市场主体缴费办事。实行汇算清缴结算多缴退税和已发现的误收多缴退税业务自动推送提醒、在线办理。推动出口退税全流程无纸化。进一步优化留抵退税办理流程，简化退税审核程序，强化退税风险防控，确保留抵退税安全快捷直达纳税人。拓展“非接触式”办税缴费范围，推行跨省异地电子缴税、行邮税电子缴库服务，2022 年 11 月底前，实现 95% 税费服务事项“网上办”。2022 年底前，实现电子发票无纸化报销、入账、归档、存储等。（财政部、人民银行、税务总局、国家档案局等国务院相关部门及各地区按职责分工负责）

（十五）持续规范中介服务。清理规范没有法律、法规、国务院决定依据的行政许可中介服务事项，建立中央和省级行政许可中介服务事项清单。鼓励各地区依托现有政务服务系统提供由省级统筹的网上中介超市服务，吸引更多中介机构入驻，坚决整治行政机关指定中介机构垄断服务、干预市场主体选取中介机构等行为，依法查处中介机构强制服务收费等行为。全面实施行政许可中介服务收费项目清单管理，清理规范环境检测、招标代理、政府采购代理、产权交易、融资担保评估等涉及的中介服务违规收费和不合理收费。（国务院办公厅、国家发展改革委、市场监管总局等国务院相关部门及各地区按职责分工负责）

（十六）健全惠企政策精准直达机制。2022 年底前，县级以上政府及其有关部门要在门户网站、政务服务平台等醒目位置设置惠企政策专区，汇集本地区本领域市场主体适用的惠企政策。加强涉企信息归集共享，对企业进行分类“画像”，推动惠企政策智能匹配、快速兑现。鼓励各级政务服务大厅设立惠企政策集中办理窗口，积极推动地方和部门构建惠企政策移动端服务体系，提供在线申请、在线反馈、应享未享提醒等服务，确保财政补贴、税费减免、稳岗扩岗等惠企政策落实到位。（各地区、各部门负责）

四、进一步加强公正监管，切实保护市场主体合法权益

（十七）创新实施精准有效监管。进一步完善监管方式，全面实施跨部门联合“双随机、一公开”监管，推动监管信息共享互认，避免多头执法、重复检查。加快在市场监管、税收管理、进出口等领域建立健全信用分级分类监管制度，依据风险高低实施差异化监管。积极探索在安全生产、食品安全、交通运输、生态环境等领域运用现代信息技术实施非现场监管，避免对市场主体正常生产经营活动的不必要干扰。（国务院办公厅牵头，国务院相关部门及各地区按职责分工负责）

（十八）严格规范监管执法行为。全面提升监管透明度，2022 年底前，编制省、市两级监管事项目录清单。严格落实行政执法三项制度，建立违反公平执法行为典型案例通报机制。建立健全行政裁量权基准制度，防止任性执法、类案不同罚、过度处罚等问题。坚决杜绝“一刀切”、“运动式”执法，严禁未经法定程序要求市场主体普遍停产停业。在市场监管、城市管理、应急管理、消防安全、交通运输、生态环境等领域，制定完善执法工作指引和标准化检查表单，规范日常监管行为。（国务院办公厅牵头，国务院相关部门及各地区按职责分工负责）

（十九）切实保障市场主体公平竞争。全面落实公平竞争审查制度，2022 年 10 月底前，组织开展制止滥用行政权力排除、限制竞争执法专项行动。细化垄断行为和不正当竞争行为认定标准，加强和改进反垄断与反不正当竞争执法，依法查处恶意补贴、低价倾销、设置不合理交易条件等行为，严厉打击“搭便车”、“蹭流量”等仿冒混淆行为，严格规范滞压占用经营者保证金、交易款等行为。（国家发展改革委、司法部、人民银行、国务院国资委、市场监管总局等国务院相关部门及各地区按职责分工负责）

（二十）持续加强知识产权保护。严格知识产权管理，依法规范非正常专利申请行为，及时查处违法使用商标和恶意注册申请商标等行为。完善集体商标、证明商标管理制度，规范地理标志集体商标注册及使用，坚决遏制恶意诉讼或变相收取“会员费”、“加盟费”等行为，切实保护小微商户合法权益。健全大数据、人工智能、基因技术等新领域、新业态知识产权保护制度。加强对企业海外知识产权纠纷应对的

指导，2022 年底前，发布海外重点国家商标维权指南。（最高人民法院、民政部、市场监管总局、国家知识产权局等相关部门和单位及各地区按职责分工负责）

五、进一步规范行政权力，切实稳定市场主体政策预期

（二十一）不断完善政策制定实施机制。建立政府部门与市场主体、行业协会商会常态化沟通平台，及时了解、回应企业诉求。制定涉企政策要严格落实评估论证、公开征求意见、合法性审核等要求，重大涉企政策出台前要充分听取相关企业意见。2022 年 11 月底前，开展行政规范性文件合法性审核机制落实情况专项监督工作。切实发挥中国政府网网上调研平台及各级政府门户网站意见征集平台作用，把握好政策出台和调整的时度效，科学设置过渡期等缓冲措施，避免“急转弯”和政策“打架”。各地区在制定和执行城市管理、环境保护、节能减排、安全生产等方面政策时，不得层层加码、加重市场主体负担。建立健全重大政策评估评价制度，政策出台前科学研判预期效果，出台后密切监测实施情况，2022 年底前，在重大项目投资、科技、生态环境等领域开展评估试点。（各地区、各部门负责）

（二十二）着力加强政务诚信建设。健全政务守信践诺机制，各级行政机关要抓紧对依法依规作出但未履行到位的承诺列明清单，明确整改措施和完成期限，坚决纠正“新官不理旧账”、“击鼓传花”等政务失信行为。2022 年底前，落实逾期未支付中小企业账款强制披露制度，将拖欠信息列入政府信息主动公开范围。开展拖欠中小企业账款行为集中治理，严肃问责虚报还款金额或将无分歧欠款做成有争议欠款的行为，清理整治通过要求中小企业接受指定机构债务凭证或到指定机构贴现进行不当牟利的行为，严厉打击虚假还款或以不签合同、不开发票、不验收等方式变相拖欠的行为。鼓励各地区探索建立政务诚信诉讼执行协调机制，推动政务诚信履约。（最高人民法院、国务院办公厅、国家发展改革委、工业和信息化部、司法部、市场监管总局等相关部门和单位及各地区按职责分工负责）

（二十三）坚决整治不作为乱作为。各地区各部门要坚决纠正各种懒政怠政等不履职和重形式不重实绩等不正确履职行为。严格划定行政权力边界，没有法律法规依据，行政机关出台政策不得减损市场主体合法权益。各地区要建立健全营商环境投诉举报和问题线索核查处理机制，充分发挥 12345 政务服务便民热线、政务服务平台等渠道作用，及时查处市场主体和群众反映的不作为乱作为问题，切实加强社会监督。国务院办公厅要会同有关方面适时通报损害营商环境典型案例。（各地区、各部

门负责）

各地区各部门要认真贯彻落实党中央、国务院决策部署，加强组织实施、强化协同配合，结合工作实际加快制定具体配套措施，确保各项举措落地见效，为各类市场主体健康发展营造良好环境。国务院办公厅要加大协调督促力度，及时总结推广各地区各部门经验做法，不断扩大改革成效。

2022 年 9 月 7 日

国务院关于开展营商环境创新试点工作的意见

（国发〔2021〕24号）

党中央、国务院高度重视优化营商环境工作。近年来，我国营商环境持续改善，特别是部分地方主动对标国际先进率先加大营商环境改革力度，取得明显成效，对推动全国营商环境整体优化、培育和激发市场主体活力发挥了较好的示范带动作用。为鼓励有条件的地方进一步瞄准最高标准、最高水平开展先行先试，加快构建与国际通行规则相衔接的营商环境制度体系，持续优化市场化法治化国际化营商环境，现提出以下意见。

一、总体要求

（一）指导思想。以习近平新时代中国特色社会主义思想为指导，全面贯彻党的十九大和十九届二中、三中、四中、五中全会精神，立足新发展阶段，完整、准确、全面贯彻新发展理念，构建新发展格局，以推动高质量发展为主题，统筹发展和安全，以制度创新为核心，赋予有条件的地方更大改革自主权，对标国际一流水平，聚焦市场主体关切，进一步转变政府职能，一体推进简政放权、放管结合、优化服务改革，推进全链条优化审批、全过程公正监管、全周期提升服务，推动有效市场和有为政府更好结合，促进营商环境迈向更高水平，更大激发市场活力和社会创造力，更好稳定市场预期，保持经济平稳运行。

（二）试点范围。综合考虑经济体量、市场主体数量、改革基础条件等，选择部分城市开展营商环境创新试点工作。首批试点城市为北京、上海、重庆、杭州、广州、深圳6个城市。强化创新试点同全国优化营商环境工作的联动，具备条件的创新试点举措经主管部门和单位同意后在全国范围推开。

（三）主要目标。经过三至五年的创新试点，试点城市营商环境国际竞争力跃居全球前列，政府治理效能全面提升，在全球范围内集聚和配置各类资源要素能力明显增强，市场主体活跃度和发展质量显著提高，率先建成市场化法治化国际化的一流营商环境，形成一系列可复制可推广的制度创新成果，为全国营商环境建设作出重要示范。

二、重点任务

（四）进一步破除区域分割和地方保护等不合理限制。加快破除妨碍生产要素市场化配置和商品服务流通的体制机制障碍。在不直接涉及公共安全和人民群众生命健康的领域，推进“一照多址”、“一证多址”等改革，便利企业扩大经营规模。清理对企业跨区域经营、迁移设置的不合理条件，全面取消没有法律法规依据的要求企业在特定区域注册的规定。着力破除招投标、政府采购等领域对外地企业设置的隐性门槛和壁垒。探索企业生产经营高频办理的许可证件、资质资格等跨区域互认通用。

（五）健全更加开放透明、规范高效的市场主体准入和退出机制。进一步提升市场主体名称登记、信息变更、银行开户等便利度。建立健全市场准入评估制度，定期排查和清理在市场准入方面对市场主体资质、资金、股比、人员、场所等设置的不合理条件。推行企业年报“多报合一”改革。完善市场主体退出机制，全面实施简易注销，建立市场主体强制退出制度。推行破产预重整制度，建立健全企业破产重整信用修复机制，允许债权人等推荐选任破产管理人。建立健全司法重整的府院联动机制，提高市场重组、出清的质量和效率。

（六）持续提升投资和建设便利度。深化投资审批制度改革。推进社会投资项目“用地清单制”改革，在土地供应前开展相关评估工作和现状普查，形成评估结果和普查意见清单，在土地供应时一并交付用地单位。推进产业园区规划环评与项目环评联动，避免重复评价。在确保工程质量安全的前提下，持续推进工程建设项目审批制度改革，清理审批中存在的“体外循环”、“隐性审批”等行为。推动分阶段整合规划、土地、房产、交通、绿化、人防等测绘测量事项，优化联合验收实施方式。建立健全市政接入工程信息共享机制。探索在民用建筑工程领域推进和完善建筑师负责制。

（七）更好支持市场主体创新发展。完善创新资源配置方式和管理机制，探索适应新业态新模式发展需要的准入准营标准，提升市场主体创新力。在确保安全的前提下，探索高精度地图面向智能网联汽车开放使用。推进区块链技术在政务服务、民生服务、物流、会计等领域探索应用。探索对食品自动制售设备等新业态发放经营许可。完善知识产权市场化定价和交易机制，开展知识产权证券化试点。深化科技成果使用权、处置权和收益权改革，赋予科研人员职务科技成果所有权或长期使用权，探索完善科研人员职务发明成果权益分享机制。

（八）持续提升跨境贸易便利化水平。高标准建设国际贸易“单一窗口”，加快推动“单一窗口”服务功能由口岸通关向口岸物流、贸易服务等全链条拓展，推进全流程作业无纸化。在确保数据安全的前提下，推动与东亚地区主要贸易伙伴口岸间相关单证联网核查。推进区域通关便利化协作，探索开展粤港澳大湾区“组合港”、“一港通”等改革。推进铁路、公路、水路、航空等运输环节信息对接共享，实现运力信息可查、货物全程实时追踪，提升多式联运便利化水平。在有条件的港口推进进口货物“船边直提”和出口货物“抵港直装”。探索开展科研设备、耗材跨境自由流动，简化研发用途设备和样本样品进出口手续。

（九）优化外商投资和国际人才服务管理。加强涉外商事法律服务，建设涉外商事一站式多元解纷中心，为国际商事纠纷提供多元、高效、便捷解纷渠道。探索制定外籍“高精尖缺”人才地方认定标准。在不直接涉及公共安全和人民群众生命健康、风险可控的领域，探索建立国际职业资格证书认可清单制度，对部分需持证上岗的职业，允许取得境外相应职业资格或公认的国际专业组织认证的国际人才，经能力水平认定或有关部门备案后上岗，并加强执业行为监管。研究建立与国际接轨的人才评价体系。持续提升政府门户网站国际版服务水平，方便外籍人员及时准确了解投资、工作、生活等政策信息，将更多涉外审批服务事项纳入“一网通办”。

（十）维护公平竞争秩序。坚持对各类市场主体一视同仁、同等对待，稳定市场主体预期。强化公平竞争审查刚性约束，建立举报处理和回应机制，定期公布审查结果。着力清理取消企业在资质资格获取、招投标、政府采购、权益保护等方面存在的差别化待遇，防止滥用行政权力通过划分企业等级、增设证明事项、设立项目库、注册、认证、认定等形式排除和限制竞争的行为。建立招标计划提前发布制度，推进招投标全流程电子化改革。加强和改进反垄断与反不正当竞争执法。清理规范涉企收费，健全遏制乱收费、乱摊派的长效机制，着力纠正各类中介垄断经营、强制服务等行为。

（十一）进一步加强和创新监管。坚持放管结合、并重，夯实监管责任，健全事前事中事后全链条全流程的监管机制。完善公开透明、简明易行的监管规则和标准，加强政策解读。在直接涉及公共安全和人民群众生命财产安全的领域，探索实行惩罚性赔偿等制度。深化“互联网+监管”，加快构建全国一体化在线监管平台，积极运用大数据、物联网、人工智能等技术为监管赋能，探索形成市场主体全生命周期监管链。推动“双随机、一公开”监管和信用监管深度融合，完善按风险分级分类管理模式。在医疗、教育、工程建设等领域探索建立完善执业诚信体系。对新产业新业态实行包容审慎监管，建立健全平台经济治理体系。推动行业协会商会等建立健全行业经营自律规范，更好发挥社会监督作用。

（十二）依法保护各类市场主体产权和合法权益。构建亲清政商关系，健全政府守信践诺机制，建立政府承诺合法性审查制度和政府失信补偿、赔偿与追究制度，重点治理债务融资、政府采购、招投标、招商引资等领域的政府失信行为，畅通政府失信投诉举报渠道，健全治理“新官不理旧账”的长效机制。完善产权保护制度，强化知识产权保护，开展商标专利巡回评审和远程评审，完善对商标恶意注册和非正常专利申请的快速处置联动机制，加强海外知识产权维权协作。规范罚款行为，全面清理取消违反法定权限和程序设定的罚款事项，从源头上杜绝乱罚款。严格落实重大行政决策程序，增强公众参与实效。全面建立重大政策事前评估和事后评价制度，推进评估评价标准化、制度化、规范化。

（十三）优化经常性涉企服务。加快建立健全高效便捷、优质普惠的市场主体全生命周期服务体系，健全常态化政企沟通机制和营商环境投诉处理机制。完善动产和权利担保统一登记制度，有针对性地逐步整合各类动产和权利担保登记系统，提升企业动产和权利融资便利度。持续优化企业办税服务，深化“多税合一”申报改革，试行代征税款电子缴税并开具电子完税证明。进一步提升不动产登记涉税、继承等业务办理便利度。推进水电气暖等“一站式”便捷服务，加快实现报装、查询、缴费等业务全程网办。推进电子证照、电子签章在银行开户、贷款、货物报关、项目申报、招投标等领域全面应用和互通互认。推进公安服务“一窗通办”。推行涉企事项“一网通办”、“一照通办”，全面实行惠企政策“免申即享”、快速兑现。

三、组织保障

（十四）加强组织领导和统筹协调。国务院办公厅要统筹推进营商环境创新试点工作，牵头制定改革事项清单，做好协调督促、总结评估、复制推广等工作。司法部要做好改革的法治保障工作。国务院有关部门要结合自身职责，协调指导试点城市推进相关改革，为试点城市先行先试创造良好条件。有关省份人民政府要加大对试点城市的支持力度，加强政策措施衔接配套，依法依规赋予试点城市相关权限。各试点城市人民政府要制定本地区试点实施方案，坚持稳步实施，在风险总体可控前提下，科学把握改革的时序、节奏和步骤，推动创新试点工作走深走实，实施方案应报国务院办公厅备案并向社会公布。试点城市辖区内开发区具备较好改革基础的，可研究进一步加大改革力度，为创新试点工作探索更多有益经验。

（十五）强化法治保障。按照重大改革于法有据的要求，依照法定程序开展营商环境创新试点工作。国务院决定，根据《全国人民代表大会常务委员会关于授权国务院在营商环境创新试点城市暂时调整适用〈中华人民共和国计量法〉有关规定的决定》，3 年内在营商环境创新试点城市暂时调整适用《中华人民共和国计量法》有关规定；同时，在营商环境创新试点城市暂时调整适用《植物检疫条例》等 7 部行政法规有关规定。国务院有关部门和有关地方人民政府要根据法律、行政法规的调整情况，及时对本部门和本地区制定的规章、规范性文件作相应调整，建立与试点要求相适应的管理制度。对试点成效明显的改革举措，要及时推动有关法律、法规、规章的立改废释，固化改革成果。

（十六）加强数据共享和电子证照应用支撑。加快打破信息孤岛，扩大部门和地方间系统互联互通和数据共享范围。优化数据资源授权模式，探索实施政务数据、电子证照地域授权和场景授权，将产生于地方但目前由国家统一管理的相关领域数据和电子证照回流试点城市；对试点城市需使用的中央部门和单位、外地的数据和电子证照，由主管部门和单位通过数据落地或数据核验等方式统一提供给试点城市使用。优化全国一体化政务服务平台功能，推动更多数据资源依托平台实现安全高效优质的互通共享。

（十七）做好滚动试点和评估推广。国务院办公厅会同有关方面根据试点情况，结合改革需要，适时扩大试点城市范围。同时，建立改革事项动态更新机制，分批次研究制定改革事项清单，按照批量授权方式，按程序报批后推进实施，定期对营商环境创新试点工作进行评估，对实践证明行之有效、市场主体欢迎的改革措施要及时在更大范围复制推广，对出现问题和风险的要及时调整或停止实施。试点中的重要情况，有关地方和部门要及时向国务院请示报告。

附件：1. 首批营商环境创新试点改革事项清单

2. 国务院决定在营商环境创新试点城市暂时调整适用有关行政法规规定目录

2021 年 10 月 31 日

附件 1

首批营商环境创新试点改革事项清单

（共 10 个方面 101 项改革举措）

序号	改革事项	主要内容	主管部门和单位
一、进一步破除区域分割和地方保护等不合理限制			
1	开展“一照多址”、“一证多址”改革	除直接涉及公共安全和人民群众生命健康的领域外，对符合条件的企业，允许在营业执照上加载新设立住所（经营场所）的地址，免于分支机构登记；对部分高频办理的经营许可证，探索允许企业在一定区域内开设经营项目相同的分支机构时，就其符合许可条件作出承诺后，免于再次办理相关许可证，相关部门加强事后核查和监管。	市场监管总局等国务院相关部门
2	便利企业分支机构、连锁门店信息变更	大型企业分支机构办理不涉及新办许可证的信息变更时，在试点城市内可实行集中统一办理。	市场监管总局
3	清除招投标和政府采购领域对外地企业设置的隐性门槛和壁垒	清理取消要求投标单位必须在项目所在地或采购人所在地设立分公司或办事处等排斥外地投标人的行为，同步完善与统一开放的招投标和政府采购市场相适应的监管模式。	国家发展改革委、财政部等国务院相关部门
4	推动招投标领域数字证书兼容互认	企业在任意试点城市公共资源交易平台完成注册后，即可在全部试点城市及其区县参与投标，做到只需注册一次，只用一套 CA 证书。	国家发展改革委

续表

序号	改革事项	主要内容	主管部门和单位
5	推进客货运输电子证照跨区域互认与核验	推进试点城市制作和发放的道路运输从业人员从业资格证（道路客、货运）、道路运输经营许可证（道路客、货运）、道路运输证（道路客、货运）、营运客车二维码（包含道路运输证、道路客运班线经营信息表的信息）、国内水路运输经营许可证、船舶营业运输证、内河船舶证书信息簿等 7 类电子证照在试点城市间互认，执法检查部门通过电子证照二维码在线核验、网站查询等方式核验电子证照真伪。	交通运输部
6	优化常用低风险植物和植物产品跨区域流通检疫申请流程	试点城市明确以本城市为调入地、必须经过检疫的常用低风险植物和植物产品的检疫要求，并在“全国植物检疫信息化管理系统”和“林业植物检疫管理信息系统”中进行公示，调出地植物检疫机构根据公示要求进行检疫，并出具检疫证书，企业在收到检疫合格证书后即可调运。改革后，调入地植物检疫机构按职责做好对检疫证书的查验审核，并完善复检制度，严格把好植物和植物产品跨省调运的检疫关。	农业农村部、国家林草局
二、健全更加开放透明、规范高效的市场主体准入和退出机制			
7	拓展企业开办“一网通办”业务范围	在企业开办过程中，将社保登记后续环节一并纳入“一网通办”平台。推进电子营业执照、电子发票、电子签章同步发放及应用，方便企业网上办事。	市场监管总局、人力资源社会保障部、税务总局
8	进一步便利企业开立银行账户	探索整合企业开办实名验证信息、企业登记信息和银行开户备案信息，自然人、法人等通过线上平台申请营业执照时，经企业授权同意后，线上平台将有关基本信息和银行开户预约信息实时推送给申请人选定的开户银行，开户银行生成企业账户预约账号，并通过线上平台推送给税务、人力资源社会保障、住房公积金管理部门。开户银行根据预约需求，按规定为企业开立账户后，及时将相关信息通过线上平台推送至相关部门。	市场监管总局、人民银行、公安部、人力资源社会保障部、住房城乡建设部、税务总局

续表

序号	改革事项	主要内容	主管部门和单位
9	开展不含行政区划名称的企业名称自主申报	下放不含行政区划名称的企业名称登记权至试点城市，全面实行企业名称自主申报。	市场监管总局
10	优化律师事务所核名管理	允许试点城市司法行政部门律师管理系统同司法部全国律师综合管理信息系统律师事务所名称数据库进行对接，对申请人申请的律师事务所名称，由试点城市司法行政部门作出名称预核准决定并报司法部备案，缩短核名时限。	司法部
11	企业住所（经营场所）标准化登记	通过相关部门数据共享，建立标准化住所（经营场所）数据库，建立健全住所（经营场所）负面清单管理制度，在便利住所登记的同时，防范虚假住所等突出风险。	市场监管总局等国务院相关部门
12	试行企业登记信息变更网上办理	通过企业开办“一网通办”平台完成登记注册的企业，可通过平台实现全程网上办理变更手续。	市场监管总局等国务院相关部门
13	推行企业年度报告“多报合一”改革	相关部门可依法依规共享企业年度报告有关信息，企业只需填报一次年度报告，无需再向多个部门重复报送相关信息，实现涉及市场监管、社保、税务、海关等事项年度报告的“多报合一”。	市场监管总局、人力资源社会保障部、海关总署、税务总局
14	建立市场准入效能评估制度	围绕市场准入负面清单制度落实情况、市场准入审批服务效能、市场准入隐性壁垒破除等方面，对市场准入效能进行综合评估。对违反市场准入负面清单制度情况进行监测、归集、通报。进一步畅通市场主体对隐性壁垒的投诉渠道和处理回应机制。	国家发展改革委
15	探索建立市场主体除名制度	对被列入经营异常名录或者被标记为经营异常状态满两年，且近两年未申报纳税的市场主体，商事登记机关可对其作出除名决定。除名后，市场主体应当依法完成清算、办理注销登记，且不得从事与清算和注销无关的活动。被除名期间市场主体存续，并可对除名决定申请行政复议或提起行政诉讼。	市场监管总局

续表

序号	改革事项	主要内容	主管部门和单位
16	优化破产企业土地、房产处置程序	企业破产案件中因债务人资料缺失或第三方机构（如设计、勘察、监理等单位）不配合竣工验收等情形导致无法办理竣工验收的建设工程，经委托有关专业机构对工程质量进行安全鉴定合格后，可办理不动产登记。	最高人民法院，自然资源部、住房城乡建设部
17	优化破产案件财产解封及处置机制	建立破产案件财产处置协调机制，破产案件经试点城市人民法院裁定受理后，由破产管理人通知债权人及相关单位进行财产解封，破产管理人对已查封的财产进行处置时无须再办理解封手续。债务人在试点城市的不动产或动产等实物资产被相关单位查封后，查封单位未依法解封的，允许破产管理人对被查封的财产进行处置。处置后依据破产受理法院出具的文件办理解封和资产过户、移交手续，资产处置所得价款经与查封单位协调一致后，统一分配处置。	最高人民法院，公安部、自然资源部、人民银行、海关总署、税务总局、市场监管总局等国务院相关部门
18	进一步便利破产管理人查询破产企业财产信息	允许破产管理人通过线上注册登录等方式，经身份核验后，依法查询有关机构（包括土地管理、房产管理、车辆管理、税务、市场监管、社保等部门和单位）掌握的破产企业财产相关信息，提高破产办理效率。	最高人民法院，公安部、人力资源社会保障部、自然资源部、住房城乡建设部、税务总局、市场监管总局等国务院相关部门
19	健全企业重整期间信用修复机制	人民法院裁定批准重整计划的破产企业，可以申请在“信用中国”网站、国家企业信用信息公示系统、金融信用信息基础数据库中添加相关信息，及时反映企业重整情况；有关部门依法依规调整相关信用限制和惩戒措施。探索重整计划执行期间赋予符合条件的破产企业参与招投标、融资、开具保函等资格。	最高人民法院，国家发展改革委、财政部、人民银行、税务总局、市场监管总局、银保监会等国务院相关部门
20	进一步完善破产管理人选任、预重整等制度	允许破产企业的相关权利人推荐破产管理人，并由人民法院指定。探索建立破产预重整制度。	最高人民法院

续表

序号	改革事项	主要内容	主管部门和单位
三、持续提升投资和建设便利度			
21	推进社会投资项目“用地清单制”改革	在土地供应前，可开展地质灾害、地震安全、压覆矿产、气候可行性、水资源论证、水土保持、防洪、考古调查勘探发掘等评估，并对文物、历史建筑保护对象、古树名木、人防工程、地下管线等进行现状普查，形成评估结果和普查意见清单，在土地供应时一并交付用地单位。相关单位在项目后续报建或验收环节，原则上不得增加清单外的要求。改革后，相关单位提升评估的科学性、精准性及论证深度，避免企业拿地后需重复论证。同时，当项目外部条件发生变化，相关单位及时对评估报告等进行调整完善。	国家发展改革委、自然资源部、住房城乡建设部、水利部、中国气象局、国家林草局、国家文物局、中国地震局、国家人防办等
22	试行分阶段整合相关测绘测量事项	探索将勘测定界测绘、宗地测绘合并为一个测绘事项；将房产预测绘、人防面积预测绘、定位测量、建设工程规划验线、正负零检测等事项，在具备条件的情况下进行整合；将竣工规划测量、用地复核测量、房产测量、机动车停车场（库）测量、绿地测量、人防测量、地下管线测量等事项，在具备条件的情况下进行整合。加快统一相关测绘测量技术标准，实现同一阶段“一次委托、成果共享”，避免对同一标的物重复测绘测量。	自然资源部、住房城乡建设部、交通运输部、国家人防办
23	推行水电气暖等市政接入工程涉及的行政审批在线并联办理	对供电、供水、供气、供暖等市政接入工程涉及的建设工程规划许可、绿化许可、涉路施工许可等实行全程在线并联办理，对符合条件的市政接入工程审批实行告知承诺管理。改革后，有关行政审批部门加强抽查核验力度，对虚假承诺、违反承诺等行为实行惩戒。	住房城乡建设部、公安部、自然资源部、交通运输部、国家电网有限公司、中国南方电网有限责任公司
24	开展联合验收“一口受理”	对实行联合验收的工程建设项目，由住房城乡建设主管部门“一口受理”建设单位申请，并牵头协调相关部门限时开展联合验收，避免建设单位反复与多个政府部门沟通协调。	住房城乡建设部、自然资源部、国家人防办

续表

序号	改革事项	主要内容	主管部门和单位
25	进一步优化工程建设项目联合验收方式	对实行联合验收的工程建设项目，根据项目类别科学合理确定纳入联合验收的事项，原则上未经验收不得投入使用的事项（如规划核实、人防备案、消防验收、消防备案、竣工备案、档案验收等）应当纳入联合验收，其他验收事项可根据实际情况纳入，并综合运用承诺制等多种方式灵活办理验收手续，提高验收效率，减少企业等待时间，加快项目投产使用。改革后，相关主管部门和单位对未纳入联合验收的事项也要依申请及时进行验收，并优化验收流程，对验收时发现的问题及时督促建设单位整改。	住房城乡建设部、自然资源部、国家人防办
26	简化实行联合验收的工程建设项目竣工验收备案手续	对实行联合验收的工程建设项目，可在通过联合验收后现场出具竣工联合验收意见书，政府部门直接备案，不动产登记等相关部门通过系统数据共享获得需要的验收结果，企业无需再单独办理竣工验收备案。	住房城乡建设部、自然资源部、国家人防办
27	试行对已满足使用功能的单位工程开展单独竣工验收	对办理了一张建设工程规划许可证但涉及多个单位工程的工程建设项目，在符合项目整体质量安全要求、达到安全使用条件的前提下，对已满足使用功能的单位工程可采用单独竣工验收方式，单位工程验收合格后，可单独投入使用。改革后，试点城市建立完善单位工程竣工验收标准，加强风险管控，确保项目整体符合规划要求和质量安全。	住房城乡建设部、自然资源部、国家人防办
28	推进产业园区规划环评与项目环评联动	在环境质量符合国家相关考核要求、环境管理体系较为健全的产业园区，对环境影响较小的项目环评，探索入园建设项目环评改革，推进规划环评与项目环评联动，避免重复评价。改革后，对相关产业园区加强环境监测，明确园区及园区内企业环境风险防范责任，对破坏生态环境的项目及时依法依规处理。	生态环境部

续表

序号	改革事项	主要内容	主管部门和单位
29	下放部分工程资质行政审批权限	将省级审批的电子与智能化工程二级、消防设施工程二级、防水防腐保温工程二级、建筑装修装饰工程二级、建筑幕墙工程二级和特种工程资质的审批（包括企业发生重组、合并、分立、跨省变更等事项后资质核定），下放至北京市、上海市、重庆市市辖区（县）和杭州市、广州市、深圳市有关部门。改革后，试点城市明确承接机构、加强专业培训，做好事中事后监管。	住房城乡建设部
30	建立完善建筑师负责制	推动有序发展建筑师个人执业事务所。探索在民用建筑工程领域推进和完善建筑师负责制，充分发挥建筑师的主导作用，鼓励提供全过程工程咨询服务，与国际工程建设模式接轨。	住房城乡建设部
四、更好支持市场主体创新发展			
31	允许对食品自动制售设备等新业态发放食品经营许可	在保障食品安全和符合相关法律法规规定的前提下，经充分研究论证和开展风险评估，对自动制售设备、无人售货商店等自动化、无人化新业态的经营者发放食品经营许可或办理食品经营备案。	市场监管总局
32	在确保安全的前提下试行高精度地图面向智能网联汽车使用	在取得相关资质和确保安全的前提下，试行高精度地图在限定路段面向智能网联汽车使用，允许不涉及国家安全的自动驾驶高精度地图数据在限定路段采集和使用，同步健全细致完备的监管措施，确保监管到位。	自然资源部、公安部
33	进一步探索完善知识产权市场化定价和交易机制	探索建立跨区域知识产权交易服务平台，为知识产权交易提供信息挂牌、交易撮合、资产评估等服务，帮助科技企业快速质押融资。	国家知识产权局、财政部、国家版权局
34	健全知识产权质押融资风险分担机制和质物处置机制	健全政府引导的知识产权质押融资风险分担和补偿机制，综合运用担保、风险补偿等方式降低信贷风险。探索担保机构等通过质权转股权、反向许可、拍卖等方式快速进行质物处置，保障金融机构对质权的实现。	国家知识产权局、人民银行、国家版权局、银保监会

续表

序号	改革事项	主要内容	主管部门和单位
35	开展赋予科研人员职务科技成果所有权或长期使用权试点	赋予试点城市部分高等院校、科研机构的科研人员职务科技成果所有权或长期使用权。试点高等院校和科研机构将本单位利用财政性资金形成或接受企业、其他社会组织委托形成的归单位所有的职务科技成果所有权按一定比例赋予成果完成人（团队），试点单位与成果完成人（团队）成为共同所有权人。试点单位可赋予科研人员不低于 10 年的职务科技成果长期使用权。	科技部、教育部、财政部
36	优化科技企业孵化器及众创空间信息变更管理模式	在科技部门线上信息服务系统中增设国家备案科技企业孵化器及众创空间信息变更申请、审批和修改功能，增设科技企业孵化器及众创空间所属区域变更修改功能。对于名称、场地面积、经营场所等信息变更，由试点城市科技主管部门审批同意后即可变更，并将变更信息推送至国家科技主管部门。国家科技主管部门对相关信息变更的情况开展抽查检查和事中事后监管。	科技部
37	培育数据要素市场	开展数据确权探索，实现对数据主权的可控可管，推动数据安全有序流动。在数据流通、数据安全等方面加快形成开放环境下的新型监管体系。	国家发展改革委、工业和信息化部、国家网信办等国务院相关部门
38	有序开放公共管理和服务机构产生的部分公共数据	按照分级分类、需求导向、安全可控的原则，探索向社会进一步开放公共管理和服务机构在履行职责或提供服务时产生、处理的公共数据，引导科研院所、社会团体等依法依规开放自有数据，并规范数据处理活动，促进数据流动和开发利用。	国家发展改革委、工业和信息化部、国家网信办等国务院相关部门

续表

序号	改革事项	主要内容	主管部门和单位
五、持续提升跨境贸易便利化水平			
39	探索开展“组合港”、“一港通”等区域通关便利化改革	探索开展粤港澳大湾区“组合港”、“一港通”等改革，优化相关货物的转关手续，鼓励和支持试点城市进一步创新口岸通关监管方式，提升区域通关便利化水平。	海关总署
40	推动与东亚地区主要贸易伙伴口岸间相关单证联网核查	在确保信息安全的前提下，推动试点城市实现与日本、韩国、香港等东亚地区主要贸易伙伴和经济体口岸的相关单证联网核查。	海关总署、商务部
41	优化进出口货物查询服务	利用“单一窗口”为企业及相关机构提供进出口货物全流程查询服务。基于企业授权，企业申报信息可为金融机构开展融资、收结汇服务提供信用依据。	海关总署、商务部
42	实行进出口联合登临检查	依托“单一窗口”将查验通知推送给口岸作业场站，开发“单一窗口”预约联合登临检查功能等，实现通关和物流操作快速衔接，提高进出口货物提离速度。	海关总署、交通运输部
43	加强铁路信息系统与海关信息系统的数据交换共享	加强铁路信息系统与海关信息系统的数据交换共享，实现相关单证电子化流转，大力推广铁路口岸“快速通关”业务模式，压缩列车停留时间，提高通关效率。	海关总署、国家铁路局、中国国家铁路集团有限公司
44	推进水铁空公多式联运信息共享	打破制约多式联运发展的信息壁垒，推进铁路、公路、水路、航空等运输环节信息对接共享，实现运力信息可查、货物全程实时追踪等，促进多种运输方式协同联动。	交通运输部、海关总署、国家铁路局、中国民航局、国家邮政局、中国国家铁路集团有限公司

续表

序号	改革事项	主要内容	主管部门和单位
45	进一步深化进出口货物“提前申报”、“两步申报”、“船边直提”、“抵港直装”等改革	推行进出口货物“提前申报”、“两步申报”措施。在有条件的港口推进进口货物“船边直提”和出口货物“抵港直装”。	海关总署
46	在“CCC 免办及特殊用途进口产品检测处理管理系统”中为符合条件的企业开设便捷通道	对符合条件的企业进口免强制性产品认证（CCC认证）产品目录内的产品，免于 CCC 免办证书申请和审核，实现“白名单企业”自我承诺、自主填报、自动获证。试点城市制定免予办理 CCC 认证便捷通道操作办法等，做好全链条闭环监管。	市场监管总局、海关总署
47	探索开展科研设备、耗材跨境自由流动，简化研发用途设备和样本样品进出口手续	探索制定跨境科研用物资正面清单，对正面清单列明的科研设备、科研样本、实验试剂、耗材等科研物资实行单位事先承诺申报、海关便利化通关的管理模式，简化报关单申报、检疫审批、监管证件管理等环节。对国外已上市但国内未注册的研发用医疗器械，准许企业在强化自主管理、确保安全的前提下进口，海关根据相关部门意见办理通关手续。	科技部、商务部、国家卫生健康委、海关总署、市场监管总局
六、优化外商投资和国际人才服务管理			
48	建立涉外商事一站式多元解纷中心	支持试点城市建立涉外商事一站式多元解纷中心，为国际商事纠纷提供多元、高效、便捷解纷渠道。探索建立健全线上、线下解纷平台，引入国内调解组织、仲裁机构。鼓励调解组织、仲裁机构引入外籍调解员、仲裁员。	最高人民法院，司法部
49	探索将境内仲裁机构的开庭通知作为签证材料	允许将境内仲裁机构出具的开庭通知作为境外市场主体进入试点城市参与仲裁活动的签证材料，无需其他邀请函件。	外交部、司法部、国家移民局

续表

序号	改革事项	主要内容	主管部门和单位
50	探索制定外籍“高精尖缺”人才地方认定标准	结合国家外国高端人才、专业人才标准和本地区实际需求，探索制定外籍“高精尖缺”人才地方认定标准，加大外籍人才引进力度。	科技部、人力资源社会保障部
51	探索建立国际职业资格证书认可清单制度	在不直接涉及公共安全和人民群众生命健康、风险可控的领域，探索建立国际职业资格证书认可清单制度，允许取得境外相应职业资格或公认的国际专业组织认证的国际人才，经能力水平认定或有关部门备案后在试点城市上岗，并加强执业行为监管。	人力资源社会保障部等国务院相关部门
52	允许内资企业和中国公民开办外籍人员子女学校	放宽外籍人员子女学校举办者市场准入，允许内资企业和中国公民等开办外籍人员子女学校，为外籍人才在华工作生活提供便利。	教育部
53	简化港澳投资者商事登记的流程和材料	允许采用简化版公证文书（仅保留公司注册证明书、公司商业登记证以及授权代表人签字字样和公司印章样式的董事会或股东会决议等核心信息的文书）办理港澳地区非自然人投资的市场主体注册登记，简化港澳投资者办理商事登记的流程和材料。	市场监管总局、司法部
54	支持开展国际航行船舶保税加油业务，提升国际航运综合服务能力	赋予上海市、广州市国际航行船舶保税加油许可权。允许广州市、深圳市保税油供应企业在广东省范围内开展保税油直供业务，进一步增强国际航运综合服务能力，吸引国际航行船舶。	商务部、财政部、交通运输部、海关总署
七、维护公平竞争秩序			
55	清理设置非必要条件排斥潜在竞争者行为	清理取消企业在资质资格获取、招投标、政府采购、权益保护等方面存在的差别化待遇，清理通过划分企业等级、增设证明事项、设立项目库、注册、认证、认定等非必要条件排除和限制竞争的行为。	国家发展改革委、财政部等国务院相关部门

续表

序号	改革事项	主要内容	主管部门和单位
56	推进招投标全流程电子化改革	推进招投标全流程电子化，加快实施合同签订和变更网上办理。推动电子招投标交易平台与国库支付系统信息共享，实现工程款支付网上查询。	国家发展改革委、财政部等国务院相关部门
57	探索建立招标计划提前发布制度	对国有资金占控股或主导地位企业依法必须招标的项目，在招标前设置招标计划发布环节，发布时间为招标公告发布之日前至少 30 日，提高招投标活动透明度。	国家发展改革委
58	优化水利工程招投标手续	推行水利工程在发布招标公告时同步发售或者下载资格预审文件（或招标文件）。取消水利工程施工招标条件中“监理单位已确定”的条件。	国家发展改革委、水利部
59	简化对政府采购供应商资格条件的形式审查	简化对供应商资格条件等的形式审查，不再要求供应商提供相关财务状况、缴纳税收和社会保障资金等证明材料，降低政府采购供应商交易成本。	财政部
八、进一步加强和创新监管			
60	在部分领域探索建立完善综合监管机制	理顺单用途商业预付卡等预付式消费、成品油、农产品等领域监管机制，明确监管责任部门，统一行业监管标准。	商务部、农业农村部、市场监管总局等国务院相关部门
61	探索实行惩罚性赔偿和内部举报人制度	探索在食品、药品、疫苗、环保、安全生产等直接涉及公共安全和人民群众生命健康的领域，依法制定惩罚性赔偿和内部举报人制度的具体办法。	最高人民法院，生态环境部、应急部、市场监管总局、国家药监局等国务院相关部门
62	探索形成市场主体全生命周期监管链	在市场主体办理注册登记、资质审核、行政许可及接受日常监管、公共服务过程中，及时全面记录市场主体行为及信用信息，在此基础上实现分级分类“信用 + 智慧”监管，并做到全程可查询、可追溯。	市场监管总局、国家发展改革委、人民银行等国务院相关部门

续表

序号	改革事项	主要内容	主管部门和单位
63	在部分重点领域建立事前事中事后全流程监管机制	在消防安全、食品药品、环境保护、水土保持、医疗卫生等重点领域，建立完善全链条、全流程监管体系，并探索制定行业信用监管标准化工作规范，提高监管效能。	国家发展改革委、生态环境部、住房城乡建设部、水利部、国家卫生健康委、应急部、市场监管总局、国家药监局等国务院相关部门
64	探索对重点行业从业人员建立个人信用体系	探索将医疗、教育、工程建设等重点领域从业人员的执业行为记入个人信用记录，并共享至全国信用信息共享平台。对存在严重不良行为的依法实行行业禁入等惩戒措施。	国家发展改革委、教育部、住房城乡建设部、国家卫生健康委等国务院相关部门
65	建立完善互联网医院监管平台	建立完善互联网医院监管平台，接入互联网医院系统，加强医师线上执业行为监管。	国家卫生健康委
66	在税务监管领域建立“信用 + 风险”监管体系	探索推进动态“信用 + 风险”税务监控，简化无风险和低风险企业的涉税业务办理流程，提醒预警或直接阻断高风险企业的涉税业务办理，依托大数据分析进一步提高风险管理效能。	税务总局
67	优化网络商品抽检机制	向试点城市开放全国网络商品抽检信息，试点城市按照重点抽检属地平台、属地商户的原则，加大对网络商品的抽检力度，定期公示抽检结果，并将属地平台中非本地商户抽检结果推送至商户所在地市场监管部门，商户所在地市场监管部门按有关规定及时予以处理。	市场监管总局
68	实行特种设备作业人员证书电子化管理	探索制定特种设备作业人员电子证书，在纸质证书样式基础上加载聘用、违规行为等从业信息，实现与纸质证书并行使用。通过数据交换等方式将相关信息汇聚到试点城市市场监管部门平台，加强对从业人员的管理。	市场监管总局

续表

序号	改革事项	主要内容	主管部门和单位
69	建立不予实施行政强制措施清单	探索柔性监管新方式，建立不予实施行政强制措施清单，对违法行为情节显著轻微或者没有明显社会危害，采取非强制手段可以达到行政管理目的的，不采取行政强制措施。	税务总局、市场监管总局等国务院相关部门
70	在市场监管、税务领域探索建立行政执法人员尽职免责制度	探索建立市场监管、税务等领域行政执法人员尽职免责制度，在仅需形式审查的部分监管领域，以及因现有科学技术、监管手段限制未能及时发现问题的，或行政相对人、第三方弄虚作假、刻意隐瞒的部分情形，试行不予追究执法过错责任。	税务总局、市场监管总局等国务院相关部门
九、依法保护各类市场主体产权和合法权益			
71	探索建立企业合法权益补偿救济机制	在债务融资、政府采购、招投标、招商引资等领域，针对因政策变化、规划调整而不履行合同约定，造成企业合法利益受损的情形，探索建立补偿救济机制和责任追究制度，维护企业合法权益。	国家发展改革委、司法部、财政部等国务院相关部门
72	建立健全政务诚信诉讼执行协调机制	探索建立政务诚信诉讼执行协调机制，由相关地方人民法院定期将涉及政府部门、事业单位失信被执行人信息定向推送给政务诚信牵头部门。政务诚信牵头部门负责协调推动有关单位执行人民法院判决结果，保障市场主体合法权益。	最高人民法院，国务院办公厅、国家发展改革委、司法部
73	畅通知识产权领域信息交换渠道	建立试点城市知识产权部门与国家知识产权局在商标侵权判断、专利侵权判定及商标专利法律状态等方面的信息交换渠道。建立商标恶意注册和非正常专利申请的快速处置联动机制。开展商标专利巡回评审和远程评审。	国家知识产权局
74	探索建立海外知识产权纠纷应对指导机制	建立对试点城市海外知识产权纠纷应对的指导机制，支持试点城市建立维权协作机构。	国家知识产权局、国家版权局
75	强化对专利代理机构的监管	将省级专利代理机构监管职能委托给市（直辖市市辖区）级执行，优化专利代理监管机制，强化基层监管力量。	国家知识产权局

续表

序号	改革事项	主要内容	主管部门和单位
76	推行人民法院档案电子化管理	对于以电子方式收集或形成的文书材料可直接转为电子档案归档，无需再制作纸质材料形成纸质档案。	最高人民法院，国家档案局
77	开展司法专递面单电子化改革	实行司法专递面单电子化，在受送达人签收、拒收或查无此人退回等送达任务完成后，邮政公司将人民法院专递面单进行电子化，通过系统对接后回传给人民法院，原始纸质面单可由邮政公司集中保管，人民法院将电子面单入卷归档，并降低邮寄送达的相关费用。	最高人民法院，国家邮政局
78	调整小额诉讼程序适用范围及费用	允许标的额较小、当事人除提出给付金额诉讼请求外同时提出停止侵权、消除影响、赔礼道歉等其他诉讼请求的知识产权纠纷案件，适用小额诉讼程序。允许降低适用小额诉讼程序审理的案件受理费标准。	最高人民法院，国家发展改革委、财政部、国家版权局
十、优化经常性涉企服务			
79	便利开展机动车、船舶、知识产权等动产和权利担保融资	推动机动车、船舶、知识产权等担保登记主管部门探索建立以担保人名称为索引的电子数据库，实现对试点城市相关担保品登记状态信息的在线查询、修改和撤销。相关担保信息与人民银行征信中心动产融资统一登记公示系统共享互通，实现各类登记信息的统一查询。	人民银行、公安部、交通运输部、国家版权局、国家知识产权局
80	简化水路运输经营相关信息变更办理程序	探索取消“固定办公场所发生变化”、“主要股东发生变化”备案，市场监管部门在水路运输经营者固定办公场所发生变化、主要股东发生变化后 15 个工作日内，将系统数据推送给同级交通运输主管部门。	交通运输部、市场监管总局
81	简化检验检测机构人员信息变更办理程序	检验检测机构变更法定代表人、最高管理者、技术负责人，由检验检测机构自行修改资质认定系统人员信息，不需再到资质认定部门申请办理。	市场监管总局

续表

序号	改革事项	主要内容	主管部门和单位
82	简化不动产非公证继承手续	法定继承人或受遗赠人到不动产登记机构进行登记材料查验，有第一顺序继承人的，第二顺序继承人无需到场，无需提交第二顺序继承人材料。登记申请人应承诺提交的申请材料真实有效，因承诺不实给他人造成损失的，承担相应法律责任。	自然资源部
83	对办理不动产登记涉及的部分事项试行告知承诺制	申请人因特殊原因确实难以获取死亡证明、亲属关系证明材料的，可以书面承诺代替死亡证明、亲属关系证明，并承诺若有隐瞒实际情况，给他人造成损失的，承担相应法律责任。	自然资源部、公安部、民政部、国家卫生健康委
84	探索将遗产管理人制度引入不动产非公证继承登记	探索研究将遗产管理人制度引入不动产非公证继承登记的查验、申请程序，简化相关流程，提高办理效率。	最高人民法院，自然资源部
85	探索对个人存量房交易开放电子发票功能	探索对个人存量房交易开放代开增值税电子普通发票功能，允许自然人网上缴税后获取增值税电子普通发票，推动实现全业务流程网上办理。	税务总局、自然资源部
86	实施不动产登记、交易和缴纳税费“一网通办”	推进全业务类型“互联网+不动产登记”，实施不动产登记、交易和缴纳税费“一窗受理、并行办理”。加快实施网上缴纳税费，推行税费、登记费线上一次收缴、后台自动清分入账（库）。	自然资源部、财政部、住房城乡建设部、人民银行、税务总局
87	推行办理不动产登记涉及的政务信息共享和核验	公安部门依托国家人口基础信息库、“互联网+可信身份认证平台”等对外服务系统，向不动产登记机构提供“公安部—人口库—人像比对服务接口”进行全国人口信息核验，并提供户籍人口基本信息；公安、卫生健康、民政等部门提供死亡证明、火化证明、收养登记等信息；公安、民政部门提供涉及人员单位的地名地址等信息，司法行政部门提供委托、继承、亲属关系等涉及不动产登记公证书真伪核验服务。	自然资源部、公安部、民政部、司法部、国家卫生健康委

续表

序号	改革事项	主要内容	主管部门和单位
88	探索开展不动产登记信息及地籍图可视化查询	依托互联网拓展不动产登记信息在线可视化检索和查询服务，任何人经身份验证后可在电子地图上依法查询不动产自然状况、权利限制状况、地籍图等信息，更大便利不动产转移登记，提高土地管理质量水平。	自然资源部
89	试行有关法律文书及律师身份在线核验服务	优化律师查询不动产登记信息流程，司法行政部门向不动产登记机构提供律师身份在线核验，人民法院提供律师调查令、立案文书信息在线核验，便利律师查询不动产登记信息。	最高人民法院，自然资源部、司法部
90	探索非接触式发放税务 UKey	探索向新办纳税人非接触式发放税务 UKey，纳税人可以向税务机关免费申领税务 UKey。	税务总局、市场监管总局
91	深化“多税合一”申报改革	探索整合企业所得税和财产行为税综合申报表，尽可能统一不同税种征期，进一步压减纳税人申报和缴税的次数。	税务总局
92	试行全国车船税缴纳信息联网查询与核验	向试点城市保险机构依法依规开放全国车船税缴纳情况免费查询或核验接口，便于车辆异地办理保险及缴税。	税务总局、银保监会
93	进一步拓展企业涉税数据开放维度	对试点城市先期提供其他地方税务局的欠税公告信息、非正常户信息和骗取退税、虚开发票等高风险纳税人名单信息，以及税务总局的行政处罚类信息等，后续逐渐扩大信息共享共用范围，进一步提高征管效能。	税务总局
94	对代征税款试行实时电子缴税入库的开具电子完税证明	允许试点城市在实现代征税款逐笔电子缴税且实时入库的前提下，向纳税人提供电子完税证明。	税务总局
95	试行公安服务“一窗通办”	试行公安服务“一窗通办”，建设涉及治安、户政、交管等公安服务综合窗口，实行“前台综合收件、后台分类审批、统一窗口出件”，推进更多事项实现在线办理。	公安部
96	推行企业办事“一照通办”	通过政府部门内部数据共享等方式归集或核验企业基本信息，探索实行企业仅凭营业执照即可办理部分高频审批服务事项，无需提交其他材料。	市场监管总局等国务院相关部门

续表

序号	改革事项	主要内容	主管部门和单位
97	进一步扩大电子证照、电子签章等应用范围	在货物报关、银行贷款、项目申报、招投标、政府采购等业务领域推广在线身份认证、电子证照、电子签章应用，逐步实现在政务服务中互通互认，满足企业、个人在网上办事时对于身份认证、电子证照、加盖电子签章文档的业务需求。鼓励认证机构在认证证书等领域推广使用电子签章。	国务院办公厅、国家发展改革委、公安部、财政部、人民银行、海关总署、市场监管总局、银保监会等国务院相关部门
98	简化洗染经营者登记手续	洗染经营者在市场监管部门注册登记后，无需到商务部门办理备案手续，由市场监管部门直接将相关信息推送给同级商务部门。	商务部、市场监管总局
99	取消企业内部使用的最高计量标准器具的考核发证及强制检定	企业内部使用的最高计量标准器具调整为企业自主管理，不需计量行政部门考核发证，也不再实行强制检定，但应满足计量溯源性要求。	市场监管总局
100	优化游艇检验制度和流程	探索建立批量建造的游艇型式检验制度，对通过型式检验的新建游艇，由船籍港所在地船舶检验机构根据工厂出具的合格证换发船舶检验证书。优化进口游艇检验流程，对外国船舶检验机构签发的游艇检验证书，可按照程序换发国内检验证书。改革后，加大对游艇可见构件和强度的检查评估和抽查力度，及时整改、消除安全隐患，督促游艇所有人落实游艇日常安全管理、保养和技术维护，确保游艇安全。	交通运输部
101	优化游艇登记制度	允许游艇所有人在其签约的游艇俱乐部所在地海事管理机构直接办理游艇登记手续。同时，将船舶国籍证书、中华人民共和国船舶电台执照、海上移动通信业务标识码证书等多份登记证书整合为一份游艇登记证书，实现“一份材料、一次申请、发一本证”，提高游艇登记效率，便利游艇证书管理。	交通运输部

附件 2

国务院决定在营商环境创新试点城市暂时调整适用有关行政法规规定目录

序号	改革事项	主要内容	行政法规规定	调整适用情况
1	优化常用低风险植物和植物产品跨区域流通检疫申请流程	试点城市明确以本城市为调入地、必须经过检疫的常用低风险植物和植物产品的检疫要求，并在“全国植物检疫信息化管理系统”和“林业植物检疫管理信息系统”中进行公示，调出地植物检疫机构根据公示要求进行检疫，并出具检疫证书，企业在收到检疫合格证书后即可调运。改革后，调入地植物检疫机构按职责做好对检疫证书的查验审核，并完善复检制度，严格把好植物和植物产品跨省调运的检疫关。	《植物检疫条例》 第十条第一款　省、自治区、直辖市间调运本条例第七条规定必须经过检疫的植物和植物产品的，调入单位必须事先征得所在地的省、自治区、直辖市植物检疫机构同意，并向调出单位提出检疫要求；调出单位必须根据该检疫要求向所在地的省、自治区、直辖市植物检疫机构申请检疫。对调入的植物和植物产品，调入单位所在地的省、自治区、直辖市的植物检疫机构应当查验检疫证书，必要时可以复检。	暂时调整适用相关内容，允许向试点城市调运必须经过检疫的常用低风险植物和植物产品时，取消调入单位必须事先征得所在地的省、自治区、直辖市植物检疫机构同意的环节，由调入地植物检疫机构在相关信息系统公示和更新检疫要求。调出地植物检疫机构根据公示要求进行检疫并出具检疫证书，企业在收到检疫合格证书后即可调运。 调整后，试点城市及时公示和更新常用低风险植物和植物产品的检疫要求，并做好对检疫证书的查验审核，完善复检制度，严格把好植物和植物产品跨省调运的检疫关。

续表

序号	改革事项	主要内容	行政法规规定	调整适用情况
2	优化破产企业土地、房产处置程序	企业破产案件中因债务人资料缺失或第三方机构（如设计、勘察、监理等单位）不配合竣工验收等情形导致无法办理竣工验收的建设工程，经委托有关专业机构对工程质量进行安全鉴定合格后，可办理不动产登记。	《建设工程质量管理条例》 第十六条　建设单位收到建设工程竣工报告后，应当组织设计、施工、工程监理等有关单位进行竣工验收。建设工程竣工验收应当具备下列条件： （一）完成建设工程设计和合同约定的各项内容； （二）有完整的技术档案和施工管理资料； （三）有工程使用的主要建筑材料、建筑构配件和设备的进场试验报告； （四）有勘察、设计、施工、工程监理等单位分别签署的质量合格文件； （五）有施工单位签署的工程保修书。 建设工程经验收合格的，方可交付使用。	暂时调整适用相关内容，试点城市企业破产案件中因债务人资料缺失或第三方机构（如设计、勘察、监理等单位）不配合竣工验收等情形导致无法办理竣工验收的建设工程，经委托有关专业机构对工程质量进行安全鉴定合格后，可办理不动产登记。 调整后，试点城市明确可直接进行工程质量安全鉴定建设工程的条件。加强对工程质量安全鉴定专业机构的管理，确保相关建设工程满足质量安全要求。

续表

序号	改革事项	主要内容	行政法规规定	调整适用情况
3	健全企业重整期间信用修复机制	人民法院裁定批准重整计划的破产企业，可以申请在“信用中国”网站、国家企业信用信息公示系统、金融信用信息基础数据库中添加相关信息，及时反映企业重整情况；有关部门依法依规调整相关信用限制和惩戒措施。	《企业信息公示暂行条例》 第六条第一款　工商行政管理部门应当通过企业信用信息公示系统，公示其在履行职责过程中产生的下列企业信息： （一）注册登记、备案信息； （二）动产抵押登记信息； （三）股权出质登记信息； （四）行政处罚信息； （五）其他依法应当公示的信息。 第七条第一款　工商行政管理部门以外的其他政府部门（以下简称其他政府部门）应当公示其在履行职责过程中产生的下列企业信息： （一）行政许可准予、变更、延续信息； （二）行政处罚信息； （三）其他依法应当公示的信息。	暂时调整适用相关内容，试点城市人民法院裁定批准重整计划的破产企业，经征得失信信息认定部门同意后，可申请在相关公共信用网站上添加反映其重整情况的信息和中止公示失信信息。 调整后，试点城市强化人民法院与市场监管部门等政府部门的协调联动，确保相关企业公示信息真实、准确。同时，对未能完成重整计划的破产企业，要及时在相关公共信用网站更新相关信息。

续表

序号	改革事项	主要内容	行政法规规定	调整适用情况
4	探索将境内仲裁机构的开庭通知作为签证材料	允许将境内仲裁机构出具的开庭通知作为境外市场主体进入试点城市参与仲裁活动的签证材料，无需其他邀请函件。	《中华人民共和国外国人入境出境管理条例》 第七条第一款　外国人申请办理签证，应当填写申请表，提交本人的护照或者其他国际旅行证件以及符合规定的照片和申请事由的相关材料。 …… （三）申请F字签证，应当提交中国境内的邀请方出具的邀请函件。 ……	暂时调整适用相关内容，允许外国人在申请F字签证进入试点城市参与仲裁活动时，以境内仲裁机构出具的开庭通知作为签证材料，无需提交中国境内邀请方出具的邀请函件。 调整后，试点城市加强仲裁机构向境外市场主体出具开庭通知的管理，禁止违规出具开庭通知。严格审核入境人员提交的开庭通知，确保材料真实有效。
5	简化对政府采购供应商资格条件的形式审查	简化对供应商资格条件等的形式审查，不再要求供应商提供相关财务状况、缴纳税收和社会保障资金等证明材料，降低政府采购供应商交易成本。	《中华人民共和国政府采购法实施条例》 第十七条第一款　参加政府采购活动的供应商应当具备政府采购法第二十二条第一款规定的条件，提供下列材料： （一）法人或者其他组织的营业执照等证明文件，自然人的身份证明； （二）财务状况报告，依法缴纳税收和社会保障资金的相关材料； ……	暂时调整适用相关内容，允许供应商参加试点城市政府采购时，不再提交财务状况报告、依法缴纳税收和社会保障资金等相关材料。 调整后，试点城市加强部门间市场主体信息数据共享，加强对供应商在政府采购平台上提交材料真实性的审核，确保供应商符合政府采购规定的条件。

续表

序号	改革事项	主要内容	行政法规规定	调整适用情况
6	调整小额诉讼程序适用范围及费用	允许降低适用小额诉讼程序审理的案件受理费标准。	《诉讼费用交纳办法》 第十三条第一款　案件受理费分别按照下列标准交纳 （一）财产案件根据诉讼请求的金额或者价额，按照下列比例分段累计交纳： 1. 不超过 1 万元的，每件交纳 50 元； 2. 超过 1 万元至 10 万元的部分，按照 2.5% 交纳； …… 第十六条　适用简易程序审理的案件减半交纳案件受理费。	暂时调整适用相关内容，允许试点城市降低适用小额诉讼程序审理的案件受理费标准。 调整后，试点城市明确适用小额诉讼程序审理的案件受理费标准，加强对相关案件和诉讼费用的管理和监督。
7	取消企业内部使用的最高计量标准器具的考核发证及强制检定	企业内部使用的最高计量标准器具调整为企业自主管理，不需计量行政部门考核发证，也不再实行强制检定，但应满足计量溯源性要求。	《中华人民共和国计量法实施细则》 第十条　企业、事业单位建立本单位各项最高计量标准，须向与其主管部门同级的人民政府计量行政部门申请考核。乡镇企业向当地县级人民政府计量行政部门申请考核。经考核符合本细则第七条规定条件并取得考核合格证的，企业、事业单位方可使用，并向其主管部门备案。	暂时调整适用相关内容，允许试点城市企业内部使用的最高计量标准器具由企业自主管理，不需计量行政部门考核发证，不再实行强制检定。 调整后，试点城市加强对企业自主管理最高计量标准器具的指导和事中事后监管，确保满足计量溯源性要求和计量标准准确。